엄마와 함께하는
세계명화수업

Comment parler d'art aux enfants?
by Françoise Barbe-Gall
© 2012 LE BARON PERCHE
All Rights Reserved
Korean translation © 2013 by Media Sam
Korean translation rights arranged with LE BARON PERCHE
through Orange Agency

이 책의 한국어판 저작권은 오렌지에이전시를 통해 저작권사와 독점 계약한 미디어샘에 있습니다.
저작권법에 의하여 한국 내에서 보호를 받는 저작물이므로 무단전재와 무단복제를 금합니다.

엄마와 함께하는 세계명화수업

1판 2쇄 발행 2014년 9월 15일
2판 1쇄 발행 2020년 5월 25일

지은이　프랑수아즈 바르브 갈
옮긴이　이상해
펴낸이　이정희 신주현
마케팅　양경희
디자인　조성미
용지　월드페이퍼
제작　(주)아트인

펴낸곳　미디어샘
출판등록　2009년 11월 11일 제311-2009-33호

주소　122-040 서울시 은평구 통일로 856 메트로타워 1117호
전화　02) 355-3922 | 팩스　02) 6499-3922
전자우편　mdsam@mdsam.net

ISBN 978-89-6857-151-0 73600

이 책의 판권은 지은이와 미디어샘에 있습니다.
이 책 내용의 전부 또는 일부를 재사용하려면 반드시
양측의 서면 동의를 받아야 합니다.

www.mdsam.net

우리 아이 창의력 높여주는 미술 이야기

엄마와 함께하는 세계명화수업

프랑수아즈 바르브 갈 지음
이상해 옮김

미디어 **샘**

아이와 명화에 대해 이야기하는 즐거움

그림 감상은 흔히 우리를 주눅 들게 합니다. 아주 당연한 질문에도 늘 대답하기가 수월치 않기 때문입니다. 옛 사람들은 왜 초상화를 그렸을까? 그림 값이 비싼 이유는? 이 그림은 무엇을 표현하려는 것일까? 작품을 완성하는 데는 얼마의 시간이 걸렸을까? 이 그림을 보고 왜 아름답다고 하는 걸까? 미술관에서 사람들이 넋을 잃고 바라보는 어떤 작품에 대해 '나는 아무것도 이해하지 못했다'고 솔직하게 말하기란 좀처럼 쉬운 일이 아닙니다. 미술 작품 속에서 사람들이 무엇을 그리 높이 평가하는지를 알아내는 것 또한 만만치 않아 보입니다. 자기 혼자만 그림을 이해하지 못한다고 생각해 선뜻 질문할 용기를 내지 못하기 때문에, 물음들은 대부분 대답을 얻지 못한 채로 공허하게 남겨질 뿐입니다. 그러나 어려운 미술도 솔직한 질문을 통해 접근하면 그림 감상이 한결 쉬워집니다.

그림의 이해를 돕기 위한 몇 가지 중요한 열쇠를 제공하는 이 책은 그림을 어떻게 감상해야 하는지는 잘 몰라도 그림을 좋아하고 아이들과 그림에 대해 이야기하면서 즐거움을 함께 나누고 싶어 하는 모든 분에게 도움을 주고자 기획되었습니다. PART 02에서는 회화의 거장 레오나르도 나 빈치를 비롯해 보티첼리, 베르메르, 모네, 드가, 고흐, 샤갈, 피카소 외에도 폴록과 바스키야 같은 현대 화가들의 대표적인 작품들을 풍부하게 다루고 있지만 독자들은 이 책을 읽기 위해 어떠한 역사적, 예술적, 교육학적 지식도 갖출 필요가 없습니다. 미술 입문서의 성격을 과감히 탈피한 이 책에서는 연대순에 따른 분류도, 독자들의 의욕을 잃게 만드는 어려운 학술용어의 나열도 찾아볼 수 없을 테니까요.

서른 점의 명화가 전하는 다채로운 이야기와 흥미진진한 물음들에 명쾌하면서도 유쾌한 해답을 제시하는 이 책은, 무엇보다 미술 작품들에 대한 전통적인 접근을 과감히 뒤엎는다는 점에서 매우 새롭습니다. 독자들은 그림이 그려진 시대와 배경, 화가, 작품의 주제 등 총괄적인 이론적 정보를 제공받는 대신 곧바로 이미지에 접근합니다. 어린아이뿐만 아니라 미술을 전공하지 않은 어른들에게도 중요한 것은 항상 그림 그 자체이기 때문이죠. 공연히 어려운 이론만 들먹이는 서론 속에서 헤매게 만들어 이제 막 깨어나기 시작한 미술에 대한 흥미를 미리부터 잃게 할 필요는 없습니다.

아이와 함께할 미술관 관람을 준비하거나 아이가 학교나 책에서 그림을 보고 던지는 질문에 명쾌하게 답해주고 싶은 모든 엄마들에게 이 책을 권합니다. 아이의 호기심을 만족시키고 아이의 물음에 주저없이 대답해줄 명확한 실마리를 찾아내는 데 더없이 유익한 내용들로 구성되었습니다. 들고 다니면서 훑어보거나 아무 데나 펼쳐서 읽기에도 무리가 없도록 쉽고 간략하게 편집한 것 역시 이 책의 주목할 만한 장점입니다. 결국 그림을 보고 이해하는 것이 그렇게 어렵지 않다는 느낌을 줄 수 있는 것만으로도 이 책의 가치는 충분할 것입니다.

머리말 • 4

{ PART 01 }
아이와 명화 감상 어떻게 시작할까?

아이가 그림에 흥미를 가지려면 • 13
아이와 함께 미술관을 다녀오자 • 18
나이별 그림 감상, 어떻게 할까 • 24

{ PART 02 }
엄마가 들려주는 명화 이야기

시작하기 전에 • 39

그림 1 프라 안젤리코 〈수태고지〉
가슴으로 듣는 천사의 말 • 43

그림 2 얀 반 에이크 〈아르놀피니 부부의 초상〉
부유한 사람들의 특권, 초상화 • 49

그림 3 파올로 우첼로 〈용과 싸우는 성 게오르기우스〉
하나의 그림 속, 수많은 대립 • 55

그림 16 프란시스코 데 고야, 〈거인〉
형태 없는 공포 그리다 • *133*

그림 17 카를 슈피츠베크, 〈가난한 시인〉
사랑과 신선한 물만 있다면 • *139*

그림 18 윌리엄 터너, 〈비, 증기 그리고 속도(그레이트 웨스턴 철도)〉
그림에 기차가 등장하다니! • *145*

그림 19 클로드 모네, 〈점심식사〉
밖에서 그린 처음 그림 • *151*

그림 20 에드가 드가, 〈다림질하는 여자들〉
참은 수 없는 주제의 하찮음 • *157*

그림 21 빈센트 반 고흐, 〈침실〉
화구 없는 화가의 방 • *163*

그림 22 마르크 샤갈, 〈생일〉
새처럼 자유로운 사랑 • *169*

그림 23 페르낭 레제르, 〈기계공〉
기계의 시대를 산 남자 • *175*

그림 24 피에트 몬드리안, 〈적, 황, 청의 컴포지션〉
마지막 남은 것은 직선과 삼원색 • *181*

그림 25 파블로 피카소, 〈울고 있는 여인〉
우는 모습 정직하게 • *187*

그림 26 잭슨 폴록, 〈넘버 3, 호랑이〉
무엇을 그렸는지 아무도 모르는, • *193*

그림 27 이브 클라인, 〈푸른색 모노크롬, 무제〉
한 가지 색이 주는 평화로움 • *199*

그림 4 산드로 보티첼리, 〈비너스의 탄생〉
아름다움, 선율처럼 흐르는 • 61

그림 5 히에로니무스 보스, 〈성 안토니우스의 유혹〉
성 안토니우스를 찾아라 • 67

그림 6 레오나르도 다 빈치, 〈모나리자〉
찰나의 표정, 덧없는 순간 • 73

그림 7 요하임 드 파티니르, 〈성 히에로니무스가 있는 풍경〉
미지의 세계 상상하는 풍경 • 79

그림 8 티치아노 베첼리오, 〈말을 탄 카를 5세의 초상〉
말보다 크게 그려야 했던 황제 초상 • 85

그림 9 피테르 브뢰헬, 〈스케이트 타는 사람들의 겨울 풍경〉
겨울 추위와 따사로운 햇살 사이 • 91

그림 10 카라바조, 〈다윗〉
그림 밖으로 튀어나올 듯한, • 97

그림 11 조르주 드 라 투르, 〈도박사기꾼〉
그림에서 보여주는 진짜 세상 • 103

그림 12 주제페 데 리베라, 〈아폴론과 마르시아스〉
평온한 얼굴, 신의 분노 • 109

그림 13 얀 다비츠 데 헴, 〈과일과 바닷가재가 있는 정물화〉
풍성한 식탁 위에서 생긴 일 • 115

그림 14 니콜라 푸생, 〈솔로몬의 심판〉
마음 같은 몸짓에 이유 있어 • 121

그림 15 요하네스 베르메르, 〈연애편지〉
네덜란드 일상, 누구에게 온 편지일까 • 127

그림 28 장 미셸 바스키아, 〈줄루 족의 왕〉
산만한 그림 속 리듬의 발견 • 205

그림 29 프랜시스 베이컨, 〈소호 거리에 서 있는 이자벨 로스톤의 초상〉
한 여성 속에 담긴 인류 고통 • 211

그림 30 게오르크 바젤리츠, 〈올모의 아가씨들 II〉
거꾸로 걸린 '못 그린' 그림 • 217

{ PART 03 }

엄마가 알아야 할 미술 감상의 모든 것

그림과 미술관 • 226

화가 • 232

현대미술 • 239

종교화 • 248

초상화 • 254

신화와 역사를 주제로 한 그림 • 259

풍경화 • 262

일상과 사물을 묘사한 그림 • 264

그림의 가격 • 267

작가 소개 • 270

그림 찾기 • 280

* * *

그림 감상은 왜 필요할까요?

여러분은 처음 갔던 전시회에 대해 어떤 기억을 갖고 있나요?

재미있는 경험이 있었다면 그 이유를 떠올려보세요.

하지만 이성적으로 설명하려 들지 말고, 그후에 얻은 지식과 이론적인 개념들을 포기한 채

그림에 대한 첫 느낌만 떠올려보아야 합니다.

그것이 올바른 그림 감상을 위한 출발점이며, 아이에게 전달해야 하는 것도 바로 그 느낌입니다.

PART
01

아이와
명화 감상

어떻게
시작할까?

Comment parler d'art aux enfants ?

아이가 그림에 흥미를 가지려면

독서와 마찬가지로 미술, 특히 그림에 대한 아이들의 관심은 결코 저절로 생기는 것이 아닙니다. 때로는 아주 사소한 것이 아이들로 하여금 그림에 흥미를 갖게 하기도, 반대로 흥미를 잃게 하기도 합니다. 그러므로 그림에 접근하는 방식에 처음부터 신중을 기하는 것이 좋습니다.

 진부한 방식은 과감히 버리세요

더없이 훌륭한 의도를 가지고도 잘못된 출발을 하는 경우가 종종 있습니다. 누구나 한 번쯤은 다음과 같은 말을 들었거나 직접 경험한 적이 있을 겁니다. "이 도시에 왔는데 미술관을 그냥 지나칠 수야 없지." "그런 거 모르면 무식하다는 말 들어." "두고 봐, 아주 재미있을 거야." 하지만 이런 말은 어른에게나 통할 법한 이야기입니다. 아이들이 보기에는 전혀 타당해 보이지 않기 때문에 이러한 말로 아이들의 관심을 불러일으킬 가능성(욕구를 불러일으킬 가능성은 더더욱)은 매우 희박하지요. 따라서 이런 방법으로 그림 감상을 시작했다가는 엄마의 계획이 실패로 돌아갈 확률이 매우 높습니다.

 전시회 관람의 첫 기억을 더듬어보세요

그림 감상은 왜 필요할까요? 여러분은 처음 갔던 전시회에 대해 어떤 기억을 갖고 있나요? 그것이 나쁜 기억이거나 구태의연한 것이었다면 그냥 가슴에 묻어두는 것이 좋습니다. 따분했던 일에 대한 기억은 그 자체로 따분할 뿐만 아니라 전염되기도 하니까요. 반대로 재미있는 경험이었다면 그 이유를 떠올려보세요. 하지만 이성적으로 설명하려 들지 말고, 그후에 얻은 지식과 이론적인 개념들을 포기한 채 그림에 대한 첫 느낌만을 떠올려보아야 합니다. 그것이 올바른 그림 감상을 위한 출발점이며, 아이에게 전달해야 하는 것도 바로 그 느낌입니다.

 그 순간의 느낌을 있는 그대로 표현하세요

굳이 먼 과거로 거슬러 올라가지 않더라도 어느 날 당신의 마음 한구석에 와 닿았던 작품이나 장소 혹은 그림이나 조각이 분명 있을 것입니다. 그것은 순간적인 느낌이나 분위기, 색깔, 사람들 입에 회자되는 전시회, 신문이나 책에 실린 그림 등 지극히 단순한 것일 수도 있습니다. 하지만 엄마가 일상적으로 쓰는 언어를 사용해 아이와 함께 공유해야 하는 지점이 바로 그러한 것들이지요. 그것이 아이에게는 그 어떤 학술적인 담론보다 더 큰 가치를 지니기 때문입니다.

정서적인 교류가 중요합니다

엄마가 개인적으로 흥미롭게 여기는 것이 정서적인 통로를 통해 아이에게 전달됩니다. "이 작품은 마음에 들어" "이 작품은 어딘지 모르게 싫어" "이 작품은 참 재미있어" "이 작품은 도대체 뭘 그린 건지 모르겠어" 이런 식으로 아이에게 당신의 의견을 말해보세요. 그러면 아마도 아이는 그 이유를 알고 싶어하고, 비밀 속으로 한 걸음 더 깊이 들어가려 할 것입니다. 그런 다음 아이의 생각을 물어보세요. 그러면 아이는 자기만의 언어로 자신의 생각을 표현할 것입니다. 아이에게는 엄마가 작품에 부여하는 주관적인 가치가(그 작품의 본래 가치 이상으로) 훨씬 더 중요하다는 사실을 잊지 말아야 합니다. 그리고 그것은 교육적인 가르침을 넘어 둘이서만 은밀히 나누는 속내 이야기가 될 수 있습니다.

 ### 지나친 열의는 금물!

특히 아이에게 보여주고자 하는 것에 대해 미리 지나치게 칭찬을 늘어놓지 말아야 합니다. 아이 스스로 발견하고 기쁨을 누릴 수 있는 기회를 빼앗는 격이 될 테니까요. 남녀노소를 불문하고 자신이 알지 못하는 무언가에 대해 다른 사람이 늘어놓는 찬사를 듣고 있는 것보다 지겨운 일은 없습니다. 그러므로 아이를 위해 엄마는 과도한 열의를 좀 참아보려는 노력이 필요합니다. 그렇지 않으면 아이는 그림을 보기도 전에 두렵고 따분하다는 생각을 갖기 쉽습니다. 엄마가 단번에 즐거움과 감동, 의견을 표현해버린다면 아이에게 과연 무엇이 남을까요? 아이가 자신의 언어를 찾아내 표현할 수 있도록 생각할 여지를 남겨두는 것도 좋습니다. 물론 아이를 미술관에 데려다놓고 자신은 그림 앞에서 꿀 먹은 벙어리처럼 입을 다물고 있는 엄마도 바람직하지는 않습니다. 하지만 자신이 느끼는 것과 아는 것을 지나치게 확신해 장황하게 떠벌리는 엄마는 분명 그보다 더 못하겠지요.

 아이가 스스로 선택하도록 내버려두세요

엄마가 흥미롭게 여기는 작품에 아이가 관심을 보이지 않는다면 아이에게 주도권을 넘기는 것이 좋습니다. 일단 자극을 주었으면 아이의 선택을 존중해주는 자세가 필요합니다. 엄마가 좋아하는 작품들이 출발점이 될 수도 있겠지만 그렇지 않을 수도 있겠지요. 그리고 어떤 작품이 아이의 관심을 끄는지 주의 깊게 살펴보세요. 엄마의 눈에는 (그리고 분명 다른 사람들의 눈에도) 완벽해 보이는 그림에 아이가 눈길 한번 주지 않고 그냥 지나친다 하더라도, 아이가 자신에게 뭔가를 이야기하는 작품 앞에서 멈춰 설 때까지 아이를 따라 미술관 이곳저곳을 돌아다니는 것이 좋습니다. 부모의 역할은 그저 아이가 그림과 거부감 없이 만날 수 있도록 돕는 것입니다. 하지만 그 만남이 언제, 어디서 이루어질지는 부모가 결정할 수 없습니다. 아이의 선택이 엄마를 놀라게 할 수도, 당황하게 할 수도, 심지어 엄마의 취향과 전혀 맞지 않을 수도 있습니다. 하지만 아이의 선택이 가장 좋은 출발점입니다.

 아이가 하고 싶어하는 것부터 시작하게 하세요

그림 감상을 '어디서부터 시작할까' 하는 문제로 걱정할 필요는 없습니다. 이 책에서 말하는 그림 감상은 아이에게 연대기나 문명의 역사 혹은 스타일의 변천사를 다루는 전문적이고 체계적인 교육을 시키려는 것이 아닙니다. 나중에 아이가 좀 더 깊이 있는 예술적 소양을 쌓길 원한다면 그것은 또 다른 문제입니다. 그때 가서 필요한 것들을 배우면 됩니다. 지금은 아이에게 아주 단순하지만 쉽게 접할 수 없는 즐거움, 그림을 제대로 감상하는 기쁨을 가르쳐줄 생각만 하면 됩니다. 아이에게 자신이 원하는 것을 바라볼 자유가 있다는 사실, 자신이 보고 싶은 것을 원하는 만큼 오랫동안 감상할 자유가 있다는 사실을 깨닫게 해주는 것이 무엇보다 중요합니다.

아이와 함께 미술관을 다녀오자

미술관, 전시회, 갤러리 등을 방문해 그림을 감상하는 것이 즐겁고 유익한 경험이 되길 원한다면, 아주 간단하지만 우리가 종종 잊어버리는 몇 가지 규칙을 염두에 두는 것이 좋습니다.

'비 오는 날 오후'는 미술관 가는 날?

아직도 많은 사람들이 이유는 잘 모르지만 비 오는 날 오후가 미술관 가기에 안성맞춤이라는 편견을 갖고 있습니다. 대부분의 사람들이 화창한 날에는 미술관에 '틀어박혀 있기'보다는 다른 활동을 하는 것이 더 좋다고 생각하기 때문이지요. 달리 말하면 이것은 '시간을 때울' 다른 방법이 없을 때 할 수 없이 미술관에 간다는 것을 의미합니다. 미술관 안을 거니는 것은 하나의 대안이나 부득이한 해결책이 아니라 하나의 선택, 나아가 즐거운 축제여야 합니다. 게다가 흐린 날보다는 화창한 날에 그림을 감상하는 편이 훨씬 더 유쾌하고 유익합니다. 물방울이 뚝뚝 떨어지는 우산이나 우비를 보관소에 맡기기 위해 줄을 서서 기다리는 것보다 더 귀찮은 일이 있을까요? 이러한 것들이 전시 관람을 좋아하는 어른들에게는 그리 중요하지 않을 수 있습니다. 하지만 아이의 경우라면 미술관에 대한 첫인상을 완전히 망쳐버릴 수도 있습니다.

 ### 가까운 미술관을 선택하세요

어디를 가든 아이들은 "아직 멀었어?" "언제쯤 도착해?"라고 끊임없이 묻습니다. 가려는 미술관이 너무 멀다면 차라리 포기하는 편이 낫습니다. 권태와 짜증이 아이의 정신적 여유를 고갈시켜버릴 수 있기 때문이지요. 게다가 미술관에 도착해서도 계속 걸어야 한다는 사실을 아이가 알게 되면 문제는 더욱 심각해집니다. 그림을 감상할 때 걷는 것 외에 다른 방법은 없으니까요. 이러한 난관을 무사히 넘겼다 하더라도 미술관이나 갤러리에 입장하는 문제가 남아 있습니다. 때때로 입장을 기다리는 사람들의 행렬이 끝도 없이 이어지기 때문입니다. 이런 경우 다른 날 다시 오든지 아니면 화를 참으며 기다릴 수밖에 없습니다. 만일 한참을 기다린 후에 입장했을 경우에는 서둘러 관람을 시작하지 말고, 잠시 카페테리아에 들러 휴식을 취하면서 활력을 되찾는 것이 좋습니다. 그러면 아이도 어른도 미술관 관람이 훨씬 수월하게 느껴질 것입니다.

 ### 미술관에 너무 오래 머무르지 마세요

어느 미술관에 가든지 관람을 하려면 어린아이에게는 항상 노력이 필요합니다. 계속 일정한 속도로 걷는 것, 시끄럽게 떠들지 않는 것, 아무것도 만지지 못하는 것 모두 아이에게는 너무 힘든 일입니다(어린아이들에게 전시회장의 넓은 공간은 오히려 미끄럼질을 하거나 뛰어다니기에 적당한 장소입니다). 그림을 감상하는 것 역시 아이의 주의력을 요합니다. 주의를 기울이는 시간이 길지 않아야 아이가 집중력을 가지고 그림을 감상할 수 있습니다. 한 시간 동안 억지로 돌아다니며 수박 겉핥기식으로 보는 것보다는 5분 동안 단 한 작품이라도 주의 깊게 관찰하는 것이 바람직합니다. 또 아이가 어릴수록 관람 시간이 짧아야 한다는 사실도 잊지 말아야 합니다. 아이가 지루해한다면 적당히 보고 다른 날 다시 관람하는 것이 좋습니다. 무엇보다 '모든 것을 다 보아야 한다'는 강박관념에서 벗어나야 합니다.

아이에게 미술관에서 지켜야 할 규칙을 설명해주세요

모든 미술관의 기본 규칙은 동일합니다. 작품에 손을 대서는 안 되고, 또 너무 가까이 다가가서도 안 되며, 플래시를 터뜨려 사진을 찍는 것도 안 됩니다. 그러나 아이들은 절대적으로 지켜야 하는 이런 규칙들을 잘 납득하지 못하지요. 따라서 아이들에게는 그림을 오랫동안 좋은 상태로 보존하기 위해 그러한 규칙들이 만들어졌다는 사실을 알기 쉽게 설명해주어야 합니다. 예를 들어 세월의 흐름이나 전쟁 혹은 화재나 홍수 같은 재난에서 살아남은 아주 오래된 몇몇 그림들은 작은 충격에도 쉽게 손상되기 때문에 세심한 주위를 기울여야 한다거나, 전시된 그림은 절대 손으로 만지지 말아야 한다는 것 등입니다. 작품을 손으로 만질 경우 눈으로는 보이지 않는 미생물들이 들러붙거나 자국이 생길 염려가 있다는 사실도 덧붙여 설명해주는 것이 좋습니다. 한편 수백 명의 관람객들이 돌아가며 터뜨리는 카메라 플래시는 매우 강한 빛을 뿜어내 원화 위에 불에 그을린 자국을 만들어낼 수도 있습니다. 이러한 피해를 사전에 방지하기 위해 몇몇 미술관에서는 아예 카메라의 반입 자체를 금지하고 있습니다.

 아이들의 눈높이에서 바라보세요

미술관의 그림들은 성인 관람객의 눈높이에 맞춰 전시되어 있습니다. 아이와 함께 미술관에 갈 일이 있다면 몸을 낮춰 아이의 눈높이에서 한번 그림을 감상해보세요. 그러면 아이가 보는 것과 어른이 보는 것이 다르다는 사실을 깨닫게 될 것입니다. 이것을 염두에 둔다면 왜 아이들이 대수로워 보이지 않거나 엄마가 미처 보지 못했던 부분에 관심을 보이는지 알 수 있을 것입니다. 이유는 간단합니다. 그것이 아이의 눈과 같은 높이에 있기 때문이지요.

 배치도를 확인하고 작품 설명을 꼭 읽도록 지도해주세요

대부분의 미술관에는 관람객을 위한 배치도가 구비되어 있습니다. 이와 같은 자료들을 잘만 활용한다면 아이는 안내서를 보고 자신의 위치를 확인하며 즐거워할 것입니다. 큰 아이들에게도 미술관의 작품들이 전시실을 따라 어떻게 배치되어 있는지 살펴보는 것은 매우 흥미로운 일이지요. 연대순으로 진열되어 있는지, 주제별로 모아두었는지 혹은 화가나 나라별로 작품들이 전시되어 있는지, 아니면 다양한 시대와 화가의 작품들이 한데 모여 있는지를 구분할 수 있습니다. 아이들은 대체로 전시된 작품마다 붙어 있는 간략한 설명을 좀체 읽으려 하지 않습니다. 따라서 엄마가 아이에게 그림의 정확한 제목과 제작 연도, 화가의 이름을 비롯해 목판 유화, 캔버스 유화 등 중요한 정보들을 알아낼 수 있도록 옆에서 도와주어야 합니다.

같은 작품이라도 여러 번 보여주세요

　같은 이야기를 수십 번 들어도 지루해하지 않고, 같은 비디오를 보고 또 보는 것과 마찬가지로 아이들은 이미 본 그림도 다시 보고 싶어하는 경향이 있습니다. 그러므로 미술관에 갈 때마다 아이가 항상 같은 작품만 본다고 해서 걱정할 필요는 없습니다. 오히려 그림 감상의 초기 단계에서는 그러한 과정을 거치는 것이 중요합니다. 아이가 좋아하는 그림은 다른 그림들의 문으로 들어가는 통행증 역할을 하기 때문입니다. 엄마가 도와준다면 아이는 같은 그림을 되풀이해 보며 거기에서 매번 새로운 것을 발견할 수 있다는 놀라운 사실을 깨닫게 될 것입니다.

 ### 관람 후 아이에게 그림엽서를 사주세요

　미술관을 관람할 때는 그림엽서를 살 시간을 충분히 남겨두어야 합니다. 아이가 마음에 드는 엽서를 고르는 데 긴 시간이 필요할지도 모르기 때문입니다. 미술관에 온 기념으로 구입한 그림엽서는 집에 가져갈 수 있다는 점에서 매우 좋습니다. 아이는 그것을 원하는 곳에 붙일 수도 있고, 책갈피로 이용할 수도 있습니다. 또 아이는 기분에 따라 엽서를 모으기도 하고, 때로는 아무 데나 던져놓기도 할 것입니다. 무엇보다 그림엽서는 당장은 '아름다운 그림'을 고르는 즐거움을 주고, 시간이 흘러도 그림과 친밀감을 유지하는 쉬운 방법이 될 수 있습니다.

 ### 미술관 안의 카페테리아에 들러 간식을 먹거나 잠시 쉬는 것을 잊지 마세요

　카페테리아에 들르지 않은 미술관 관람은 완벽하다고 할 수 없습니다. 그것은 마치 팝콘이나 아이스크림 없이 영화 관람을 하는 것과 마찬가지지요. 미술관 안에 카페테리아가 없다면 그 근처에서 찾아보는 것이 좋습니다. 아이가 어리면 어릴수록 이것은 매우 중요한 문제입니다. 바로 이런 즐거움 때문에 미술관 관람이 정말로 즐거운 외출이 될 수도 있을 테니까요.

나이별 그림 감상, 어떻게 할까

이 문제에 관한 한 범위를 제한할 필요는 없습니다. 모든 그림이 아이에게 뭔가를 말해줄 수 있기 때문입니다. 사람들은 흔히 추상화가 '어린아이의 그림 같다'는 구실로 아이가 추상화에 더 민감한 감수성을 보인다고 생각합니다. 또는, 아이가 주제를 이해하지 못하는 작품은 볼 필요가 없다고 단정짓기도 하지요. 그러나 이것은 잘못된 생각입니다. 실제로 시험해보면 아이들이 그림을 볼 때 발휘하는 매우 섬세한 지각능력에 놀라게 될 것입니다.

아이들의 일상 세계는 이미지의 세계입니다. 아이들은 자기도 모르는 사이에 미술이라는 오랜 전통에서 비롯된 많은 시각적인 메커니즘을 이미 자기 것으로 만들어놓고 있습니다. 이러한 현실을 감안하여 엄마는 아이들이 좋아하는 이미지와, 자기 생각에 아이들이 높이 평가해야 마땅한 이미지에 대해 섣부른 판단을 내려서는 안 됩니다.

다음에 이어지는 내용은 엄마가 아이와 함께 갈 미술관을 선택하는 데 도움을 주기 위한 것으로, 몇 가지 분명히 해야 하는 점들을 상세하게 밝혀놓았습니다. 그림책에 관심을 가질 나이가 되면 아이는 그림을 보고 거기서 즐거움을 얻을 수 있습니다. 하지만 한 작품을 놓고 아이와 생산적인 대화를 나누려면 충분한 어휘가 필요한데, 이 어휘력은 일반적으로 다섯 살 무렵에 형성됩니다. 이어지는 내용들이 다섯 살을 출발점으로 삼은 것도 바로 그 때문입니다.

다섯 살에서 일곱 살, 여덟 살에서 열 살, 열한 살에서 열세 살(그리고 그 이상)로 구분된 연령대는 물론 아이의 성숙도에 따라 얼마간의 조절이 가능합니다. 이 책에서는 위에 나오는 세 가지 연령대를 각각 다른 색깔로 나타냈으며, PART 02에 언급되는 서른 점의 명화들에 대한 해설에도 이 세 가지 색깔의 연령대를 적용하였습니다.

{ 5세부터 7세까지 }

아이들이 좋아하는 것은 무엇일까요?

- 선명하고 따뜻한 느낌의 색깔. 통계에 따르면 이 또래의 아이들이 가장 좋아하는 색깔은 붉은색입니다.
- 명암의 차이 없이 뚜렷하게 대비되는 색깔과 형태를 좋아합니다. 레고 장난감이 그 대표적인 예입니다.
- 입체감과 사실감이 느껴지는 사물을 좋아합니다.
- 사물(천, 머리카락, 모피 등)의 형태와 질감을 똑같이 모방하고 있어서 시각만큼이나 촉각에도

호소하는 것을 좋아합니다.

- 여인, 아기, 동물 등을 비롯해 집, 들판, 정원, 마을, 해변 등 친근한 장소를 묘사한 것을 좋아합니다. 아이들이 인상주의 화가의 그림을 좋아하는 것도 바로 이런 이유 때문이지요.
- 등장인물이 달리거나, 잠을 자거나, 물에 빠지거나, 넘어지거나, 춤을 추는 등 움직임과 태도를 묘사한 것을 좋아합니다.
- 애정, 웃음, 분노, 울음, 놀라움 등의 감정을 분명히 표현한 것을 좋아합니다. 어느 시대의 그림이든 상관없습니다.
- 한 명의 주요 인물에 이질적인 요소가 거의 없는 단순한 구성을 좋아합니다.
- 아기자기한 디테일이 들어가 있는 것을 좋아합니다. 아이들은 대체로 그런 디테일을 제일 먼저 감지하지요.

이것만은 기억하세요!

【일상이 담긴 그림이 좋아요】

아이들은 대개 일상적으로 접하는 상황과 물건, 행동과 몸짓을 쉽게 확인할 수 있는 그림을 좋아합니다. 그런 작품 속에서 어떤 아이는 머리를 빗기 위해 몸을 앞으로 숙이는 어머니의 모습이나 책상에서 열심히 서류를 들여다보고 있는 아버지의 모습을 발견하게 될 것이고, 또 어떤 아이는 집에 있는 것과 똑같은 빈센트 반 고흐(그림 21)의 붉은색 이불에서 익숙한 집 안 분위기를 느낄 수도 있을 것입니다.

【표현력이 풍부한 그림을 보여주세요】

어린아이들은 사물을 눈으로 보는 것만으로 만족하지 않습니다. 그야말로 몸 전체가 참여해야 하는데, 아이들은 몸동작으로 금세 따라할 수 있는 이미지를 구체화해 그것을 쉽게 흉내냅니다. 아이들이 이미지에 표현된 생각이나 감정에 일치하는 단어들을 잘 찾아내는 것도 바로 그 때문이지요. 그러므로 5~7세까지는 이러한 접근을 이끌어낼 수 있는 표현력이 풍부한 그림이나 조각 작품들을 관람하는 것이 바람직합니다.

【상상력과 호기심을 자극하는 그림이 좋아요】

어떤 이미지 앞에서 아이들은 쉽게 이야기를 지어냅니다. "저 여자가 우는 건 분명히 그것 때문이야" "저 사람은 아마 전에 이런저런 일을 했을 거야" 등의 이야기지요. 추상화를 본 아이들은 흔히 그 형태와 색깔을 구체적인 사물과 결합시킵니다. 노란색 자국은 '해'나 '달'로 해석되고, 어렴풋한 형태는 '바나나' 혹은 '뱀'이라고 이름 짓습니다. 또 어른들의 눈으로는 도무지 그 형태를 분간할 수 없는 녹아내린 녹색의 형태가 아이들에게는 풀잎이나 펄쩍 뛰어오르는 개구리로 보일 것입니다. 그것이 바로 아이들이 직접 본 것을 자기만의 것으로 만드는 방법입니다. 일반적으로 현대미술 작품(그림, 조각, 설치미술)은 아이들에게 마음대로 해석할 수 있는 자유를 줌으로써 호기심을 자극합니다. 오늘날 미술에서 자주 사용되는, 아주 시시하거나 상상을 초월하는 의외의 재료들(잔가지, 플라스틱 조각, 다양한 파편, 자갈 등)은 매우 강력한 연상의 힘을 가지고 있습니다.

【말로 표현해주세요】

어떤 그림을 보든, 간단한 문답놀이를 통해 아이의 흥미를 키워주는 것은 그다지 어려운 일이 아닙니다. "네가 보기에 …인 것 같지 않니?" "저걸 보면 뭐가 떠오르니?" "저걸 보니 어떤 느낌이 들어?" "저것과 비슷한 걸 본 적이 있니?" "내 생각엔 …인 것 같구나" 이처럼 엄마는 아이들로 하여금 밝음과 어두움, 무거움과 가벼움, 투명과 불투명, 두꺼움과 얇음, 명확함과 모호함처럼 대비되는 개념들을 스스로 끌어내도록, 그래서 나중에 다른 작품을 볼 때도 활용할 수 있도록 도움을 줄 수 있습니다. 상상력을 마음껏 펼치도록 호기심을 자극하고, 각 그림에는 저마다의 독특한 분위기가 있다는 사실을 알려주면서, 아이들이 그림 감상에 재미를 느끼도록 이끌어주는 것이 바로 엄마가 해야 할 역할입니다.

【미술관보다는 책을 보여주세요】

이 또래의 아이들에게 미술관 관람은 몹시 피곤한 일일 뿐 아니라, 주의력 또한 산만해지기 십상이지요. 그에 반해 이 시기의 아이들은 책 보는 것을 아주 좋아합니다. 책은 미술관에서는 불가능한 일종의 놀이를 가능하게 해주는 장점이 있기 때문입니다. 예를 들어, 피에트 몬드리안에 관한 어느 책에 붉은색, 푸른색, 노란색으로 어우러진 그림이 실려 있다고 합시다. 책장을 넘김에 따라 붉은색이 사라졌다 다시 나타나고, 이번엔 노란색이 사라집니다. 그리고 이런 식으로 계속 반복됩니다. 한 가지 색깔을 찾고, 기다리고, 잃어버리고, 다시 찾고, 또 다시 잃어버리는 것, 이것은 마치 한 편의 이야기 같습니다. 이때 색깔이나 형태, 제스처는 그것이 무엇이든 상관없으며, 그림이나 조각 사진이 실려 있기만 하면 어떤 책으로든 이런 식의 놀이가 가능합니다. 엄마와 아이가 함께 책을 뒤적이는 것, 처음엔 이것이 제일 중요합니다. 그것은 밤마다 아이에게 들려주는 옛날이야기만큼이나 달콤한 느낌을 전해줍니다. 만약 아이가 어느 한 작품이나 특정 장르의 그림에 관심을 보인다면, 그때 '진짜' 그림을 보러 가겠냐고 아이의 의사를 물어보세요. 그런 후에야 비로소 아이와 그림과의 자연스러운 만남이 이루어질 것입니다.

{ 8세부터 10세까지 }

아이들이 좋아하는 것은 무엇일까요?

- 아주 선명하거나 대조적인 색깔들로 이루어진 작품은 이보다 더 어린아이들뿐만 아니라 이 연령대 아이들의 마음도 사로잡습니다.
- 그림 속에 묘사된 이야기나 화가에 대한 이야기를 들려주는 이미지들을 좋아합니다.
- 선한 사람, 악한 사람, 강한 사람, 약한 사람, 서투른 사람 등 매우 전형적인 인물들을 좋아합니다. 이러한 캐릭터가 아이들이 흔히 접하는 에니메이션이나 인터넷 게임 등에서 광범위하게 활용되는 것은 결코 우연이 아닙니다.
- 대결이나 싸움이 이루어지는 상황을 좋아합니다. 단, 착한 사람이 나쁜 사람을, 약한 사람이 강한 사람을 이겨야 합니다.
- 웃음이나 비웃음을 촉발하는 이미지를 좋아합니다.
- 두려움을 주는 이미지를 좋아합니다.
- 영웅이나 기괴한 인물을 좋아하지요.

- 다른 시대의 삶을 보여주는 이미지를 좋아합니다.
- 오랫동안 한 작품 앞에 서서 그 안으로 빠져드는 것 같은 기분을 좋아합니다. 아이들은 풍경화를 감상하며 계곡을 여행하고, 폭풍우 속에서 길을 잃는가 하면, 괴물들과 맞서 싸우고, 커다란 배에 올라타기도 합니다. 그것은 아이들에게 위대한 모험이 시작되는 공간입니다.

이것만은 기억하세요!

【아이들이 좋아하는 캐릭터와 연결지어보세요】

아이들의 시각 세계는 영화나 인터넷 게임, 에니메이션에 등장하는 영웅이나 캐릭터로 가득 차 있습니다. 작품이 보여주는 원칙을 〈스타워즈〉나 〈스파이더맨〉 속에 드러나는 선과 악의 캐릭터와 연결지어보세요. 그림이나 조각, 특히 신화와 성경을 주제로 한 여러 작품에서 이와 같은 주제가 다양한 모습으로 다루어지고 있습니다.

【다양한 무대배경을 이용하세요】

아이들을 대상으로 하는 많은 문화 상품들은 다양한 문명이 지닌 매력을 적극 활용합니다. 어린이를 대상으로 한 영화들은 무대배경을 풍성하게 만들고, 줄거리에 묘미를 더하기 위해 흔히 고대 중국이나 잉카 제국, 이집트 등을 배경으로 삼습니다. 이것 역시 영화의 무대가 된 나라와 시대의 작품에 관심을 갖게 만드는 좋은 출발점입니다.

【미술관을 가세요】

8세부터 10세까지는 그림 감상에 흥미를 느끼고 미술관 관람을 시작하기에 가장 좋은 연령대입니다. 아이에게는 무언가를 보기 위해 일부러 특별한 장소를 찾아가는 것이 왠지 흥분되는 일처럼 느껴지기 때문이지요.

【스스로 작품 설명을 발견하게 하세요】

미술관에 전시된 그림 옆의 작품 설명을 스스로 찾아 읽으면서 화가의 이름과 제목, 제작 연도 등의 정보를 발견하는 것은 아이들에게 매우 흥미로운 일입니다. 처음에는 작품목록 번호를 제작 연도로 착각할 수도 있지만, 엄마가 도와준다면 금세 혼동에서 벗어날 수 있을 것입니다. 엄마가 열거하는 정보들을 가만히 서서 듣기보다는 이런 식으로 스스로 발견하는 학습을 아이들은 훨씬 더 재미있어 합니다. 이와 같은 자율적인 발견은 바람직한 미술 감상의 첫걸음이 되어줍니다.

【'어떻게 만들어졌나' 호기심을 자극하세요】

그림의 소재는 언제나 아이들의 호기심을 불러일으킵니다. 회화와 조각 작품들을 비롯해 기술적인 요소(붓이나 솔, 가위, 손가락 자국, 눌리거나 찍힌 다양한 흔적, 액체가 흘러내린 자국, 얼룩 등)를 더 쉽게 확인할 수 있는 아상블라주* 가 이런 점에서 아이들에게는 더없이 매력적이지요. 더구나 아이

아상블라주
폐품이나 일용품을 비롯한 다양한 사물을 모아
조각하거나 삼차원적 입체 작품을 만들어내는 예술 기법

들은 유치원에서 배운 공작 학습을 통해 이러한 개념에 어느 정도 익숙해져 있습니다. 이것은 아이들에게 그림의 주제와 약간의 거리를 두고 작품을 바라보는 습관을 들이는 아주 좋은 기회로, 현대 미술 작품뿐만 아니라 고대미술품에도 적용됩니다. 가능하다면 판화, 직물, 도기 등을 제작하는 아틀리에를 아이와 함께 방문한다거나 예술품 복원 현장(건축물, 스테인드글라스 등)을 견학하는 것도 유익한 미술 수업이 될 것입니다.

{ 11세부터 13세까지 }

아이들이 좋아하는 것은 무엇일까요?

- 예술가의 개성과 그의 삶을 구성하는 특이한 일화들을 좋아합니다.
- 작품을 만들게 된 동기, 즉 예술가로 하여금 삶의 특별한 순간에 그 작품을 완성하도록 이끈 것에 관심이 있습니다.
- 원근법을 이용해 입체감을 주는 회화 기법 등 작품의 다채로운 구성 방식을 좋아합니다.
- 어떤 느낌이나 생각을 시각적으로 표현할 수 있게 해주는 화가나 조각가의 테크닉을 좋아합니다. 가령, 묘사된 인물들이 움직이지 않고도 움직이는 듯한 느낌을 주는 기술, 초상화에서 권위를 연상시키는 기술, 더 강렬한 표현을 위해 실물과 같은 스타일을 부여하는 기술 등을 예로 들 수 있습니다.
- 작품을 완성하는 데 걸린 시간에 관심이 있습니다.
- 이 그림에 왜 비둘기 한 마리가 그려져 있을까, 불이 켜져 있는 양초는 무엇을 의미할까 등 해

독하기만 하면 감춰진 의미망에 접근하도록 해주는 상징들을 좋아합니다.

- 화가가 그린 작품들을 서로 비교해보는 것으로 자화상은 좋은 예가 되어줍니다. 렘브란트, 고흐, 고갱 등의 자화상을 비교해보세요. 주제와 상관없이 그림들을 비교해보면 화가가 살았던 삶의 다양한 시기를 구분 짓는 특징들을 찾아낼 수 있습니다.
- 동일하거나 비슷한 주제를 다룬 여러 화가들의 작품을 비교해 공통점과 차이점 찾아내는 것을 좋아합니다.
- 화가나 작품이 역사와 맺고 있는 관계와 영향에 관심이 생깁니다. 학교에서 배우는 문학이나 역사를 바탕으로 작품을 설명하는 것부터 시작할 수 있습니다.
- 작품의 가격에 관심이 생깁니다.

이것만은 기억하세요!

【시간 안배를 해주세요】

이 시기의 아이들에게 활용 가능한 시간이 줄어드는 것은 부분적으로 학업 시간이 늘어났기 때문입니다. 따라서 아이들과 함께 관람할 대상을 잘 선별하여 아이들에게 시간 낭비나 학업의 연장이라는 느낌을 주지 않도록 해야 합니다.

【스스럼없이 질문해보세요】

이 연령대 아이들은 이미 많은 것을 알고 있으며, 그들이 보는 것에 대해 서둘러 결론을 내리는 경향이 있습니다("형편없어" "엉터리야" "아무 짝에도 쓸모없어"). 그렇다고 단순히 아이들의 판단이 틀렸다고 주장하는 것은 분명 상황을 악화시키게 됩니다. 그보다는 열린 태도를 취하는 것이 좋습니다(아이들의 의견을 물어보고, 작품에 대한 정보를 함께 나눈 뒤 스스로에게 질문을 던져보고 비교해보세요). 이러한 태도는 아이들로 하여금 처음에 그냥 지나쳤던 것에 관심을 갖게 하거나 작품에 거부감을 갖지 않도록 이끌어줄 것입니다.

【누드화를 피하지 마세요】

이 또래 아이들은 누드화를 보면 거북해합니다. 하지만 미술사에서 압도적인 비중을 차지하는 '누드'라는 주제를 피하는 것은 매우 안타까운 일입니다. 그보다는 작품의 의미를 전면에 내세우는 것이 문제를 해결하는 가장 바람직한 방법입니다(영웅들의 나체상, 진실과의 상징적인 관계, 다양한 체형의 비율, 해부학적 연구, 피부의 사실적인 묘사 등).

【광고에 쓰인 그림을 보여주세요】

아이들은 광고라면 속속들이 꿰고 있습니다. 그만큼 광고 이미지는 아이들에게 하나의 기준으로 작용합니다. 따라서 아이에게 광고에 사용된 그림의 다양한 사례를 알려주고, 그것이 우연이 아님을 강조한 다음 아이가 직접 광고용으로 전환된 그림 이미지들을 찾아보게 한다면 매우 유익한 학습이 될 것입니다. 어떤 작품(또는 작품의 일부분)이 상업적인 목적으로 사용되었다면, 그 원화를 직접 보러 가거나 아니면 적어도 모작들을 구해서 살펴보는 노력도 필요합니다. 우리는 광고나 패션에서 돋보이는 컬러나 이미지의 선택을 통해 오래전부터 미술에서 사용된 상징적인 요소들이 어떻게 재활용되는지를 관찰할 수 있습니다.

【작품이 만들어진 이유를 알려주세요】

이것은 그림에 대한 본질적인 질문이 될 수 있습니다. 아이들이 작품을 정당화하는 어떤 방식이나 태도를 발견하게 된다면, 작품이 그리 마음에 들지 않아도 그것을 보고자 하는 욕구를 느낍니다. 예를 들어, 낭만주의 시대의 구름 습작들을 바라보며 아이들은 시큰둥한 반응을 보일지도 모릅니다. 하지만 그것이 19세기에는 불안정한 감정을 묘사하는 하나의 방식(구름이 맑은 하늘을 뒤덮어버리는 형태로, 먹구름은 비바람이 몰아치기 전에 몰려오며 다가올 폭풍우를 예고합니다)이었다는 사실을 알게 된다면 아이들은 더 큰 관심을 보일 것입니다.

【'스타' 화가의 전시회를 보여주세요】

미술 전반에 관한 이야기는 아이들에게 너무나 일반적인 동시에 추상적이지요. 지금 당장 아이들의 관심을 불러일으키기에 가장 좋은 것은 예술가들에 대한 이야기입니다. 따라서 특정 화가의 작품세계를 조명한 전시회, 특히 특정 화가의 작품을 풍성하게 전시한 미술관이나, 아예 어느 화가를 위해 설립된 미술관을 아이들과 함께 관람해보는 것이 좋습니다. 이런 접근에서는 '스타' 화가도 나름의 역할을 수행하는 셈이지요.

* * *

여기에 선별된 서른 점의 명화는 그림 전반에 대한 이해의 폭을 넓히기 위해 특별히 가려 뽑은 것들입니다.
각각의 그림에 대한 재미있는 해설을 문답식으로 제시합니다.
기발하고 흥미로운 질문과 답을 하나하나 짚어가다보면 그림의 숨은 의미를 곳곳에서 발견하게 될 것입니다.

PART
02

엄마가
들려주는

명화
이야기

Comment parler d'art aux enfants ?

시작하기 전에

PART 02에서는 명화 서른 점을 소개하고, 각각의 그림에 대한 재미있는 해설을 문답식으로 제시합니다. 질문의 내용들은 매우 솔직하고 엉뚱해 보이지만 실상 답으로 주어지는 내용들은 더할 수 없이 진지하고 기발합니다. 지루하고 딱딱한 설명에서 벗어나 실제적으로 흥미를 유발하는 간단한 질문들에 대해 설명함으로써 화가가 살았던 시대와 문화를 충실하게 이해할 수 있도록 구성해놓은 것이 무엇보다 새롭습니다.

그림에 대한 질문과 답은 총 3단계로 나뉘어 있는데, 푸른색으로 된 질문은 다섯 살부터 일곱 살까지의 연령대에 해당하고, 오렌지색은 여덟 살에서 열 살, 보라색은 열한 살에서 열세 살 혹은 그 이상의 연령대의 수준에 적합한 내용들입니다. 단, 이 책을 읽을 때 역할이 분명하게 나뉘는 것은 아닙니다. 질문과 해설은 아이들이 할 수도 있고 어른의 몫이 될 수도 있습니다. 또 언급된 질문과 해설은 모두 읽어도 좋고, 몇 가지만 골라서 읽어도 무관하며, 거기에서 영감을 얻어 다른 질문이나 해설을 해도 좋습니다. 중요한 것은 각자 이러한 방식에 따라 자신의 고유한 시선을 발견할 수 있는 능력을 키워나가면 되는 것이지요. 이 책을 통해 아이들은 나이 혹은 수준에 따라, 깊어지는 호기심의 정도에 따라 한 걸음씩 이미지를 해독하는 방법을 배워 나갈 수 있을 것입니다.

이 책에 선별된 서른 점의 명화들 중에는 미술사적으로 매우 중요한 작품도 있지만 대개는 중세부터 현대에 이르기까지 그림 전반에 대한 이해의 폭을 넓히기 위해 특별히 가려 뽑은 것들입니다. 언급되는 그림들은 세계 여러 나라의 미술관에 가서 직접 볼 수 있을 뿐 아니라 수많은 예술서들 속에 자주 실리는 명화들이지요. 미술 입문서의 성격을 과감히 탈피해 연대순에 따른 분류도, 어려운 미술 용어의 나열도 찾아볼 수 없는 이 색다른 그림책은 아이에게 그림에 대해 설명해주고 싶지만 막상 아이들의 엉뚱한 물음에 난감해지는 어른들, 그리고 순수하게 그림의 이미지 속으로 빠져들고 싶어하는 이들에게 매우 유익한 책이 될 것입니다. 기발하고 흥미로운 질문과 답을 하나하나 짚어가다보면 그림 언어의 숨은 의미를 곳곳에서 발견할 수 있으며, 당장이라도 미술관으로 달려가고 싶은 욕구와 호기심을 느끼게 될 것입니다.

5~7세

푸른색 : 다섯 살에서 일곱 살 (초급)

무엇보다 먼저 그림에 표현된 것이 무엇인지 확인한 다음 우리가 무심히 보아 넘기는 그림의 여러 가지 구성요소들을 구별해봅니다.

8~10세

오렌지색 : 여덟 살에서 열 살 (중급)

좀 더 깊이 있는 질문들을 통해 아이들의 이미지 해독 능력을 향상시키고 더욱 깊은 성찰로 이끕니다.

11~13세

보라색 : 열한 살에서 열세 살 또는 그 이상 (고급)

화가가 그림을 그리게 된 동기, 작품의 역사성 등 외적인 요소들과 이미지를 연관시켜 살펴봅니다.

그림 1. 프라 안젤리코, 〈수태고지〉

1430~1432, 목판에 템페라, 194×194cm,
스페인 마드리드의 프라도미술관

가슴으로 듣는 천사의 말

프라 안젤리코, 〈수태고지〉

천사가 젊은 여인 앞에서 몸을 숙이고 있어요

5~7세

천사 가브리엘이 마리아에게 곧 아기를 갖게 될 거라는 사실을 알려주기 위해 온 것입니다. 천사는 그 아이가 하느님의 아들이며, '예수'라 불리게 될 거라고 말해주지요. 천사는 두 손을 가슴에 모은 채 경건하게 마리아에게 인사를 하고, 마리아는 자리에 앉아 있기는 하지만 역시 같은 동작으로 고개를 숙이고 있습니다. 이 장면은《성경》의 한 장면으로 사람들은 이 이야기를 '수태고지受胎告知'라고 부릅니다.

왜 마리아는 천사를 보고도 놀라지 않나요?

사실 천사를 볼 수 있는 것은 이 그림을 보고 있는 우리들뿐입니다. 화가는 어떤 일이 일어나고 있는지 분명하게 보여주기 위해 이 그림에 천사를 그려 넣었습니다. 천사는 마리아의 눈에 보이지 않으며, 마리아는 단지 천사의 말을 들을 수 있을 뿐입니다. 물론 마리아가 놀라거나 두려워했을지도 모르지요. 실제로 놀라거나 두려워하는 표정의 마리아를 그린 화가들도 있으니까요. 하지만 프라 안젤리코는 마리아의 평온한 모습을 강조해 그리고 있습니다. 그림 속에서 마리아가 천사의 말에 귀 기울이고 있네요.

정원에 있는 사람들은 누구인가요?

아담과 이브입니다. 이 그림은 구약성서의 두 가지 이야기, 즉 수태고지와 낙원에서 쫓겨난 아담과 이브의 이야기(구약성서)를 들려줍니다.

아담과 이브는 하느님의 명을 어기고 선악과를 따먹은 죄로 벌을 받았습니다. 아담과 이브의 머리 위에서 장밋빛 옷을 입은 어린 천사가 그들이 천국을 떠나는 모습을 지켜보고 있습니다.

천사와 마리아 모두 금발에 장밋빛 드레스를 입고 있네요

천사와 마리아는 아주 가까운 사이로, 화가는 서로를 잘 이해한다는 의미에서 같은 색깔의 옷을 입혀놓았습니다. 머리카락은 태양처럼 눈부시고 옷도 서로 비슷하지요. 뺨 역시 장밋빛을 띠고 있습니다. 장밋빛은 곧 태어날 아기의 피부처럼 아주 부드러운 색깔입니다.

마리아의 망토가 천장과 같은 색이에요.

그림 속 천장은 단순한 모양이 아니라 위쪽으로 둥근 형태의 푸른색 궁륭 모양을 하고 있습니다. 작은 황금색 별들이 흩어져 있는 둥근 천장은 하늘을 상징합니다. 그래서 사람들은 이런 모양의 천장을 "천국의 궁륭"이라고 불렀답니다. 마리아는 땅 위에 있지만 신성한 빛이 그녀 주위를 비춰 감싸고 있네요. 천장의 곡선들은 마치 마리아가 입은 망토의 우아한 곡선과 연속적으로 이어지는 것처럼 보입니다.

천사는 계속 마리아 곁에 있나요?

아닙니다. 천사는 단지 메시지를 전하러 왔을 뿐이에요. 게다가 집 안으로 완전히 들어가지도 않았습니다. 천사는 마치 부담을 주지 않으려는 손님처럼 문지방 위에 서 있습니다. 천사의 날개와 오른쪽 발이 기둥 밖으로 나와 있는 것이 보이는데, 이것은 천사가 두 세계 사이에 있음을 의미합니다. 하늘에서 내려온 천사는 땅 위에 잠시 동안만 머무를 수 있으며, 그 순간은 단지 몇 초에 불과합니다.

천사는 입을 다물고 있어서 말하는 것처럼 보이지 않는데요?

마리아는 천사의 말을 귀로 듣는 것이 아니라 마음으로 듣고 있습니다. 천사 가브리엘은 하느님이 보낸 사자使者입니다. 그가 설사 마리아에게 말로 인사를 했다고 해도 그것은 곧바로 마리아의 마음속으로 전달됩니다.

왜 한 줄기 빛이 그림을 가로지르고 있지요?

이 빛은 마리아에게까지 도달한 하느님의 말씀을 상징합니다. 빛이 공간을 가로지르는 모습이 마치 레이저 광선 같죠? 이 그림은 마리아의 내면으로 들어간 하느님의 말씀이 아기가 되어 마리아의 배 속에서 자라게 될 거라는 신비로운 사실을 암시합니다. 마리아의 배도 마치 아기에게 자리를 내주려는 듯 움푹 들어가 있는 것처럼 보이네요.

이 장면은 마리아의 집에서 일어난 일인가요?

원래 이 이야기는 마리아가 살았던 집을 배경으로 하지만, 이 그림은 팔레스타인 나사렛에 있는 마리아의 집을 묘사하고 있지는 않습니다. 이 집은 매우 우아하고 섬세한 양식으로 지은 저택으로, 프라 안젤리코의 아틀리에가 있던 15세기 당시 이탈리아의 현대적인 건물들을 떠올리게 합니다. 화가는 이 집을 연극 무대처럼 사용하면서 이야기의 근본적인 요소, 다시 말해 집에 있는 마리아에게 천사가 찾아온다는 이야기를 들려주고 있습니다.

안쪽으로 방이 하나가 더 보여요

이 방은 집의 나머지 부분을 상상할 수 있게 해줍니다. 프라 안젤리코는 나무로 된 평범한 가구 몇 개와 햇빛이 비치는 긴 의자를 그려 이 집의 소박한 풍경을 상상하도록 합니다. 화가가 방의 일부분만을 그렸기 때문에 나머지 부분은 우리 눈에 보이지 않지요. 이 그림은 한편의 이야기에서 모든 것을 이해하는 것은 불가능하다는 사실을 암시하는 동시에 또 다른 미스터리를 표현하고 있습니다.

검고 흰 작은 새 한 마리가 쇠막대 위에 앉아 있어요

제비입니다. 이 그림에서는 이야기가 전개되고 있는 계절을 알려주는 역할을 하고 있는 셈이죠. 제비는 매년 따뜻한 나라에서 겨울을 보내고 다시 돌아오는 철새로, 제비가 돌아왔다는 것은 봄이 시작되었다는 신호입니다. 그림 속 이야기는 3월 25일(12월 25일 예수가 탄생하기 아홉 달 전)경에 일어났던 일입니다.

왜 흰 새 한 마리가 천사 위를 날고 있나요?

이 새는 성령을 상징하는 비둘기입니다. 비둘기는 천사 가브리엘이 마리아에게 전한 메시지가 신성하다는 사실을 알려줍니다. 제비는 정확한 시기를 알려주는 좌표인 반면, 비둘기는 영원한 시간을 상징합니다.

그림 속 어딘가에 하느님이 있나요?

하느님은 그림 속에서 다른 두 모습으로 나타납니다. 하나는 아치형 회랑 가운데 있는 원형 장식에 조각된, 천사 쪽으로 살짝 고개를 돌린 얼굴이고, 다른 하나는 그림 위쪽 둥근 빛 속에 보이는 두 손입니다. 두 손은 멀리서 마리아에게 소식을 전하는 천사와 함께 있습니다.

왜 마리아의 무릎 위에 책 한 권이 놓여 있나요?

마리아는 조금 전까지 책을 읽고 있었나 봅니다. 그러나 역사적인 기록에 따르면 마리아는 글을 읽지 못했다고 합니다. 게다가 마리아가 살았던 시대에 글은 책이 아니라 커다란 두루마리 위에 씌어졌습니다. 화가가 책을 그려 넣은 것은 성서(구약성서)에서 예언자 이사야가 하느님이 보낸 징표가 될 아기의 탄생을 예언했다는 사실을 상기시키기 위해서지요. 기독교 신자들에게 그 아기는 예수를 의미합니다. 그림에 책이 등장하는 것은 예언자의 말과 수태고지 사이의 관계를 보여주기 위해서입니다.

아담과 이브의 추방과 수태고지 사이에는 어떤 관계가 있나요?

두 이야기는 같은 시기나 같은 장소에서 일어나지는 않았지만, 그 의미 때문에 서로 연관이 있습니다. 아담과 이브는 신에 대한 불복종과 원죄를 상징합니다. 반면 수태고지의 마리아는 신의 의지에 대한 순종을 구현하지요. 화가는 이 두 가지 주제를 동시에 다룸으로써 세상의 죄를 대신 속죄할 예수의 이야기가 시작되는 순간을 강조합니다. 그림이 이중의 움직임을 보여주는 것도 바로 그 때문이죠. 왼쪽에 작게 그려진 아담과 이브가 그림에서 나갈 준비를 하고 있는 동안, 천사는 빛과 함께 맑고 아름다운 공간으로 들어옵니다. 한쪽에서 잃은 것이 다른 한쪽에서 다시 주어지는 것입니다.

왜 프라 안젤리코는 건축물을 중요하게 묘사했나요?

건축물은 전체적인 구성에 관한 화가의 생각을 나타냅니다. 여기에서 건축물은 'M' 자 모양의 두 아치형 천장 덕분에 그림을 쉽게 이해할 수 있게 해줍니다. 'M'은 바로 마리아의 이니셜입니다. 이를 통해 우리는 마리아가 신전에 비유되고 있음을 알 수 있습니다. 마리아의 배 속은 태어날 아기가 자라게 될 신성한 공간이며, 그림은 그들의 이야기가 시작되는 바로 그 순간을 보여줍니다. 대리석 바닥 위로 하늘의 색, 빛의 색, 자연의 색이 뒤섞이고 천사가 도착하자 그 푸른색과 노란색, 녹색이 강한 바람에 날려 마리아 쪽으로 밀려가는 것처럼 보입니다. 이것은 생기 없는 물질에 생명을 불어넣는 고귀한 숨결을 상징합니다.

그림 2. 얀 반 에이크, 〈아르놀피니 부부의 초상〉
1434, 목판에 유채, 60×82cm,
영국 런던의 내셔널갤러리

부유한 사람들의 특권, 초상화

얀 반 에이크, 〈아르놀피니 부부의 초상〉

부부인가봐요

네 맞습니다. 아르놀피니 부부가 손을 잡은 채 마주보고 서 있습니다. 두 사람 모두 이탈리아 사람이지만, 고국을 떠나 멀리 플랑드르 지역에 살고 있습니다. 그곳 브루게에서 이 초상화를 그리게 했던 것이죠.

이 부부에게는 강아지가 있네요

작은 강아지 한 마리가 이들 부부의 발치에 서 있습니다. 마치 이 그림을 그린 화가를 위해서 포즈를 취하고 있는 것 같아요. 강아지는 주인들만큼이나 침착합니다. 강아지가 부인을 향해 서 있는 것으로 보아 평소 습관적으로 부인만 졸졸 따라다니는 모양입니다.

5~7세

부인은 아기를 가진 건가요?

아마도 아닐 겁니다. 화가가 부인의 배를 볼록하게 그린 것은 당시에 볼록한 배가 유행이었기 때문이지요. 심지어 배가 나온 것처럼 보이기 위해 옷 속에 쿠션을 넣고 다니는 여자들까지 있었다고 하네요.

두 사람은 겨울옷을 입고 있어요

털로 안감을 댄 벨벳 옷은 그들이 부자라는 사실을 말해줍니다. 옛날에는 겨울철이 되면 집 안 온도가 매우 낮았다고 하는데, 특히 이 그림 속 주인공들이 살았던 네덜란드는 겨울이 몹시 추웠다고 하네요. 남자가 모자를 쓰고 있는 것으로 보아, 그가 막 집에 돌아왔거나 곧 외출을 하려던 것으로 보입니다.

부부는 지금 어느 방에 있는 건가요?

오른쪽에 덮개가 달린 붉은색 침대가 보이긴 하지만 이 방은 침실이 아닙니다. 옛날 유럽의 우아한 저택에서는 왕의 침대를 연상시키는 가구가 가장 아름다운 방을 장식하는 데 쓰였다고 합니다. 하지만 이 방에서는 아무도 잠을 자지 않습니다. 아르놀피니 부부는 보통 이 방에서 손님들을 맞았을 거예요.

바닥에 신발이 놓여 있네요

왼쪽 아래 구석에 있는 나막신이 제법 큰 것으로 보아 아르놀피니 씨의 것으로 보입니다. 그래도 조금 커 보이네요. 이 지방 사람들은 신발을 더럽히지 않으려고 신발 위에 나막신을 덧신었다고 합니다. 당시에는 인도가 없었을뿐더러, 길은 진흙과 쓰레기로 엉망이 돼 있곤 했으니까요. 아마 아르놀피니 씨가 외출할 때 신으려고 나막신을 문 옆에 놓아두었을 겁니다. 안쪽에 보이는 붉은색 신발은 아르놀피니 부인이 집에서 신는 작고 가벼운 슬리퍼입니다.

창문 옆에 과일들이 놓여 있어요

창문 옆의 과일들이 그림의 어두운 부분에 따뜻한 색감을 부여합니다. 오렌지는 스페인에서 들여온 것으로 당시에는 매우 비쌌다고 하네요. 먹기에는 너무 시었던지 집 안에 향긋한 냄새가 나도록 놓아둔 모양이에요. 창가에 놓인 사과는 에덴동산이 떠오르는데, 성경에서 사과는 선악과를 상징합니다.

안쪽 벽에는 거울이 걸려 있네요

달궈진 유리를 입으로 불어 만든 볼록거울입니다. 유리 뒷면에 납을 발라 사물이 반사되도록 만든 것인데, 이런 종류의 볼록거울은 정면에 있는 것뿐만 아니라 옆쪽에 있는 것들도 비춰줍니다. 거울 속으로 창문이 보이는 것도 그 때문입니다. 거울을 통해 아르놀피니 부부의 뒷모습도 보이네요. 그들 앞쪽으로 두 사람이 서 있는데, 한 사람은 푸른색 옷을, 또 한 사람은 붉은색 옷을 입고 있습니다. 아마도 친구나 조수와 함께 있는 화가의 모습인 것 같아요.

거울 위에는 뭐라고 씌어 있나요?

화가가 잔뜩 멋을 부린 큰 글씨로 서명을 하고 날짜를 적어놓은 것입니다. 마치 벽 위에 직접 쓴 것처럼 보이네요. 그 시대의 관습에 따라 화가는 라틴어로 적어놓았습니다. 라틴어는 당시에 유식한 사람들이 쓰는 학술 언어였기 때문입니다. "Johannes de eyck fuit hic. 1434"를 해석하면 "얀 반 에이크가 여기에 있었다. 1434년"이란 뜻입니다. 서명을 할 때 일반적으로 "fecit(만들었다)" 또는 "pinxit(그렸다)"라는 단어를 사용했는데, 그는 그림을 그렸다는 것보다 자신이 그 자리에 있었다는 사실을 더 강조하고 싶었던 모양입니다.

거울 옆에는 무엇이 있나요?

묵주입니다. 흔히 묵주는 나무로 만들지만, 이것은 수정으로 만든 아주 귀한 것입니다. 이 묵주는 특히 거울을 보는 아르놀피니 부인에게 기도를 소홀히 해서는 안

된다는 사실을 상기시켜주었을 것입니다. 거울 테두리를 장식하고 있는 열 개의 작은 칠보 원형 장식도 이와 같은 목적으로 예수 그리스도의 수난에 관한 일화를 보여주고 있습니다. 이런 장식들 때문에라도 아르놀피니 부인은 신자로서 해야 할 의무를 잊은 채 멋만 부릴 수는 없었을 것입니다.

왜 아르놀피니 씨는 오른손을 들고 있나요?

그의 이런 자세는 쉽게 이해가 가지 않습니다. 어떤 역사학자들은 그가 아내와의 약혼식이나 결혼식을 맞아 "맹세합니다"라고 말하면서 선서를 하고 있는 중이라고 생각했습니다. 실제로 당시에는 사회적인 권위를 가진 사람의 공식적인 주례 없이 집에서 그렇게 예식을 치렀다고 합니다. 또 일부 학자들은 이 그림이 결혼식이 끝난 뒤에 집으로 돌아온 두 사람의 모습을 묘사한 것으로, 신랑이 손을 들어 아내를 환영하는 장면이라고도 말합니다.

이들 부부는 왜 웃지 않을까요?

이 장면은 부부가 영원히 기억하고자 한 그들 생애의 아주 특별한 순간이었을 것입니다. 얀 반 에이크는 우리로서는 확실히 알 수 없는 그 상황을 강조하기 위해 그들을 엄숙하게 표현했습니다. 초상화는 이들 부부를 아주 진지한 사람들로, 또 자신의 부유한 신분을 스스로 의식하고 있는 것처럼 묘사합니다. 화가는 두 인물의 굳어 있는 표정 덕분에 그들을 정확하게 묘사할 수 있었을 거예요.

아르놀피니 부부는 어떤 사람들이었나요?

아르놀피니는 부르고뉴 공작의 조정과 거래를 하던 부유한 포목상이었습니다. 일례로 이 그림이 그려지기 11년 전 그가 교황에게 바칠 태피스트리 일체를 부르고뉴의 영주 필립 르 봉에게 팔았다는 이야기도 전해집니다. 아르놀피니는 지위가 점점 더 높아져 왕의 시종장 직위에까지 올랐습니다. 아르놀피니 부인 역시 천과 모피를 거래하는 부유한 상인 집안의 딸이었습니다. 이러한 사회적 지위와 재력이 있었기에, 그들은 당시 부르고뉴 공작의 전속화가였던 얀 반 에이크에게 초상화를 그려달라고 요청할 수 있었을 거예요.

얀 반 에이크가 유화를 발명했다는 게 사실인가요?

아닙니다. 유화는 얀 반 에이크 이전인, 이미 수세기 전부터 존재했습니다. 하지만 그는 당시의 기술적인 발전에 힘입어 유화를 더욱 완벽하게 개선시켰습니다. 당시에 만들어진 기름은 이전에 만들어진 기름보다 훨씬 더 빨리 마르는 특징이 있었으니까요. 얀 반 에이크는 반투명한 물감을 아주 얇게 여러 번 덧칠하는 기법을 개발했는데, 그 덕분에 색깔과 밝기에 갖가지 명암을 주는 기법이 가능해졌다고 합니다. 그림의 가장 밝은 부분에서는 외부의 빛이 덧칠한 기름층을 투과해 흰색 바탕을 비춰주었고(색을 밝게 만들기 위해 흰색을 덧칠할 필요가 없어졌기 때문에 색의 선명도를 그대로 유지할 수 있었습니다), 어두운 부분에서는 여러 가지 색깔들이 더욱 불투명하게 표현되었습니다. 부드러운 질감의 물감이 세밀한 부분을 표현할 때, 믿을 수 없을 만큼 섬세한 묘사를 가능하게 해주었는데, 그 결과 에나멜을 칠한 것만큼이나 매끄럽고 윤이 나는 그림을 완성할 수 있었습니다.

이 그림의 주제를 정확하게 알 수 없는 것이 사실인가요?

네. 많은 가설들이 검토되었고, 이 그림만을 연구한 저작도 여러 권 나왔지만 아직도 많은 의문점들이 풀리지 않고 있습니다. 당시에 그려졌던 다른 그림들과는 전혀 다른 느낌의 이 초상화는 무엇을 기념하기 위해 그려진 것일까요? 왜 남자는 손을 들고 있을까요? 강아지는 단순한 애완동물일까, 정절의 상징일까, 아니면 그 둘 다일까요? 화가는 왜 그렇게 화려하고 독특한 방식으로 그림 위에다 서명을 한 것일까요? 이 초상화의 진짜 모델은 과연 누구일까요? 얀 반 에이크는 이처럼 회화사에서 가장 수수께끼 같은 작품을 남겼답니다.

그림 3. 파올로 우첼로, 〈용과 싸우는 성 게오르기우스〉
1455~1460년경, 캔버스에 유채, 74×56.5cm,
영국 런던의 내셔널갤러리

하나의 그림 속, 수많은 대립

파올로 우첼로, 〈용과 싸우는 성 게오르기우스〉

무슨 일이 일어난 건가요?

이 그림은 용과 싸우는 어느 기사의 이야기를 보여줍니다. 용이 흘린 피가 땅 위로 흘러내리네요. 한쪽에서 그들을 바라보고 있는 여인은 머리에 작은 왕관을 쓰고 있는 것으로 보아, 분명 어느 왕국의 여왕이거나 공주일 거예요.

여인은 왜 이곳에 있나요?

용에게 포로로 잡혀 있기 때문입니다. 그녀는 트레비존드 공주로 용감한 기사가 공주를 구하러 온 것이죠. 여인은 그림 한쪽 구석에 손이 묶인 채로 꼼짝도 못하고 서 있습니다. 그녀는 궁지에 몰린 탓에 거의 납작해 보일 지경입니다. 그림 속에서 그녀가 피신할 장소라고는 동굴뿐입니다. 하지만 그녀는 분명 들어가고 싶어하지 않을 거예요. 그 안은 너무 깜깜하거든요.

용은 어디에서 왔나요?

틀림없이 동굴에서 나왔을 거예요. 용 바로 뒤에 보이는 어두컴컴한 동굴이 용의 소굴로 들어가는 입구가 분명합니다. 언뜻 보기에 굉장히 넓어 보이는 그곳은 다른 무시무시한 동물들로 가득할 거예요.

하지만 현실에서 용은 존재하지 않잖아요!

그래요. 용은 상상의 동물입니다. 실제로 존재하는 야수도 무섭기 이를 데 없는데, 용은 그보다 훨씬 더 무서워 보이죠. 다른 무서운 동물들의 모습을 골고루 갖추고 있기 때문입니다. 사자나 곰의 커다란 입에 날카로운 이빨과 발톱, 거대한 박쥐의 날개, 뱀처럼 둥글게 말린 꼬리, 악어 같은 녹색 피부, 게다가 불까지 뿜어내니까요.

공주는 왜 두려워하지 않나요?

용감한 기사가 그녀를 구하러 왔기 때문입니다. 그녀는 그를 굳게 믿고 있기 때문에 더 이상 두려울 것이 없습니다. 공주는 끈기 있게 싸움이 끝나기만을 기다릴 뿐입니다. 더구나 그녀는 이미 강아지를 다루듯 용의 목을 휘감고 있는 줄을 단단히 붙잡고 있습니다.

기사가 이길까요?

분명히 이길 겁니다. 보기에도 그는 이미 용에게 큰 상처를 입힌 것 같으니까요. 백마의 흰색 부분(그림에서 가장 밝은 부분)이 기사의 승리를 예고해줍니다. 기사는 결국 동굴 속 어둠과 싸워 이길 거예요. 마치 그가 거대한 구름 군대를 이끄는 것처럼 기사 뒤로 하늘이 소용돌이치고 있습니다.

이야기는 어떻게 끝날까요?

완전히 끝난다고 할 수는 없습니다. 용이 상처를 입긴 했지만 방심해서는 안 됩니다. 용은 불멸의 존재니까요. 용의 죽음은 이 세상에 더 이상 악이 존재하지 않는다는 것을 뜻하는데, 그것은 불가능합니다. 악에 대한 완전한 승리란 애초부터 불가능한 것입니다. 기사도 그 사실을 잘 알고 있는 것 같아요. 기사는 바로 악의 힘을 물리치라고 하느님이 보낸 성 게오르기우스니까요.

성 게오르기우스는 용을 단 한 번에 내리치는 것 같아요

그림에 묘사된 장면은 기사가 결정타를 날리는 순간입니다. 성 게오르기우스에게는 조금의 망설임도 없습니다. 하느님의 병사로서 단 한 번도 의심해본 적이 없으며, 자신이 무엇을 어떻게 해야 하는지 정확하게 알고 있기 때문입니다. 그는 결국 맡은 임무를 완벽하게 수행하겠지요.

이 장면은 진짜 같지가 않아요

화가는 현실을 묘사한 것이 아니라 단지 흥미로운 우화를 전달하고자 이 그림을 그렸습니다. 그래서 그림은 중세 시대의 아름다운 의상을 입고 연기를 하는 한 편의 공연 같은 인상을 줍니다. 언뜻 보아 성 게오르기우스에게서는 한창 전투를 벌이는 전사의 모습을 전혀 찾아볼 수 없습니다. 그는 오히려 아주 말끔하고 잘생긴 외모의 고귀한 기사의 모습을 하고 있으니까요. 그리고 공주 역시 전혀 놀란 표정이 아니군요.

동굴이 조금 이상해 보여요

그림 속 동굴은 동물원에서 곰과 원숭이 같은 동물들을 위해 만든 인공 동굴과 비슷하게 생겼습니다. 마치 두꺼운 종이나 풀을 먹인 딱딱한 종이로 만든 것 같아요. 이 시대에 동굴이나 산을 이런 식으로 표현한 것은 축제 때 가끔 교회 앞 광장에서 벌어졌던 길거리 공연의 장식을 모델로 삼았기 때문입니다. 그림을 감상하는 사람들에게도 낯설지 않은 이미지인데, 이런 요소들이 그들의 일상생활과 이미지의 세계를 연결시켜주는 끈 역할을 합니다.

화가는 인물들의 감정을 드러내지 않는 것 같네요

인물들의 개인적인 감정은 이 그림의 주된 내용이 아니니까요. 기사는 자신이 거둔 승리에 특별히 만족하는 것 같지도 않고, 공주 역시 두려움이나 안도감을 드러내지 않습니다. 공주는 자신을 구해준 성 게오르기우스에게 전혀 감사해하지 않는 듯합니다. 그것은 그들이 갑자기 일어난 어떤 모험에 뛰어든 평범한 인물들이 아니기 때문입니다. 사실 그림 속 인물들은 각자 하나의 일반적인 원리를 구현하고 있습니다. 즉, 기사는 선을, 용은 악을 상징합니다. 선과 악은 끊임없이 인간의 영혼을 차지하려고 다툼을 벌이는데, 여기서 공주는 인간의 영혼을 표현하고 있습니다.

용의 몸이 완전히 뒤틀려 있네요

용은 폭발해 사방으로 퍼져 나가는 형태로 공주와 대조를 이루지요. 용의 실루엣은 동굴의 뾰족한 단면들처럼 불규칙하게 절단되어 있습니다. 모순으로 가득한 용의 모습은 뱀인 동시에 호랑이이며 악어입니다. 용의 모습 어디에서도 믿음이 가는 구석을 찾아볼 수 없습니다. 날개 바깥쪽(공주 쪽)의 원들은 붉은색과 푸른색으로, 날개 안쪽(기사 쪽)의 원들은 흰색과 푸른색으로 이루어져 있습니다. 마치 적에 따라 색깔을 달리하는 과녁처럼 보이네요. 그러나 용을 흉조로 보는 견해는 서양의 전통에만 해당되는 것입니다.

성 게오르기우스를 구성하는 형태는 모두 둥근 모양이네요?

기사는 말과 한몸을 이룹니다. 구름이 기사의 머리 위에서 소용돌이 칠 정도로 자연 역시 기사와 하나가 됩니다. 그림을 보고 있으면 마치 천둥소리가 들리는 듯합니다. 화가는 말의 목, 꼬리, 갑옷의 조각, 그리고 뭉게뭉게 피어오르는 구름까지 기사의 집중력을 암시하는 일련의 곡선을 사용해 인물을 유기적으로 구성해놓았습니다. 마치 톱니바퀴가 돌아가듯 조화로워 보이네요. 그의 움직임은 용의주도하며 혹성들이 궤도를 돌 듯 매우 정확해 보입니다.

한낮에 왜 달이 보일까요

그림 전체가 대립과 대조에 기초해 있기 때문입니다. 그림의 주제는 단 하나, 절대적인 힘들이 맞부딪히는 전투입니다. 이러한 전투는 낮과 밤에 동시적으로 이루어집니다. 그래서 하늘은 푸르지만 기사 머리 위쪽으로 작은 초승달이 보이는 것입니다. 자연 역시 일반적인 법칙에서 벗어나 있습니다. 풀이 바위를 완전히 뒤덮지 않은 채로 덩어리를 이루며 군데군데 솟아 있고, 이웃한 옥토와 불모지의 경계가 매우 뚜렷합니다. 이쪽에는 잎과 꽃이 만발해 있지만 저쪽에는 황량한 땅이 뒤덮고 있는 모습입니다. 왼쪽에는 무거운 바위, 오른쪽에는 힘차게 비상하며 달리는 구름 역시 뚜렷한 대조를 이룹니다.

이 그림의 주제는 파올로 우첼로가 상상해낸 것일까요?

아니에요. 성 게오르기우스와 트레비존드 공주의 이야기는 그 이전에도 이미 여러 화가들의 그림 속에 등장했습니다. 이 이야기는 13세기, 자크 드 보라진이라는 주교가 쓴 《성인전》에도 나옵니다. 하지만 이 작품 역시 이미 오래전부터 전해 내려오던 전설을 바탕으로 쓴 것입니다. 파올로 우첼로는 이 주제를 가지고 두 점의 그림을 그렸다고 하네요(몸을 세우고 있는 용의 모습이 그려진 다른 작품은 파리의 자크마르 앙드레 미술관에 소장되어 있습니다). 이런 그림들은 오로지 사람들에게 흥미를 주기 위해서뿐만 아니라, 자신의 영혼을 구원하고 싶다면 악마와 싸워야 하고, 또 그럴 수 있다는 것을 사람들에게 환기시키기 위해 그려진 것입니다.

그림 4. 산드로 보티첼리, 〈비너스의 탄생〉
1485, 캔버스에 템페라, 285.5×184.5cm,
이탈리아 피렌체의 우피치미술관

아름다움, 선율처럼 흐르는

산드로 보티첼리, 〈비너스의 탄생〉

그림 속 여인이 알몸이에요

이제 막 태어났으니까요. 곁에 있는 젊은 여인이 비너스에게 옷을 입혀주려는 것 같아요. 이 여인의 탄생은 보통 인간들의 탄생과는 분명히 다릅니다. 비너스라 불리는 여신의 탄생이니까요. 전설에 따르면 그녀는 태어났을 때 이미 어른의 모습을 하고 있었다고 합니다.

비너스는 왜 조개껍질 위에 서 있나요?

만약 비너스가 헤엄을 치고 있다면 그녀의 모습을 이토록 선명하게 확인할 수는 없었을 거예요. 또 헤엄을 치는 모습이 여신에게는 썩 어울릴 법하지도 않고요. 화가도 알고 있었던 모양입니다. 그래서 그녀에게 자연의 배를 선물했습니다. 미묘한 형태와 부드러운 색채를 지닌 이 조개껍질은 아름다움과 사랑의 여신인 비너스와 정말 잘 어울리는 아름다운 소품입니다.

5~7세

비너스에게 망토를 가져다주는 젊은 여인은 누구예요?

틀림없이 늘 비너스를 수행하는 세 여신 중 하나일 거예요. 갖가지 종류의 꽃들이 비너스의 옷을 장식하고 그녀 주위로 흩날리고 있습니다. 비너스가 아름다운 계절인 봄에 태어났기 때문입니다. 젊은 여인은 비너스의 탄생을 축하하는 데 늦지 않으려고 발끝으로 가볍게 달려오고 있습니다. 그녀는 이미 손을 들어 비너스의 어깨에 망토를 걸쳐주려 하고 있네요.

왼쪽으로 보이는 두 인물은 천사인가요?

아닙니다. 이 그림은 종교화가 아니니까요. 단지 하늘에서 내려온 신들이기 때문에 천사처럼 날개가 달려 있는 것입니다. 그들은 바로 바람의 신입니다. 남자의 이름은 서풍을 의미하는 '제피로스'이고, 여자의 이름은 그의 연인이자 꽃의 여신인 '클로리스'지요. 그들은 비너스를 육지로 데려가기 위해 입으로 부드럽게 바람을 만들어 보내줍니다. 화가가 그들의 입에서 바람이 나오는 것을 표현하기 위해 흰색을 사용했군요. 제피로스는 클로리스보다 더 세게 바람을 불러일으키는 것처럼 보입니다. 그 때문에 비너스의 머리카락과 여신이 들고 있는 망토가 바람에 날리고 있네요.

8~10세

그림 속 꽃들은 무슨 종류인가요?

비너스 주위로 장미꽃이 흩날리고 있습니다. 장미는 사랑과 아름다움을 상징하기 때문에 언제나 비너스 곁을 떠나지 않습니다. 비너스가 처음으로 땅에 발을 디디는 순간 그곳에서 장미숲이 솟아오를 거예요. 때가 봄이라 수레국화도 피어 있습니다. 오른쪽 여신의 옷을 뒤덮고 있는 꽃은 겨울에도 늘 푸른 빛을 띠는데, 이것은 불멸을 상징합니다.

두 바람의 신은 왜 피부색이 다른가요?

바람의 힘이 다르다는 것을 암시하기 위해서입니다. 여자와 남자로 표현한 것도 그 때문이에요. 전통적으로 남성의 피부는 마치 햇볕에 그을린 것처럼 광택이 없고 어둡게 표현됩니다. 반면 여성의 피부는 부드럽고 섬세하고 연약해 보이기 위해 아주 맑게 표현됩니다.

비너스가 타고 있는 조개를 왜 '성 야곱의 조개'라고 부르나요?

중세 시대에 가장 유명한 순례지 중 하나가 바로 스페인에 있는 산티아고 데 콤포스텔라의 성지로, 전설에 의하면 성 야곱(예루살렘에서 서기 44년에 사망)이 이곳에 묻혔다고 합니다. 오랜 시간을 걸어 그곳에 당도한 순례자들은 성스러운 의례처럼 바닷가에서 조개껍질을 줍곤 했는데, 나중에는 납으로 만든 조개껍질이 상품화되어 사람들이 그것을 사 가지고 돌아갔다고 하네요. 순례자들은 중도에 포기하지 않고 끝까지 순례를 마친 증거물로 이 기념품을 가져갔던 것이지요. '성 야곱의 조개'도 거기에서 유래한 이름입니다.

비너스는 꿈을 꾸는 듯한 표정을 짓고 있네요

마치 생각에 잠겨 있는 듯, 그녀는 멍하니 정신을 딴 데 팔고 있는 것처럼 보이지요. 마치 멀리 두고 온 여행지들을 떠올리는 여행객 같네요. 화가는 바로 이 꿈꾸는 듯한 표정을 통해 우리에게 어떤 암시를 주고 있습니다. 이 그림은 단지 비너스의 아름다움을 찬양하기 위해 그려진 것이 아닙니다. 그녀처럼 모든 것이 완벽한 아름다움은 결코 도달할 수 없는 미지의 세계에서 왔다는 사실을 이해해야만 합니다.

물결 모양이 실제와는 많이 달라 보여요

이 그림에서 화가는 풍경을 중요하게 여기지 않습니다. 그래서 바다를 세밀하게 묘사하지 않고, 단지 그것이 바다라는 사실을 알려주는 정도로만 만족합니다. 물결은 마치 수면 위에 펜으로 그려놓은 것처럼 보이는데, 자연을 흉내내지 않고 움직임을 환기시킬 뿐이지요. 보티첼리는 호숫가에서만 자라는 가시금작화를 그려

넣을 만큼, 사실적인 묘사에는 관심이 없었나 봅니다.

비너스는 왜 한 발로 서 있을까요?

이런 자세를 '콘트라포스토'라고 해요. 고대의 조각상들에서 주로 볼 수 있는 자세입니다. 이 모습은 두 발로 뻣뻣하게 서 있는 자세보다 한결 더 우아하고 부드러운 실루엣을 보여주지요. 오늘날에도 그와 같은 이유로 톱모델들이 패션쇼나 광고 사진을 위해 포즈를 취할 때 허리를 살짝 뒤튼 듯한 이런 자세를 취한답니다.

비너스가 손과 머리카락으로 몸의 일부를 가리고 있어요

전통적으로 여성은 치부를 드러내지 않는 것을 미덕으로 여겨왔어요. 비너스의 이런 자세는 베누스 푸디카(Venus Pudica, 라틴어 pudica는 순결한, 정숙한, 얌전한 등을 의미합니다)라는 고대 조각상의 자세를 본뜬 것입니다. 등장인물에게 약간의 생기를 부여하는 팔의 움직임 덕분에 화가는 두 손의 위치를 사실적으로 표현할 수 있었는데, 그에게는 매우 힘든 작업이었습니다(다른 화가들이 가끔 젖은 머리를 쓸어 올리는 비너스를 그린 것도 그 때문입니다).

비너스는 왜 항상 누드로 표현될까요?

비너스는 초자연적인 힘을 갖고 있기 때문에 거의 언제나 누드로 그려집니다. 추위도, 상처도, 인간에게 고통을 주는 그 무엇도 여신에게는 문제가 되지 않습니다. 미의 여신인 비너스는 몸의 완벽한 균형을 보여주어야 하기 때문에, 조각가처럼 화가도 인체를 표현하기 위해 그 해부학적 특성을 반드시 이해하고 있어야만 했습니다. 게다가 화가가 살았던 시대에는 진眞, 선善, 미美가 불가분의 관계에 있다고 믿었기 때문에 비너스의 이미지는 육체뿐만 아니라 정신의 아름다움까지도 표현하는 것입니다.

등장인물들은 마치 풍경 위에 '붙여놓은' 것처럼 보이네요

등장인물들의 윤곽을 지나치게 강조하다 보니 그런 효과가 나타나는 걸 거예요. 그림을 보자마자 인물을 배경과 확연히 구별시키는 짙은 선이 눈에 띄죠. 유난히 도드라져 보이는 육체의 실루엣은 마치 정신이 그 안에 갇혀 있는 감옥처럼 보입니다. 정신이 평생 육체에 갇혀 지낸다는 생각은 15세기 피렌체에 널리 퍼져 있었는데, 그것은 보티첼리를 고용한 메디치 가문과 친분이 두터웠던 신플라톤주의자들이 설파한 철학이기도 합니다. 보티첼리는 그들과 만날 기회가 자주 있었기 때문에 그의 그림 역시 그들의 사상에서 많은 영향을 받았습니다. 비너스의 우수 어린 눈길도 그런 영향에서 비롯된 것인데, 여신의 정신은 오로지 눈길을 통해서만 육체에서 벗어날 수 있습니다.

이 그림은 아주 유명한 작품인가요?

〈비너스의 탄생〉은 서양미술사를 통틀어 가장 유명한 작품 중 하나입니다. 이 그림이 아름다움의 탄생이라는 근본적인 개념을 찬양하고 있기 때문이지요. 주제를 차치하고라도 그림을 구성하는 지극히 단순한 형태들이 아름다움에 경의를 표하고 있는 것을 볼 수 있으며, 각각의 선들은 마치 선율처럼 흐르는 것만 같습니다. 그 이전까지 화가들이 그린 유일한 여자의 육체는 뱀의 유혹에 빠져, 혹은 하느님의 명을 어긴 죄로 에덴동산에서 쫓겨난 이브의 육체가 전부였습니다. 이브의 나신은 연약한 피조물의 수치심을 표현합니다. 그런데 이 그림을 통해 그와 상반되는 모습을 최초로 볼 수 있게 된 셈이지요. 비너스는 찬란히 빛나고 그 이미지는 환희로 가득합니다. 보티첼리는 이 유명한 그림을 통해 육체와 정신의 조화를 구현해내고 있습니다.

그림 5. 히에로니무스 보스, 〈성 안토니우스의 유혹〉
1505~1506년경, 삼매화, 나무에 유채, 중앙 그림 131.5×106cm,
포르투갈 리스본의 국립고대미술관

성 안토니우스를 찾아라

히에로니무스 보스, 〈성 안토니우스의 유혹〉

사람들이 사방에서 우글대고 있어요!

바로 그것이 문제예요. 이 그림은 혼자 지내고 싶은 마음에 사막으로 여행을 떠났던 어떤 사람에게 일어난 일을 보여줍니다. 그는 혼자가 되기는커녕 수많은 사람들에게 둘러싸여 어찌할 바를 모르고 있습니다.

이 그림이 하려는 얘기가 뭐지요?

이 작품은 4세기 무렵 이집트에 살았던 성 안토니우스(251~356)의 일화를 들려줍니다. 그는 기도하는 삶을 살기 위해 모든 것을 버리고 속세를 떠나 사막으로 갔지요. 그러나 밀려드는 온갖 잡념 때문에 정신이 혼란스러워 좀처럼 기도에 집중할 수가 없었습니다. 화가는 그 잡념들을 작은 인물들로 표현했는데, 사방에 보이는 것이 바로 그것입니다.

5~7세

성 안토니우스는 어디에 있나요?

성 안토니우스는 이 작품을 구성하는 세 폭의 그림에 각각 한 번씩 등장합니다. 그는 중앙 그림 한복판에 아주 조그맣게 묘사되어 있지요. 두건이 달린 푸른색 옷차림에 무릎을 꿇고 있는 인물이 바로 성 안토니우스입니다. 관람객을 향해 있는 그의 얼굴은 자신을 둘러싸고 있는 끔찍한 피조물들을 보지 않으려 애쓰고 있는 것처럼 보이네요.

그림은 괴물들로 가득해요

화가는 가엾은 성 안토니우스의 머릿속에서 벌어지고 있는 일을 사람들에게 이해시키기 위해 괴물들을 등장시킨 것입니다. 물 속에, 땅 위에, 공중에 그리고 심지어 멀리 보이는 화염 속에도 온갖 형태의 괴물들이 득실대고 있네요. 그들을 피해 가기란 어쩐지 불가능해 보입니다. 괴물들은 걷고, 기고, 날고, 헤엄치는 것도 모자라 불까지 뿜어댑니다.

그림에는 유독 붉은색이 많네요

붉은색은 역동적인 색깔로, 화가는 관람객의 시선이 쉴 새 없이 움직이도록 붉은색을 여러 곳에 사용하고 있습니다. 왼쪽으로는 사람들이 튀어 나오는 거대한 딸기에, 중앙 아래로는 망토를 걸친 물고기 머리가 있는 배에, 오른쪽으로는 선홍빛 천을 걸친 거대한 생쥐 같은 괴물을 붉게 표현해놓았네요. 이 붉은색들 덕분에 관람객은 그림에서 열기를 느낄 수 있습니다. 성 안토니우스도 열에 들떠 착란을 일으키고 있는 것처럼 보입니다. 안쪽으로는 온 마을이 화염에 휩싸여 사라져가고 있습니다.

8~10세 그림이 왜 세 부분으로 나뉘어 있나요?

이런 그림을 보통 '삼매화'라고 합니다. 중앙 패널은 접을 수 있도록 되어 있는 양쪽 그림보다 정확하게 두 배가 더 커서 양쪽 그림을 접으면 세 그림이 완전히 가려지게 되지요. 이 삼매화는 마치 병풍처럼 필요에 따라 접었다 폈다 할 수 있게 되어 있는데, 닫아서 보관하면 그림의 손상이 덜하고, 그림을 볼 때만 펼치기 때문에 매번 새로운 느낌을 가질 수도 있습니다.

등장인물들이 모두 이상하게 생겼어요

그림 속에 등장하는 인물들은 정체를 알 수 없기 때문에 더욱 무서운 느낌을 줍니다. 이름을 지어준다거나 어떤 범주로 분류하는 것조차 불가능해 보입니다. 성 안토니우스의 맞은편에 있는 사람은 몸통 대신 머리가 바로 다리 위에 놓여 있고, 뒤로는 돼지 주둥이를 가진 사내가 서 있는 것이 보입니다. 하나같이 부자연스러운 모습의 인물들이네요. 마치 화가가 무질서하게 널려 있는 조각들을 아무렇게나 꿰어 맞춰 인물을 구성한 것 같습니다. 더 끔찍한 것은 조각을 짜 맞춰 만들어낸 존재들이 살아 움직인다는 사실입니다.

배경의 오른쪽 풍경만은 평온해 보이네요

멀리 보이는 그 풍경 속에는 모든 것이 평화로워 보이는군요. 끔찍한 시련이 끝나면 성 안토니우스의 세계, 다시 말해 그의 정신도 이처럼 평온을 되찾을 수 있을 테지요. 수많은 장애가 그의 앞길을 가로막고 있지만 성 안토니우스의 시선은 바로 그곳을 향해 있기 때문입니다. 그의 시선을 따라가다 보면 십자가에 못 박힌 그리스도 상이 있는 작은 성당을 거쳐, 먼 지평선까지 직선으로 연결된다는 사실을 알 수 있습니다. 아직은 너무 먼 곳이지만 성 안토니우스는 언젠가 그곳에 닿을 수 있겠지요.

그림에서 성 안토니우스를 찾기가 너무 어려워요

이 그림은 무엇보다 성인의 머릿속을 지배하는 혼란을 묘사하고 있습니다. 관람객은 한참 지나서야 주인공을 발견하게 되는데, 화가는 이러한 방식으로 악마들이 추구하는 목적을 표현하고 있습니다. 그림의 대부분을 악마들이 차지하고 있는 탓에 성 안토니우스는 거의 보이지 않습니다. 자칫하면 성 안토니우스뿐만 아니라 그림을 보는 관람객들까지도 이 세상에는 악마밖에 존재하지 않는다고 믿게 될 정도지요. 이 그림은 일종의 함정 피하기나 보물찾기 놀이에 비유할 수 있는데, 그 '보물'은 물론 성 안토니우스입니다.

관람객의 눈길이 사방으로 분산되는 산만한 그림 같아요

화가는 관람객이 자신의 작품을 쉽게 이해하지 못하게 하려고 처음부터 작정을 한 것 같습니다. 그래서인지 애초부터 어떤 이야기의 논리적 구조에 따라 이 그림을 감상하는 것은 불가능해 보이네요. 관람객의 시선은 한 인물에서 다음 인물로, 또 그다음 인물로 연속적으로 이어지다, 결국에는 끈을 놓쳐버리고 급기야 조금 전에 본 것도 잊어버리고 맙니다. 한마디로 이 그림은 관람객이 '생각을 정리해가며' 관람하는 것을 방해하는 셈이죠. 따라서 이 그림은 세상이 끊임없이 우리를 방황하게 만든다는 것을, 그래서 주관을 잃지 않으려면 성 안토니우스가 그랬듯이 강한 의지를 발휘해야 한다는 사실을 보여줍니다.

11~13세

악마가 등장하는 그림은 히에로니무스 보스만 그렸나요?

아니에요. 다른 화가들도 지옥을 묘사할 때는 의례적으로 악마를 그려 넣었습니다. 하지만 히에로니무스 보스의 악마들이 가장 다양하고, 복잡하고, 놀랍고, 때로는 가장 우스꽝스럽기까지 합니다. 게다가 그가 그린 악마들은 지옥 즉, 저승이 아니라 지상의 삶에 뒤섞여 있다는 점이 매우 충격적입니다. 그것은 단순한 화가의 판타지가 아니라 16세기를 살았던 사람들의 의식 속에 생생하게 살아 있던 개념으로 악이 세상을 계속 장악하고 있음을 의미합니다. 그런 면에서 악마들이 네 원소(불, 공기, 물, 땅)를 대변하며 그림의 네 귀퉁이를 차지하고 있는 방식은 매우 의미심장해 보입니다.

당시 사람들은 이 그림을 보고 큰 충격을 받았겠네요

교회를 위해 그림을 그린 보스는 신앙심이 깊고, 주변 사람들에게 존경 받던 인물입니다. 계몽된 미술 애호가들을 위해 그린 이런 '악마극'은 당시 소수의 사람들만 보았을 가능성이 큽니다. 보스는 경제적으로 여유가 있어서 주문을 받고 그림을 그려주지 않고 마음에 드는 주제들을 직접 선택해 그림을 그렸습니다. 이 그림이 완성된 지 얼마 지나지 않아 독실한 가톨릭 신자였던 스페인의 왕 펠리페 2세가 그의 주고객이 되었지요. 히에로니무스 보스의 그림들이 기상천외한 것은 사실이지만, 관람객들은 거기서 이 세상을 살아가면서 피해야 할 지옥의 '유혹'을 깨달을 수 있었습니다. 이런 혐오스러운 이미지들이 무엇보다 도덕적인 경고의 역할을 했던 셈이죠.

히에로니무스 보스는 초현실주의적인 그림을 그렸나요?

아닙니다. 초현실주의는 제1차 세계대전 후에 생겨난 개념이니까요. 하지만 보스의 그림이 20세기 예술가들에게 많은 영감을 준 것은 분명합니다. 그의 영향을 받은 현대미술가들은 형식과 내용을 뒤바꾸고, 엉뚱한 접근을 시도하며, 딱딱한 것을 물렁한 것으로, 고체를 액체로 대체하는 등 다양한 시도를 보여주고 있습니다. 히에로니무스 보스의 작품과 현대미술 사이에 밀접한 관련이 있다고 해서, 그를 초현실주의 화가라고 단정 지을 수는 없습니다. 하지만 초현실주의자들이 그가 사용했던 기법들을 차용한 것만은 확실해요.

그림 6. 레오나르도 다 빈치, 〈모나리자〉
1503~1506년경, 나무에 유채, 53×77cm,
프랑스 파리의 루브르박물관

Comment parler d'art aux enfants?

찰나의 표정, 덧없는 순간

레오나르도 다 빈치, 〈모나리자〉

이 여인은 누구예요?

500년 전 이탈리아에서 살았던 여인입니다. 이름은 리자이지만 사람들은 그녀를 '모나 리자' 다시 말해 '리자 부인'이라고 부릅니다. 하지만 그녀의 성이 이탈리아어로 델 조콘도del Giocondo였기 때문에 프랑스에서는 라 조콩드La Joconde라고도 부릅니다.

이 초상화는 누가 그렸나요?

레오나르도 다 빈치의 그림입니다. 이 초상화를 그릴 무렵 그는 이미 아주 유명한 화가가 되어 있었습니다. 당시 레오나르도 다 빈치는 이 여인과 같은 도시 피렌체에 살고 있었지요.

5~7세

화가는 그림에서 다양한 색깔을 사용하지 않았네요

네. 특히 그는 강렬한 색을 피했는데, 다 빈치는 보기에 부드러운 이미지들을 더 좋아했나 봅니다. 그래서인지 관람객의 시선은 그림 위에서 마치 구름이 흘러가듯 혹은 어루만지듯 이리저리 미끄러집니다.

그림이 왜 이렇게 어둡지요?

원래는 어둡지 않았는데, 세월이 흐르면서 낡은 것입니다. 사람은 늙으면 주름이 생기지만, 그림은 색이 짙어지고 물감에 균열이 생기게 되죠. 모나리자는 분명히 훨씬 더 밝은 톤으로 그려졌을 테고, 안색도 지금보다는 더 생기 있었을 거예요. 뒤편에 보이는 하늘도 훨씬 더 푸른빛을 띠었을 겁니다.

모나리자의 머리숱이 별로 없어 보여요

실제로는 머리숱이 많았지만, 당시에는 훤한 인상을 주기 위해 이마 위쪽의 머리카락을 뽑는 것이 유행이었답니다. 만약 모나리자가 아직까지 살아 있다면, 지금 사람들의 머리 모양이 도리어 끔찍하다고 말했을지도 모르겠네요.

레오나르도 다 빈치는 모나리자가 아름답다고 생각했기 때문에 그녀의 초상화를 그린 건가요?

레오나르도 다 빈치가 그녀를 아름답다고 여겼는지는 확인할 수 없지만, 이 그림이 모나리자 남편의 요청으로 그려진 것은 분명합니다. 당시 사람들은 아마도 그녀를 아름답다고 생각했을 거예요. 그렇지 않았다면 남편이 그녀의 초상화를 주문할 정도로 자신 있어 하지는 않았을 테니까요.

오늘날 사람들이 왜 모나리자를 아름답다고 말할까요?

아마 많은 사람들이 이 그림을 좋아하기 때문일 거예요. 아니면 다들 그렇게 말하니까 별 생각 없이 그냥 따라 말하는 건지도 모르죠. 이 경우에 그림이 아름답다고 말하는 건 그림 속 여인이 아름답다는 걸 의미합니다. 하지만 그것은 분명히 다른 문제입니다. 사람들이 '모나리자'라고 말하는 것은 그림 속의 여자, 그녀의 성격, 그녀가 살았던 곳이 아니라 단지 그녀의 초상화, 즉 레오나르도 다 빈치의 그림입니다.

이 그림은 왜 그렇게 유명할까요?

마치 살아 있는 사람처럼 생생한 느낌을 주는 최초의 초상화였기 때문이에요. 레오나르도 다 빈치는 다른 화가들처럼 생명력 없이 굳어 있는 표정을 그리는 대신 모나리자에게 순간적인 표정을, 막 시작된 것인지 아니면 끝나는 것인지 알 수 없는 신비로운 미소를 주었습니다. 모든 것들이 잔잔한 가운데 그녀를 둘러싸고 있는 빛이 서서히 변하는 듯한 인상을 줍니다. 흘러가는 시간을 암시하는 이런 그림을 이전에는 그 누구도 본 적이 없었습니다.

모나리자의 뒤로 보이는 것은 무엇인가요?

그녀는 발코니의 일종인 로지아에 앉아 있습니다. 모나리자는 마치 우리가 화가와 함께 집 안에 있기라도 하듯 우리를 바라보네요. 그녀 뒤로 매일 바라보는 풍경과 계곡, 다리와 강이 보이고, 배경 안쪽으로 뻗어 있는 길들이 눈에 들어옵니다. 그림 속에 표현된 것은 그녀 하나이지만 여인이 주변 세상과 동떨어져 있지는 않습니다.

레오나르도 다 빈치는 이 그림을 왜 더 세밀하게 그리지 않았나요?

실재하는 것을 완벽하게 보기란 불가능합니다. 특히 멀리 있는 것들을 세밀하게 묘사하기란 쉬운 일이 아니죠. 레오나르도 다 빈치는 보이는 그대로를 정직하게 화폭에 옮기기 위해 윤곽을 그려 넣거나 굵은 선을 그어 다른 요소들과 구별하지 않았습니다. 이 그림에서는 형태의 경계가 분명하지 않은데, 관람객들은 그 선들을 실제로 보기보다는 머릿속으로 상상하게 됩니다. 화가의 붓놀림이 마치 안개

속으로 흐릿하게 사라져버리는 듯한 인상을 주기 때문입니다. 배경의 산도 너무나 희미해서 하늘과의 경계가 불분명한데, 이것을 이탈리아어로 '스푸마토 기법'이라고 합니다.

모나리자의 두 손은 아주 선명해 보이네요

그녀의 양손은 이 초상화에서 나름의 역할을 수행하고 있습니다. 사람들은 대개 겉으로 태연한 척해도 손가락을 흔들거나, 무언가를 톡톡 치거나, 주먹을 불끈 쥐어 내면의 긴장감을 드러냅니다. 그에 비해 모나리자의 내면은 더없이 평온합니다. 얌전하게 포개져 있는 그녀의 두 손이 바로 그 증거죠.

다른 화가들도 레오나르도 다 빈치와 같은 방식으로 그림을 그렸나요?

어느 화가도 다 빈치의 그 유명한 스푸마토 기법은 흉내 내지 못했습니다. 하지만 그 영향으로 당시 화가들은 서서히 어둠에 더 중요한 역할을 부여하기 시작했습니다. 특히 초상화를 그릴 때는 인물의 윤곽을 피라미드 형태의 커다란 삼각형 구도로 포착하는 다 빈치의 방식을 차용했지요. 태양을 상징하는 이집트의 피라미드는 영원을 의미합니다. 〈모나리자〉가 그려진 시대에, 가령 〈아기 예수를 안은 성모 마리아〉 같은 성스러운 주제를 표현할 때는 주로 삼각형 구도를 활용했습니다. 레오나르도 다 빈치는 이와 같은 구도로 초상화를 그림으로써 다시 한 번 당시의 규칙을 변화시켰던 셈이죠.

레오나르도 다 빈치가 살아 있던 당시에도 이 그림은 큰 성공을 거두었나요?

〈모나리자〉는 당시에도 유명한 그림이었습니다. 피라미드식 구성과 더불어 실제 장소를 배경으로 모델의 모습을 그대로 화폭에 옮긴 것, 모델을 풍경과 결합시키는 방식, 빛의 명암, 모나리자의 찰나적인 표정 속에 담긴 덧없는 순간의 느낌 등 모든 것이 새로웠기 때문이죠. 이와 같은 혁신적 시도는 기술적인 차원을 넘어 어떤 새로운 세계관을 담아내는 것이었습니다. 얼핏 보기에 전혀 특별한 것이 없어

보이는 이 여인은 인류 전체를 대변하는 셈입니다. 모나리자는 영원을 꿈꾸지만 죽음을 면할 수 없고, 스쳐 지나가는 빛과 비밀을 간직한 어둠 사이에 존재하는 인류의 모습을 보여줍니다.

레오나르도 다 빈치는 그 밖에도 많은 작품을 남겼나요?

오늘날까지 전해지는 레오나르도 다 빈치의 작품은 열두 점에 불과합니다. 그림뿐 아니라 다방면에 재주가 뛰어났던 다 빈치는 여러 분야에서 천재성을 드러냈기 때문이죠. 하지만 그는 인간의 몸에 관한 연구(해부학), 대지에 관한 연구(지질학), 식물에 관한 연구(식물학), 별에 관한 연구(천문학) 등 끊임없이 관심을 가진 분야의 결과물들을 데생과 기록으로 남겨놓았습니다. 다 빈치는 아무리 사소한 것일지라도 모든 자연 현상에 대해 지칠 줄 모르는 호기심을 드러냈고, 먼지와 폭풍, 석양, 찡그린 얼굴과 미소, 그리고 특히 운동에 관련된 모든 것들에 대해 끊임없이 탐구했습니다. 조각가, 건축가, 화가, 기술자 등의 다양한 이력을 가지고 있는 다 빈치는 하늘을 나는 기계를 발명하는가 하면, 성곽 축조법과 새로운 무기들을 개발해 내기도 했습니다. 지식과 세상에 대한 이해를 넓힐 수 있는 것이라면 그는 무엇이든 가리지 않았지요. 다 빈치의 지칠 줄 모르는 탐구 과정에서 〈모나리자〉는 매우 중요한 의미를 갖기 때문에, 그는 이 그림을 죽을 때까지 간직했다고 합니다. 실제 모델이었던 리자 부인도 결국 자신의 초상화를 소유하지 못한 셈이죠. 이 작품은 한 여인의 이미지를 넘어 다 빈치 자신의 사상을 구현하고 있습니다.

그림 7. 요하임 드 파티니르, 〈성 히에로니무스가 있는 풍경〉
1520년경, 나무에 유채, 91×74cm,
스페인 마드리드의 프라도미술관

미지의 세계 상상하는 풍경

요하임 드 파티니르, 〈성 히에로니무스가 있는 풍경〉

작은 마을들이 내려다보이는 광활한 풍경이네요

수평선까지 자연으로 뒤덮여 있고, 여기저기 흩어진 작은 집들이 성과 함께 촌락을 형성하고 있습니다. 산과 숲이 매우 수려하고, 오른쪽에 보이는 맑고 푸른 연못과 더불어 저 멀리 바다도 보이네요.

오두막에 홀로 앉아 있는 노인은 누구인가요?

그가 바로 성 히에로니무스입니다. 그는 한적한 곳에서 생각에 잠기기 위해 도시에서 멀리 떨어진 자연으로 들어와 혼자 살기로 결심했습니다. 그림 속에서 그는 아주 작게 그려져 있는데, 오두막집에 가만히 앉아 있는 모습에서 혼자 조용히 살고 싶어하는 노인의 마음을 느낄 수 있습니다.

5~7세

성 히에로니무스는 동물 한 마리와 함께 있어요

발에 가시가 박힌 사자 한 마리를 돌봐주고 있습니다. 은혜를 입은 사자는 마치 집에서 키우는 개처럼 노인과 더불어 살아가겠지요. 다른 그림에서도 그들은 늘 함께 등장합니다. 그림 오른쪽에도 사자가 보이는데, 금방이라도 나뭇단을 지고 가는 작은 당나귀를 향해 달려들 태세입니다. 그러나 당나귀를 잡아먹으려는 것이 아니라, 성 히에로니무스가 사자에게 당나귀를 돌봐주라고 했기 때문에 거기 있는 것입니다. 사자는 당나귀가 풀을 뜯는 동안 아무 일도 일어나지 않도록 잘 지켜줄 거예요.

이 그림에는 특히 녹색과 푸른색, 밤색이 많은 것 같아요

그것은 바람, 나무, 바다, 하늘, 땅 그리고 바위의 색깔입니다. 하지만 화가는 그 색깔들을 획일적으로 사용하지 않고, 같은 색깔도 풍부한 명암의 차이를 주어 다채롭게 표현했습니다. 예를 들어 녹색을 칠할 때도 한 가지 색조로만 표현한 것이 아니라, 10여 개에 달하는 명암을 주어 장소에 따라 다른 분위기를 만들어냈지요. 따라서 밝은 곳에서는 따스한 햇살의 열기가, 나무 그늘에서는 서늘함이 느껴집니다.

산이 참 묘하게 생겼네요

화가는 현실과 상상을 한데 뒤섞었습니다. 그는 분명 자연 속에서 바위를 관찰했고, 마음에 드는 자갈이나 바위 조각들을 집으로 가져왔을 거예요. 화가의 상상력에 힘입어 그 기이한 형태의 돌멩이들이 산으로 표현된 것입니다.

실제 풍경인가요?

어디에서도 이런 풍경은 찾아볼 수 없습니다. 하지만 풍경을 구성하는 몇몇 요소들은 현실에서 가져온 것이지요. 요아힘 드 파티니르는 기암절벽과 동굴로 유명한 프랑스의 뫼즈 지방에서 태어나 남부의 레보드 프로방스 지역에서 살았습니다. 그가 살았던 지역의 나무와 숲, 해변, 구름, 작은 오두막에서 영감을 얻은 듯합니다. 그리고 그 모든 재료들을 가지고 이 그림을 완성했을 거예요.

그림에서 왜 한쪽은 날카롭고, 다른 한쪽은 평평한가요?

이 그림이 삶의 다양한 측면을 암시하는 방식으로 구성되었기 때문입니다. 왼쪽의 형태는 매우 복잡하고 높은 구도입니다. 산꼭대기에는 대성당과 집들이 자리하고 있는데, 수도원(성 히에로니무스가 살았던 수도사들의 집)에 가려면 산을 기어 올라야만 했습니다. 매우 힘들고 피곤한 일이겠죠. 반면 오른쪽에는 광활하게 펼쳐진 들판과 더불어 모든 것이 평화로워 보입니다. 살다보면 어느 순간에는 난관을 이겨내기 위해 갖은 노력을 다해야 하지만, 또 어느 순간에는 모든 것이 순조로울 때도 있다는 것을 말해주는 듯하네요.

성 히에로니무스는 중요한 인물이 아니어서 작게 그린 건가요?

그렇지 않아요. 성 히에로니무스는 그림 전면에 위치해 있기 때문에 이미지 속으로 들어가려면 반드시 그를 거쳐야 합니다. 더구나 풍경은 그의 생각을 상징하는 것이기도 한데, 성 히에로니무스의 명상은 계곡처럼 평온하지만 때때로 어떤 생각에 부딪히거나 망설일 때도 있습니다. 곳곳이 가로 막힌 채 끝도 없이 이어진 꼬불꼬불한 길은 그런 순간을 말해줍니다. 이 그림 속을 산책하는 것은 그의 정신 속으로 들어가는 것이나 다름없습니다.

성 히에로니무스는 늘 풍경과 함께 그려지나요?

일반적으로 성 히에로니무스를 그리는 방식에는 두 가지가 있는데, 풍경 속의 성 히에로니무스가 그중 하나예요. 또 다른 방식으로는 서재에서 공부에 열중하고 있는 모습이 있습니다. 그는 글을 쓰고 책을 읽거나 명상에 잠겨 있습니다. 실제로 성 히에로니무스는 지식인(그는 그리스어와 히브리어로 된 성경을 라틴어로 번역한 학자였습니다)과 신앙심이 깊은 수도사(그는 기도에 전념하기 위해 사막으로 들어가 은둔생활을 했습니다)로 살았습니다. 그리고 그것이 화가들로 하여금 여러 가지 모습의 그를 그릴 수 있게 해주었지요.

성 히에로니무스 곁으로 작은 십자가가 보이네요

예수가 못 박힌 십자가예요. 그림 속의 인물이 누구인지 잘 모르더라도 관람객은 그 십자가를 통해 노인이 기독교 사제라는 것을 쉽게 알 수 있습니다. 십자가는 성 히에로니무스 맞은편 바위에 비스듬히 놓여 있어, 마치 둘이 대화를 나누는 것처럼 보입니다. 그 옆으로 종교화에 자주 등장하는 해골이 하나 놓여 있는데, 해골은 최초의 인간이었던 아담의 죽음을 떠올리게 하네요. 해골과 십자가는 각각 원죄와 구원의 상징물입니다.

실제로 성 히에로니무스는 어디에서 살았나요?

그는 주로 로마와 동방에서 살았습니다. 시리아의 사막에서 5년 동안 지내다가 베들레헴에 정착해 그곳에 수도원을 세웠죠. 그리고 서기 420년에 그곳에서 죽었습니다. 물론 이 그림은 그런 장소들과는 아무 상관이 없어 보입니다. 녹음이 우거진 그림 속 풍경은 단순히 성 히에로니무스가 소란스러운 도시에서 멀리 떨어져 있다는 사실을 강조해줄 뿐입니다.

화가는 왜 인물보다 풍경에 더 큰 비중을 두었나요?

요아힘 드 파티니르는 '위대한 발견'의 시대를 살았던 화가입니다. 콜럼버스나 바스코 다 가마, 그리고 다른 수많은 탐험가들의 원정 덕분으로 이 지구상에 금은보화가 넘쳐나는 머나먼 나라들이 존재한다는 사실이 알려지게 된 것이죠. 당시에 정복자들은 금을 찾아 아메리카 대륙으로 떠났고, 서부 유럽은 그 세력을 점점 더 멀리 확장해가고 있었습니다. 그의 그림 속에 펼쳐진 광활한 풍경은 바로 이와 같은 새로운 세계관의 반영으로, 화가에게 그림은 여행과 모험과 공간이 되어줍니다.

이 풍경을 모두 다 감상하려면 시간이 많이 걸리겠는걸요?

바로 그 점이 이 그림의 중요한 특징이에요. 그림 속 공간을 하나하나 발견해나가는 동안 관람객은 시간의 흐름을 깨닫게 되니까요. 감상에 지름길이란 없습니다. 그림을 보는 시선은 우회에 우회를 거듭하고 곳곳에서 지체하게 되죠. 관람객은 그림 속으로 들어가 길을 찾고, 미지의 세계로 나아가는 자신을 상상할 수 있게 되는 것입니다. 저 멀리 보이는 배들 중 하나에 몸을 싣고 떠나기만 하면 됩니다. 네덜란드의 항구도시 안트웨르펜에서 살았던 화가에게 그것은 분명 매우 익숙한 풍경이었을 거예요.

멀리 수평선을 향해 나아갈수록 풍경은 터키옥색을 띠네요

터키옥색은 자연에서는 보기 힘든 색깔이지만 요아힘 드 파티니르의 거의 모든 그림에서는 빠짐없이 등장하지요. 터키옥색은 녹색과 푸른색에서 나왔기 때문에 숲과 하늘을 동시에 담을 수 있습니다. 들판의 녹색은 푸른색을 띠고 있어 하늘처럼 가벼워 보이고, 하늘의 푸른색도 조금씩 녹음을 띠기 시작합니다. 서서히 터키옥색으로 물들어가는 이 풍경에서 뭔가 마술적인 것이 느껴지네요.

이 그림은 종교화인가요, 풍경화인가요?

둘 다입니다. 성인의 등장은 이 그림에 종교적인 근거를 부여하고, 풍경은 평정을 얻기 위해 성인이 나아가는 구도의 길입니다. 한편 성 히에로니무스의 일화가 자연을 재현해내려는 화가의 야심에 완벽한 구실을 마련해주고 있는 것도 사실입니다. 이 그림에서 자연은 단순한 배경이 아니라 끝없는 공간처럼 나타납니다. 요아임 드 파티니르는 이처럼 종교화의 전통에 의존하면서도 자연을 우위에 둔 전혀 새로운 장르의 그림을 그렸습니다. 진정한 풍경화가 그와 함께 탄생한 것이지요.

그림 8. 티치아노 베첼리오, 〈말을 탄 카를 5세의 초상〉
1548, 캔버스에 유채, 279×332cm,
스페인 마드리드의 프라도미술관

말馬 보다 크게 그려야 했던 황제 초상

티치아노 베첼리오, 〈말을 탄 카를 5세의 초상〉

말을 타고 있는 사람은 누구인가요?

그는 평범한 기사가 아닙니다. 세계 여러 나라(스페인, 네덜란드, 독일, 오스트리아, 프랑스, 이탈리아)를 지배했던 위대한 황제 카를 5세입니다.

그는 전쟁터에 나와 있는 건가요?

위엄 있는 갑옷 차림에 창을 들고 있는 것으로 보아 그런 것 같지요? 그의 말도 붉은색 마의馬依로 몸을 감싸고 있네요. 그는 조금 전 매우 중요한 전투에서 승리를 거뒀습니다. 이 승리를 기념하기 위해 그가 가장 총애했던 화가 티치아노에게 자신의 초상화를 그려달라고 부탁했을 겁니다. 이 그림을 보게 될 모든 사람이 그가 위대한 전사였다는 사실을 알 수 있도록 말이죠.

5~7세

그의 군대는 어디에 있나요?

그리 멀지 않은 곳에 있을 거예요. 하지만 황제는 자신의 초상화에 군대의 모습이 들어가는 것을 원치 않았던 모양입니다. 전투 장면을 그리는 것도 반대했지요. 사실상 이 그림은 실제로 일어난 사건을 정확하게 묘사하기 위해서가 아니라 카를 5세의 막강한 권력을 드러내기 위해 그려진 것입니다.

카를 5세는 막 숲에서 나온 것처럼 보이네요

과거 오랫동안 사람들은 숲을 두려워했습니다. 어둡기도 하고 짐승이나 강도를 만나 봉변을 당하는 일이 잦았기 때문입니다. 여기에 착안하여 화가는 왕 뒤쪽에 숲을 그려 넣음으로써 카를 5세가 어느 누구도 감히 접근하지 못하는 곳을 유유히 가로지르는 비범한 용기를 가졌다는 사실을 보여주고 있습니다.

전투가 아직 시작되지 않은 것 같네요

> 8~10세

말이 발을 구르며 당장이라도 앞으로 달려 나갈 태세군요. 왕이 고삐를 당겨 말을 붙들고 있지만 머지않아 돌진하도록 놓아줄 것입니다. 이것은 황제의 지혜를 과시하는 장면으로, 카를 5세가 때를 기다릴 줄 알고, 적의 동태를 예의주시하며 성급하게 전장으로 뛰어들지 않는 인물임을 말해줍니다. 그는 적절한 순간에 전투 개시를 명할 만반의 준비가 되어 있습니다.

그는 누구를 향해 창을 겨누고 있나요?

특별한 대상이 있는 것은 아닙니다. 그는 황제이기 때문에 그럴 필요가 없겠지요. 창을 쥐고 있는 카를 5세의 모습에서 온갖 위험과 그 어떤 적도 물리칠 것만 같은 기상이 느껴집니다. 그는 의연한 자세로 몸을 곧추세우고 있습니다. 이것은 전투가 시작되기 직전의 순간으로, 위쪽을 향해 있는 창이 전투에 임하는 전사의 결의를 보여줍니다.

하늘에 구름이 많아요

하늘의 구름은 그림의 단조로움을 피하기 위한 장치입니다. 화가는 움직이며 시시각각 색깔을 달리하는 하늘을 묘사해 그림에 생동감을 불어넣었습니다. 멀리 보이는 지평선은 희미한 석양으로 아직 환하게 물들어 있네요. 이제 곧 날이 저물겠지요. 이 장면을 그린 것은 해가 저무는 전투의 마지막 순간까지 물러서지 않는 황제의 용맹함을 보여주기 위해서입니다.

화가가 그림을 그리는 동안 말이 줄곧 이 포즈를 취하고 있기란 불가능해 보이는데요

일반적으로 이런 그림을 그릴 때는 모델을 가짜 말에 타게 하여 전체적인 모습을 그린 후에 세부적인 것들을 그려 나가는 방식을 따릅니다. 카를 5세도 줄곧 이런 자세로 있을 수는 없었을 테지요. 실제로 말을 타고 있는 황제의 모습을 실감나게 그리는 것은 전적으로 화가의 능력에 달려 있습니다.

화가는 이 그림을 야외에서 그렸나요?

이 정도 크기의 대작을 야외에서 그리기란 쉬운 일이 아닙니다. 티치아노는 당시 화가들이 그랬던 것처럼 아틀리에에서 작업을 했을 테고, 인물과 배경은 따로 그렸을 거예요. 야외로 나가 배경이 될 만한 풍경을 선택한 다음 주제에 맞게 나머지 그림을 그려 넣는 방식이지요. 게다가 우리는 그림에서 묘사된 장소가 실제 전투가 일어난 장소와 얼마나 흡사한지 확인할 길이 없습니다.

티치아노는 왜 말을 탄 황제를 그린 걸까요?

카를 5세의 막강한 권력을 표현하고자 했던 티치아노는 고대 조각에서 본 기마상을 그리기로 마음먹었습니다. 좀 더 구체적으로 말하면, 지혜롭기로 이름난 로마 황제 아우렐리우스의 조각에서 영감을 얻어 역동성을 강조한 그림을 그린 것입니다. 티치아노가 그린 초상화는 카를 5세의 삶에서 매우 특별한 순간을 기념하고 있지만 화가는 무엇보다 두 황제가 공통적으로 지닌 장점들, 예를 들어 용기, 위대함, 통찰력 등을 강조하고 싶었을 것입니다.

기마 초상화는 이 작품 외에도 많나요?

이 그림을 본 많은 왕들이 자신의 기마 초상화를 그리게 했습니다. 그들의 권력을 과시하는 데 없어서는 안 될 중요한 상징물이 되었으니까요. 많은 화가들이 말의 자세와 기사의 태도를 조금씩 달리해 이와 유사한 그림을 그렸습니다. 화가들은 고귀함, 우아함, 열정 등 모델의 다양한 측면을 강조했고, 급기야 유력인사들까지도 자신의 초상화를 이런 식으로 그려달라고 요청했다고 합니다. 조각보다 비용도 덜 들고 한결 수월했기 때문이죠.

말의 체구가 그리 커 보이지 않는 건 왜인가요?

만약 화가가 인물과 말을 실제 크기의 비율대로 그렸다면 인물이 차지하는 공간이 훨씬 줄어들어 황제의 위엄이 덜했을 것입니다. 그랬다면 아마도 기마 초상화의 의도와는 다르게 인물보다 말이 먼저 눈에 띄었을 테지요. 화가가 이렇게 그린 데는 그만한 이유가 있었습니다.

갑옷이나 창은 실제로도 저런 모양을 하고 있나요, 아니면 화가가 상상해서 그린 건가요?

갑옷은 카를 5세가 퀼베르크 전투에서 신교도들과 싸워 승리를 거두었을 때 입었던 옷을 그대로 묘사한 거예요. 그것은 왕을 위해 아주 호화롭게 만들어진 갑옷으로 세상에 단 하나밖에 없는 것이기 때문에 사람들이 그 가치를 대번에 알아보도록 화가는 정성을 다해 그려야 했습니다. 하지만 더 중요한 것은 창입니다. 전설에 따르면, 이 창은 십자가에 못 박힌 그리스도의 옆구리를 관통했던 바로 그 '성스러운 창(spear of Longinus, 롱기누스의 창이라고도 함)'이라고 전해집니다. 실제로 마흔다섯 명의 황제들이 이 놀라운 유물을 대대로 간직해왔으며, 샤를마뉴 대제는 이 창을 부적처럼 늘 곁에 두었다고 합니다.

그림을 자세히 들여다보면 황제의 모습이 그리 대단해 보이지 않아요

유명인사를 가까이에서 보면 대개 그런 느낌이 들기 마련입니다. 화가는 컬러와 빛의 명암을 주된 표현기재로 삼았습니다. 붓의 터치가 어찌나 가벼운지 마치 화폭이 살아 움직이는 것처럼 보이네요. 자세히 보면 황제는 초연한 모습으로 생각에 잠겨 있습니다. 그림을 가까이에서 바라보면 인물뿐만 아니라 그 인물이 그려진 방식을 좀 더 세밀하게 관찰할 수 있습니다.

티치아노는 카를 5세를 잘 알고 지냈나요?

티치아노는 이전에도 황제를 여러 번 그렸던 터라 그를 세밀하게 관찰할 기회가 많았을뿐더러 황제가 어떤 초상화를 원하는지에 대해서도 잘 알고 있었습니다. 티치아노는 황제의 권위와 세련됨을 동시에 포착할 수 있는 능력을 지닌 화가였습니다. 인물의 힘과 섬세함을 함께 표현해내는 것은 당시의 궁정화가라면 반드시 갖춰야 할 자질이었답니다. 카를 5세는 신교도들과 싸워 승리를 거둔 역사상 가장 위대한 가톨릭 황제로, 그는 티치아노 덕분에 자신의 영광스러운 모습이 후대에까지 전해지리라 믿었습니다.

그림 9. 피테르 브뢰헬, 〈스케이트 타는 사람들의 겨울 풍경〉
1565, 나무에 유채, 56×38cm,
벨기에 브뤼셀의 왕립미술관

겨울 추위와 따사로운 햇살 사이

피테르 브뢰헬, 〈스케이트 타는 사람들의 겨울 풍경〉

크리스마스를 떠올리게 하는 그림이네요

5~7세

특별히 크리스마스 풍경을 그린 것이 아니라 사람들이 흔히 상상하기 좋아하는, 온통 흰 눈으로 뒤덮인 겨울 풍경을 보여주는 그림입니다. 그림 전면에 늘어선 집들이 고향 마을에 와 있는 것 같은 아늑함을 전해줍니다. 언제든지 돌아갈 따뜻한 집이 있다면 추위도 기분 좋게 느껴질 거예요.

몹시 추워 보이는데 날씨는 화창해요

그림 전체가 꿀과 같은 금빛으로 물들어 있습니다. 멀리서 보면 그 따뜻한 빛깔이 제일 먼저 눈에 들어오는데, 그림이 그토록 매력적으로 보이는 것도 다 그 때문입니다. 지나가면서 언뜻 보아도 기분이 좋아지는 그림이네요.

사람들은 무엇을 하고 있나요?

사람들이 얼어붙은 강 위에서 스케이트를 타며 즐거운 시간을 보내고 있습니다. 450년 전에는 제대로 된 스케이트가 없었기 때문에 신발 밑에다 나무 날을 달아서 스케이트를 탔다고 해요. 그림을 보니 그렇게만 해도 얼음판 위에서 잘 미끄러졌던 모양입니다.

사람들이 마치 개미들 같아요

화가가 풍경을 멀리서 바라보았기 때문에 인물들이 정말 작은 점처럼 보입니다. 그림이 작긴 하지만 워낙 멀리서 바라본 풍경이라 전체적인 이미지를 캔버스에 담을 수 있었습니다. 사방으로 미끄러지는 사람들의 모습이 날아가는 새들이나 눈 위를 뛰어다니는 짐승 같군요.

크고 검은 새들도 보이네요

까마귀들로 높은 가지에 앉아 있어 다른 새들보다 한결 차분한 모습입니다. 까마귀들은 마치 눈 아래로 펼쳐지는 광경을 바라보며 무언가를 기다리는 듯한 기색이고요. 사람들도 새들과 크게 다를 것이 없는데, 어떤 사람들은 몸을 심하게 흔들어대는 한편 다른 사람들은 훨씬 침착한 모습입니다.

사람들이 모두 똑같아 보이지는 않아요

같은 상황에 놓여 있지만 그림 속 인물들은 각기 다른 행동을 하고 있는 듯합니다. 나이도 제각각이고, 성격과 직업도 각양각색이겠죠. 하나하나 자세히 들여다보면, 이야기를 나누고 있는 사람이 있는가 하면 정신없이 스케이트를 타는 사람도 있습니다. 또 한 발로 서서 균형을 잡고 있는가 하면, 아이의 손을 잡고 거의 서 있다시피 한 엄마도 보입니다. 두 명씩 짝을 이룬 사람들도 있고, 혼자 타는 사람들도 있지요. 당장이라도 넘어질 것처럼 위태로운 사람들도 눈에 띄네요.

빙판이 갈라지면 어쩌죠?

언제 얼음판이 갈라질지 모르는 일입니다. 그림 아래쪽에는 이미 구멍이 하나 나 있네요. 아무리 조심을 해도 언제 무슨 일이 일어날지는 아무도 모릅니다. 어떤 일들은 인간의 의지와는 무관하게 느닷없이 일어나곤 하니까요. 즐겁게 스케이트를 타는 사람들을 관찰하면서 화가는 어떤 생각을 했을까요?

그림 오른쪽, 눈 위로 보이는 나무판은 무엇에 쓰는 것일까요?

새 덫입니다. 농촌 사람들에겐 매일 보는 낯익은 물건이지요. 새들 역시 늘 위험에 노출되어 있습니다. 불안하기란 사람이나 짐승이나 매한가지입니다.

마치 언덕 위에서 이 장면을 내려다보는 듯한 구도예요

제법 거리가 먼 고지대에서 바라본 장면인 것만은 틀림없습니다. 이러한 구도는 이 그림을 보는 사람들로 하여금 안전한 위치에 있다는 안도감을 가져다줍니다. 스케이트를 타는 사람들과 부딪힐 염려도 없고, 미끄러지거나 함께 넘어질 일도 없는 셈이죠. 하지만 다른 한편으로 전면에 보이는 가시덤불과 나무들이 마음 놓고 몸을 기댈 든든한 받침대가 되어주지는 못할 것 같습니다. 죽은 나뭇가지는 쉽게 부러지기 마련이니까요. 그렇게 생각하면 빙판 위에서 스케이트를 타는 사람들보다 더 안전한 것도 없어 보입니다.

마을 교회도 보이네요

교회는 마을의 종교적 중심으로 매우 중요한 역할을 합니다. 브뢰헬이 그린 교회는 즐거운 한때를 보내는 사람들의 또 다른 일상을 보여줍니다. 사람들은 평소 뿔뿔이 흩어져서 다양하고 때로는 상반된 이해관계 속에서 살아갑니다. 하지만 교회는 그런 사람들을 하나로 만드는 장소예요. 교회는 이처럼 사람들 사이의 화합을 상징하고, 때로는 피난처 구실을 합니다.

브뢰헬도 이 마을에 살았나요?

그는 도시에서 살았습니다. 처음에는 네덜란드 안트웨르펜에서 일을 했고, 이 그림을 그린 1565년경에는 브뤼셀에서 지냈습니다. 그림 속 마을은 브라방 지방에 속해 있어서 브뤼셀에서 그리 멀지 않은 곳에 위치해 있습니다. 브뢰헬이 이 마을을 어찌나 정확하게 묘사했는지 사람들은 실제 장소를 찾아낼 수도 있을 거라고 말할 정도입니다. 브뢰헬이 이 지역을 너무 자주 그린 탓에 오늘날 사람들은 이곳을 "브뢰헬의 계곡"이라고 부른답니다.

화가는 몇 가지 색만으로 그림을 그린 것 같아요

최소한의 색깔로 그림을 그리는 것은 보통 어려운 일이 아닙니다. 이 그림에서는 아주 미세한 색감들이 세밀한 부분에까지 생기를 불어넣고 있는데, 그 덕분에 그림의 질감이 매우 균일하고 극히 제한된 색깔, 즉 흰색과 약간의 검은색 그리고 특히 안개에 잠겨 있는 지평선 부근의 갈색을 비롯해 황토색과 노란색의 온갖 중간 톤들이 최대한의 효과를 발휘하고 있습니다.

사람들은 왜 이 화가를 부를 때 'the Elder'라는 호칭을 붙일까요? 그 정도로 나이가 많았나요?

사람들이 그를 '늙은 브뢰헬Pieter Bruegel the Elder'이라고도 부르기 때문에 흔히 그런 오해를 하게 됩니다. 이런 호칭이 붙게 된 것은 화가였던 그의 아들들과 구분하기 위해서였지요. 맏아들인 '젊은 브뢰헬Pieter Bruegel Ⅱ the Younger'은 이름마저 피테르로 아버지와 똑같았고, 둘째 아들인 얀 브뢰헬은 부드러운 색채를 자주 사용해 '벨벳 브뢰헬'이라는 별칭이 붙었습니다. 호칭과 달리 브뢰헬은 비교적 짧은 생애를 살았습니다. 사망했을 당시 그의 나이는 마흔 살에 불과했으니까요.

까마귀들이 약간 무서워 보여요

당시 사람들은 검은 털색 때문에 까마귀를 흉조로 여겼습니다. 이 그림에서 까마

귀가 죽음을 의미한다고 볼 수도 있지만, 이런 식의 해석은 경계해야 합니다. 동일한 것이 전혀 상반된 의미를 상징할 수도 있으니까요. 예를 들어, 고대 로마 사람들은 까마귀가 우는 소리(cra cra, '까악까악'이라는 의미)를 라틴어로 '내일'을 뜻하는 '크라cras'로 들어 희망의 상징으로 여겼답니다.

이 그림에 담긴 교훈은 무엇인가요?

이 그림에는 앞서 말한 것처럼 자연에 비해 너무도 미미한, 언제 무슨 일을 당할지 모르는 인간 존재에 대한 성찰이 담겨 있습니다. 하지만 브뢰헬은 어떤 교훈을 주고자 이 그림을 그린 것은 아닙니다. 그는 어느 누구도 조롱하거나 비난하지 않습니다. 사물을 있는 그대로 정확하게 관찰하는 것으로 그는 만족합니다. 브뢰헬의 풍경화가 우리에게 겨울의 추위와 햇살의 따사로움을 동시에 전해주는 것과 마찬가지로 세상은 위험과 유유자적함 사이에서 균형을 찾아갑니다.

그림 10. 카라바조, 〈다윗〉
1606, 나무에 유채, 116×90.5cm,
오스트리아 빈의 미술사박물관

그림 밖으로 튀어나올 듯한,

카라바조, 〈다윗〉

다윗은 왜 거인을 죽였나요?

성경에 의하면 다윗은 골리앗이 이끄는 적군으로부터 자기 민족을 구하기 위해 싸웠습니다. 적의 우두머리를 죽임으로써 적군 전체를 물리친 것이죠.

그가 골리앗의 머리를 베었나요?

그렇습니다. 하지만 그를 죽인 후에 머리를 자른 것입니다. 그는 돌팔매질만으로 단번에 골리앗을 거꾸러뜨렸지요. 그런 다음 골리앗이 완전히 패배했다는 사실을 증명하기 위해 골리앗의 칼로 머리를 자른 것입니다.

거인이라고 부르기엔 골리앗의 머리가 그리 커 보이지 않네요

만일 화가가 골리앗의 머리를 거대하게 그려놓았다면 다윗이 차지할 공간이 없었겠죠. 이 그림 속 영웅은 골리앗이 아니라 다윗입니다. 골리앗의 머리를 보통 사람의 머리 크기로 그린 것은 바로 그런 이유에서입니다.

다윗은 왜 병사의 복장을 하고 있지 않나요?

그는 평범한 목동이었습니다. 다윗은 사울 왕이 하사한 갑옷을 거절하고 평소 차림 그대로 싸움에 임했지요. 어린 소년이었던 다윗은 고작 돌멩이 다섯 개만으로 사슬 갑옷과 투구, 창과 칼로 무장한 거인 골리앗에 맞서 싸워 승리한 것입니다. 화가는 다윗의 허름한 옷차림을 강조함으로써 어린 소년의 용맹함을 더욱 돋보이게 했습니다.

다윗의 봇짐 속에는 무엇이 들어 있나요?

아마 골리앗을 죽이고 남은 돌멩이들이 들어 있을 거예요. 다윗은 돌멩이 하나만으로 거인을 죽였으니까요. 그가 가진 거라고는 이 봇짐뿐입니다. 다윗이 손에 들고 있는 칼은 거인에게서 방금 빼앗은 것이에요.

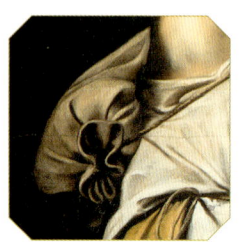

8~10세 연약해 보이는 다윗이 어떻게 거인을 물리칠 수 있었나요?

실제로 골리앗이 훨씬 크고 힘이 셌지만, 바로 그것 때문에 그는 패하고 말았습니다. 골리앗의 큰 체구가 새총을 능란하게 다루는 목동의 이상적인 표적이 되었으니까요. 그런데다 골리앗은 작고 어린 소년을 얕잡아 보았을 게 분명합니다. 하지만 정작 싸움에서는 영리하고 민첩한 다윗이 골리앗보다 훨씬 더 유리했던 셈이죠. 결국 거인의 장점은 불리하게 작용했고, 다윗의 약점은 승리의 밑거름이 되었답니다.

골리앗은 실제로 거인이었나요?

아니에요. 그를 거인이라고 부르는 건 골리앗의 큰 체구와 대적할 수 없을 만큼의 강한 힘을 빗대어 말한 것입니다. 골리앗과 맞서 싸워야 했던 사람들도 아마 그렇게 느꼈을 것이고, 혼자 그와 맞선 다윗 역시 그랬을 거예요.

이 대결에 이어 무슨 일이 벌어졌을까요?

골리앗을 무찌른 다윗은 그의 승리를 시기하는 사울 왕을 피해 달아나야 했습니다. 하지만 거인과 대적해 승리한 이 영웅에게는 자기 민족을 지배할 자격이 충분했고, 한낱 목동에 지나지 않았던 다윗은 마침내 이스라엘의 왕이 되었습니다. 한 편의 동화 같지만 이것은 구약성서에 나오는 이야기입니다. 용맹한 전사이면서 시인이자 음악가였던 다윗은 아들을 낳았고, 아들이 바로 그 유명한 솔로몬 왕(그림 14)입니다.

골리앗에게 이기고도 다윗은 그다지 기뻐하는 것 같지 않네요

승리의 기쁨에 취해 의기양양해야 할 다윗의 표정이 오히려 심각해 보이지요? 다윗은 분명 승리에 기뻐했을 테지만, 카라바조는 적을 죽인 다윗의 모습을 행복하게 그리지 않았습니다. 화가는 거인의 죽음을 숭고하게 여겼던 모양이에요. 거인의 얼굴에는 고통의 흔적이 역력합니다. 화가는 그를 희화하지도 조롱하지도 않았고, 다윗의 개인적인 만족감도 표현하지 않았습니다. 이 승리는 다윗의 것일 뿐만 아니라 민족 전체의 것이기도 하니까요.

왜 그림에는 다윗밖에 보이지 않나요?

아마 수없이 많은 군중과 병사들이 다윗이 승리하기를 고대하며 대결의 순간을 초조하게 기다렸을 것입니다. 하지만 골리앗과 대면한 결정적인 순간에 다윗은 모든 것이 자신에게 달려 있는 만큼 지독한 고독감을 느꼈을 거예요. 집중력을 흐트러뜨리지 않으려고 다윗은 주변의 그 무엇에도 신경을 쓰고 싶지 않았을 텐데,

카라바조는 그림에서 바로 그 고독감을 표현했습니다.

그림이 왜 이렇게 어두운가요?

검은색 배경은 흔히 등장인물을 강조하고 싶을 때 효과적입니다. 카라바조는 배경과 풍경, 소품들을 제거하고 의미심장한 몇몇 요소만을 강조하는 이 방식을 즐겨 사용했습니다. 이러한 기법을 활용하면 오늘날처럼 환한 조명을 받지 못했던 당시로서는 장면이 한결 이해하기 쉽고 드라마틱하게 보였으니까요. 검은 배경을 뒤로한 인물들은 마치 어둠 속에서 솟아나온 유령들처럼 보였을 것입니다.

골리앗의 머리가 마치 그림 밖으로 튀어나올 것 같아요

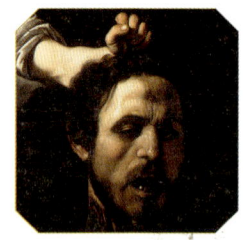

다윗이 골리앗의 머리를 우리를 향해 내밀고 있는데, 밝게 조명된 전면의 그림들과 상반된 어두운 배경이 이런 효과를 더욱 두드러지게 합니다. 카라바조는 프로젝터 조명과 유사한 채광법을 활용해 빛이 비치는 부분이 마치 앞으로 돌출되어 있는 듯한 인상을 줍니다. 이로 인해 환상적인 장면이 연출되고, 관람객은 마치 그림 속 인물을 손으로 만질 수도 있을 것 같은 느낌을 받게 됩니다. 마치 손 닿는 곳에 그들이 있는 것 같죠?

카라바조는 인물을 늘 이런 식으로 그렸나요?

그는 대부분의 작품에서 깊이 있는 이미지의 표현보다는 돌출 효과에 더 많은 신경을 썼습니다. 검은색이 장벽처럼 버티고 있는 탓에, 그의 그림 속으로 들어가는 것은 왠지 불가능해 보입니다. 반면 인물들이 금방이라도 이미지 밖으로 튀어나올 것만 같지요. 관람객은 편하게 작품을 감상하기보다는 예기치 못한 사건의 증인이 된 듯한 착각에 빠지게 됩니다. 마치 함정에라도 빠진 것 같아 뜻밖의 놀라움에 사로잡히게 되는 거죠.

다윗과 골리앗의 일화 중 화가는 왜 하필 이 장면을 선택했나요?

화가는 강렬한 효과를 만들어내기 위해 확인된 사실을 보여주는 것으로 만족합니다. 결국 그 둘 사이에 대결이 벌어졌고 결과가 이렇게 끝이 났다는 것입니다. 다윗과 골리앗의 이야기를 알든 모르든 관람객은 그림 속의 강렬한 이미지에 사로잡히게 됩니다. 다윗과 골리앗의 이미지는 시간과 공간 속에서 굳어버린 것이지요. 공간적으로는 탈출할 틈이 전혀 없기 때문이고, 시간적으로는 장면이 마치 주먹질을 당하듯 순식간에 다가오기 때문입니다.

교회에 걸어두기 위해 그린 그림인가요?

교회보다는 훌륭한 미술품을 수집하는 데 열을 올렸던 당시의 미술품 애호가들에게 더 어울리는 작품입니다. 그 시대의 미술품 수집가들은 그림에 대한 풍부한 지식을 갖추고 있던 사람들입니다. 이 작품은 신자들의 신앙심을 북돋워주기보다는 수집가들의 취향을 만족시키는 데 더 적합해 보이네요.

다른 화가들도 이런 종류의 그림을 그렸나요?

카라바조는 빛과 어둠의 극단적인 대립에 기초한 이런 장르의 그림을 처음 시도했던 화가입니다. 그는 로마에 살았는데, 17세기 초에는 전 세계의 화가들이 회화를 공부하고 고대 유적들과 르네상스 시대의 위대한 작품들을 관찰하기 위해 로마로 몰려들었습니다. 카라바조의 작업은 당시의 예술가들에게 가장 현대적인 예술로 비쳐졌지요. 이탈리아, 프랑스, 네덜란드, 스페인 등 당시 유럽의 거의 모든 화가들이 카라바조를 추종했다고 하는데, 그들의 화풍을 가리켜 '카라바조주의(카라바지즘)'라고 말할 정도였다고 하네요.

그림 11. 조르주 드 라 투르, 〈도박사기꾼〉

1625~1630년경, 캔버스에 유채, 155×96.5cm,
미국 포트워스의 킴벨미술관

그림에서 보여주는 진짜 세상

조르주 드 라 투르, 〈도박사기꾼〉

사람들이 카드놀이를 하고 있어요

등장인물 중 세 사람은 앉아서 카드놀이를 하고 있습니다. 하지만 술병과 잔을 들고 서 있는 여자는 카드놀이를 하고 있지 않은 것으로 보아 하녀인 것 같아요.

한 사람이 속임수를 쓰고 있는 것 같은데요?

왼쪽에 보이는 남자가 허리띠에 카드를 감추고 있네요. 카드가 흰색이어서 눈에 더 잘 띕니다. 게다가 그는 뒤에 숨긴 카드를 일부러 보여주려는 듯 우리 쪽으로 자세를 취하고 있군요. 실제로 그는 이야기를 설명하기 위해 자신이 속임수를 쓰고 있다는 사실을 우리에게 알려주는 것이지요.

5~7세

다른 등장인물들은 자기가 속임수를 쓰는 사람과 함께 도박을 하고 있다는 것을 모르고 있는 건가요?

속임수를 쓰는 남자 맞은편에 앉아 있는 사람은 정말 아무것도 모르는 듯한 표정입니다. 오로지 자기 패에만 관심이 가 있는 것 같아요. 돈을 걸기 전에 심사숙고하는 것은 당연하지만, 자신이 어떤 사람과 도박을 하고 있는지를 알지 못하면 낭패를 볼 수도 있습니다.

등장인물들의 옷차림이 근사해 보여요

오른쪽에 앉아 있는 젊은이가 특히 그렇습니다. 값비싼 천에 은으로 수를 놓아 옷이 번쩍거리네요. 모자의 큼지막한 깃털 장식도 화려해 보입니다. 누가 보더라도 그가 부자라는 사실을 대번에 알 수 있을 정도예요. 우아한 드레스 차림에 진주목걸이를 하고 있는 여인은 언뜻 보아 매우 기품 있어 보입니다. 반면 속임수를 쓰는 남자의 차림새는 전혀 화려해 보이지 않지요. 남의 눈에 띄고 싶지 않은 모양입니다.

여자들과 속임수를 쓰는 사람은 한패인가요?

세 사람의 손이 서로 가까이에 있는 것으로 보아 그런 것 같습니다. 그들은 손을 움직이며 서로 뭔가 이야기를 나누고 있습니다. 두 공범을 향해 살짝 고개를 돌리고 있는, 붉은 모자를 쓴 부인이 그들에게 뭔가 신호를 보내는 것이 보이네요. 반면 오른쪽에 있는 젊은이는 앞에 금화를 잔뜩 쌓아두고 자기만의 세계에 빠져 있습니다.

두 여자가 서로 묘한 눈길을 주고받고 있어요

두 여자가 젊은이의 눈을 피해가며 무슨 음모를 꾸미는 것 같아요. 붉은 모자를 쓴 부인이 대놓고 고개를 돌린다면 젊은이가 금세 눈치챌 테니까요. 두 여자가 서로 은밀한 눈길만을 주고받는 와중에 하녀가 몸을 숙여 속임수를 쓰는 사람에게

슬쩍 눈짓을 보내고 있습니다.

술잔은 왜 하나밖에 없나요?

술잔은 돈 많은 젊은이에게 주기 위한 것 같습니다. 젊은이를 속이려면 다른 사람들은 정신을 바짝 차리고 있어야 하니까요. 기분 좋게 취한 젊은이는 자신을 노리고 있는 위험을 전혀 눈치채지 못할 테지요. 하녀는 마실 것을 준다는 구실로 젊은이 앞에 잔을 내려놓으면서 패를 슬쩍 훔쳐볼지도 모릅니다.

부인의 얼굴이 계란형이네요

조르주 드 라 투르는 단순한 기하학적 형태를 즐겨 그렸습니다. 이 부인은 눈을 제외하곤 아무 움직임이 없는 매끄러운 얼굴을 하고 있는데, 표정 관리를 무척 잘하는 것처럼 보이는군요. 조명을 집중적으로 받고 있어서 우리에게는 그녀의 표정이 아주 잘 보이지만 그것뿐이에요. 사실 그녀가 무슨 생각을 하고 있는지 우리는 알 길이 없습니다.

그림 속에서는 모두가 침묵하고 있어요

그림 속 장면은 어느 특별한 순간을 묘사한 것으로, 그들은 모두 판이 어떻게 전개될지를 궁금해하며 기다리고 있는 중입니다. 아직은 아무 일도 일어나지 않았지만, 결판의 순간이 다가오고 있음을 느낄 수 있습니다. 속임수를 쓰는 인물은 허리띠에 숨겨둔 카드를 몰래 건네줄 준비를 하고 있는데, 이제 곧 금화의 주인이 바뀌게 되겠지요.

왜 단 한 사람 뒤로만 빛이 보일까요?

빛과 어둠의 배분은 등장인물들의 관계를 강조해주는 역할을 합니다. 오른쪽 벽 주위로, 다시 말해 돈을 잃을 사람 뒤쪽으로만 밝은 빛이 보이는 반면, 나머지 세 사람은 어두운 배경에 의해 서로 연결되어 있는 것이 보이지요? 어두운 배경은

이 세 사람이 동일한 세계에 속해 있음을 의미합니다. 압도적인 비율을 차지하고 있는 이 검은 면적은 그들이 상대방보다 훨씬 강하다는 사실을 보여주는 동시에 순진함과 속임수의 영역을 명확하게 구분해줍니다.

11~13세

왜 속임수를 쓰는 사람의 얼굴은 다른 얼굴들보다 더 어둡게 표현되었을까요?

숨기는 것이 그의 본성이기 때문에 그는 빛을 등진 채로 있는 것입니다. 젊은이가 그를 쳐다본다 할지라도 속임수를 눈치채지는 못할 거예요. 속임수를 쓰는 사람은 역광을 받고 있고, 얼굴은 어둠에 가려져 있으니까요. 그는 자신을 드러내지 않으면서 상대방을 완벽하게 관찰하고 있는 셈이지요.

부유한 젊은이에게도 기회가 찾아올까요?

고개를 들어 상대방 패거리를 유심히 관찰하는 것만으로도 그는 함정에서 벗어날 수 있겠지요. 다른 사람들이 모두 한패라는 사실을 눈치채려면 그들에게 조금의 관심이라도 보여야 하는데, 젊은이는 일말의 의심도 없이 자기 코앞에 있는 것만 들여다보고 있습니다. 그러나 그렇게 하다가는 돈을 모두 털리고 말 거예요. 반면 다른 사람들은 재간이 보통이 아닙니다. 그들은 원하는 것을 손에 넣기 위해 용의주도하게 움직입니다. 사기꾼들은 한두 번 해본 솜씨가 아니어서 상황을 훤히 꿰뚫고 있지만, 젊은이는 아직 너무 어려 아무것도 모르는 듯합니다.

속임수를 쓰는 사람은 클로버♣를, 젊은이는 스페이드♠를 갖고 있어요

카드 역시 하나의 상징적인 언어입니다. 그 언어가 도박에서는 그다지 중요하지 않지만, 화가는 그림이 의미하는 바를 더욱 명백히 보여주기 위해 그것을 염두에 둔 것 같네요. 클로버는 바로 돈을 의미합니다. 화가는 색깔과 세부 묘사는 약간 다르지만 동일한 주제를 가진 또 하나의 그림을 그린 적이 있어요. 그 그림에서 속임수를 쓰는 사람은 짭짤한 돈벌이를 의미하는 다이아몬드 에이스를 쥐고 있는

반면, 희생자가 쥐고 있는 스페이드는 오로지 근심만을 예고합니다.

그림 속의 등장인물들은 왜 그렇게 서로 바싹 붙어 있나요?

화가는 좁은 공간에 인물들을 밀집시켜 무거운 분위기를 만들어내고 있습니다. 서로 너무 붙어 있어서 답답한 느낌을 주는 구도가 등장인물들 사이의 긴장감을 부각시켜주네요. 관람객들도 그림 속 상황에 주의를 기울이게 되는데, 눈을 깜박이는 인물들의 작은 동작이나 디테일 하나까지 아주 중요하다는 사실을 의식하게 됩니다.

조르주 드 라 투르는 왜 이처럼 부당한 이야기를 그렸나요?

이 그림은 이런 속임수에 넘어가지 않으려면 그림 속 젊은이보다 더 신중하고 주의 깊어야 한다는 교훈을 들려줍니다. 젊은이들은 무엇보다 세상을 경계하는 법을 배워야 합니다. 그들을 유혹하려는 여자들을 조심해야 하고, 취할 정도로 술을 마시지 말아야 하며 모든 것을 잃고 싶지 않다면 도박에는 아예 손도 대지 않는 편이 낫습니다. 17세기에 사람들이 가장 두려워하고 경계했던 세 가지가 바로 여자, 술, 도박이었으니까요. 화가는 더욱 효율적으로 주의를 주기 위해 이 세 가지 모두를 그림 속에 표현한 것입니다.

그림 12. 주세페 데 리베라, 〈아폴론과 마르시아스〉
1637, 캔버스에 유채, 232×182cm,
이탈리아 나폴리의 산마르티노 국립미술관

Comment parler d'art aux enfants?

평온한 얼굴, 신의 분노

주제페 데 리베라, 〈아폴론과 마르시아스〉

이 사람들은 누구인가요?

5~7세

위쪽은 태양신 '아폴론'이고, 아래쪽은 '마르시아스'라는 사티로스입니다. 사티로스는 몸은 사람이지만 염소 다리를 가진 반인반수半人半獸예요. 아폴론과 마르시아스 둘 다 그리스 신화에 나오는 인물들입니다.

그들은 무엇을 하고 있는 건가요?

아폴론이 마르시아스에게 가혹한 벌을 내리는 장면으로, 그가 사티로스의 피부를 벗기고 있군요. 형벌은 이제 막 시작되었고 마르시아스는 극심한 고통으로 울부짖고 있습니다.

마르시아스는 왜 벌을 받고 있나요?

자신만만한 마르시아스가 음악경연대회에서 아폴론에게 도전장을 내밀었기 때문이에요. 아폴론이 연주했던 악기는 책에 따라 해석이 조금씩 다른데, 아폴론은 리라(혹은 비올라)를 연주했고 마르시아스는 플루트를 불었다고 합니다. 결국 경합에서는 아폴론이 승리를 거두었는데 시합을 하기 전, 승리자가 패배자에게 벌을 내리기로 했죠. 결국 아폴론은 산 채로 마르시아스의 피부를 벗기는 끔찍한 형벌을 내린 것입니다.

아폴론은 전혀 화가 난 표정이 아니에요

아폴론의 얼굴이 아주 평온해 보여, 그가 화가 나서 마르시아스를 벌하고 있는 것이 아님을 알 수 있습니다. 장난 삼아 혹은 악의적으로 그러는 것도 아닙니다. 단지 그가 신이기 때문입니다. 신이 모욕을 당하고도 참을 수는 없는 노릇이니까요. 그게 세상 이치입니다.

아폴론의 몸이 아주 하얗게 그려져 있네요

아폴론은 태양신으로 마차를 타고 하늘을 돌아다닙니다. 매일 아침 해가 뜨는 것은 아폴론이 마차를 몰고 오기 때문이죠. 그는 언제나 번쩍이는 금발에 아름답고 평온한 얼굴을 가진, 환하게 빛을 발하는 인물로 묘사됩니다.

마르시아스는 그에 비해 훨씬 짙은 피부색이에요

아폴론과 뚜렷하게 구별되어야 하기 때문이죠. 태양신과는 달리 그는 빛을 발하는 존재가 아닙니다. 숲의 어둠 속에서 살아가는 마르시아스는 나무 색깔을 띠며, 피부는 거칠기 짝이 없습니다. 반은 인간이고, 반은 짐승의 모습을 하고 있는 마르시아스의 허벅지가 짙은 색 털로 덮여 있네요.

한쪽은 어둡게, 나머지 한쪽은 밝게 표현되어 있는 건 왜지요?

세부적인 것들을 꼼꼼하게 살펴보지 않아도 그림이 서로 대립하는 두 세계 즉, 하늘과 빛의 세계, 땅과 어둠의 세계를 보여주고 있음을 금세 알 수 있습니다. 그

둘은 서로 뒤섞일 수도 혼동될 수도 없는 세계입니다. 태양신 아폴론과 사티로스인 마르시아스는 각각 그 두 세계 중 하나에 속해 있는데, 마르시아스가 이러한 금기를 깨고 신들과 어깨를 나란히 할 수 있다고 믿었기 때문에 벌을 받게 된 것입니다.

아폴론은 왜 머리에 나뭇잎을 엮어 만든 관을 쓰고 있나요?

그는 승리자의 영광을 상징하는 월계관을 쓰고 있습니다. 고대에는 경기에서 승리한 운동선수에게 이처럼 월계관을 씌워주었다고 합니다. 월계수 잎은 겨울에도 푸른색을 띠기 때문에 사람들은 그것을 불멸의 상징으로 여겼는데, 이것은 아폴론 신의 속성이기도 합니다.

땅바닥에 악기가 놓여 있네요

바이올린의 옛 형태인 비올라입니다. 아폴론의 것으로 경합이 끝난 뒤, 마르시아스를 벌하기 위해 바닥에 내려놓은 것입니다. 그림의 전면에 놓인 바로 그 악기가 우리에게 이 끔찍한 이야기의 시작을 알려주고 있습니다. 현악기는 보통 마르시아스의 플루트 같은 목관악기보다 훨씬 더 부드럽고 맑은 소리를 내며 고상하다는 평가를 받습니다.

나무 뒤로 보이는 인물들은 누구인가요?

마르시아스의 친구 사티로스들입니다. 마르시아스처럼 그들 역시 술의 신 디오니소스를 수행하는 산과 숲의 정령 중 하나예요. 마르시아스를 위해 아무것도 해주지 못하는 그들은 겁에 질린 표정으로 고문 장면을 지켜볼 뿐입니다. 그들 중 하나는 고통스러운 외침을 듣지 않으려는 듯 귀를 막고 있네요. 전설에 따르면, 사티로스들이 하도 우는 바람에 그들이 흘린 눈물에서 강 하나가 생겨났다고 합니다. 화가는 그들이 들러리 혹은 관람객에 불과하다는 사실을 보여주기 위해 회색 톤으로 표현했습니다. 다만 그들은 마르시아스에게 일어난 일을 교훈으로 삼으려 합니다.

이제부터 사티로스들은 신에 대적했다가는 어떤 끔찍한 벌을 받게 되는지를 분명히 알았을 테니까요.

마르시아스의 얼굴은 왜 몸통보다 더 어두운가요?

화가는 그림 속 인물들의 몸을 그리기 위해 실제 모델에게 포즈를 취하도록 했습니다. 대부분의 사람들이 그렇듯 마르시아스 역을 맡아 포즈를 취한 모델의 얼굴이 몸통보다 햇볕에 더 많이 그을렸을 뿐이고, 화가는 이런 실제 모습을 가감 없이 표현해놓았습니다. 반면 빛을 상징하는 아폴론의 색조는 균등합니다. 마르시아스의 몸은 인간처럼 외부 요인에 의해 변화를 겪지만, 신에게는 결코 그런 일이 일어나지 않기 때문이죠.

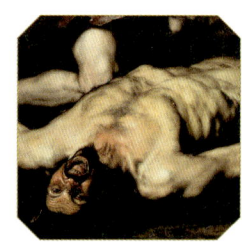

마치 두 인물이 하나의 원 안에 그려진 것처럼 보이네요

바닥에 쓰러져 있는 마르시아스의 양팔은 반원 모양을 하고 있고, 휘날리는 분홍색 망토의 윗자락이 원의 나머지 부분을 완성하는 구도예요. 실제로 그들을 둘러싼 하나의 원을 상상할 수 있는데, 원의 형태가 두 인물 사이에서 일어나는 드라마에 주의를 집중시킵니다. 그들은 닫힌 세계 속에 있습니다. 마르시아스는 거기서 결코 빠져 나갈 수 없을 것입니다. 그 원은 또한 끊임없이 돌아가는 바퀴, 삶과 죽음, 낮과 밤의 원을 떠올리게 합니다. 매일 아침이면 아폴론은 어김없이 태양과 함께 되돌아와 어둠을 무찌릅니다.

하늘에 붓질을 한 자국이 보여요

그림 아래쪽은 어두운 갈색과 검은색이 지배적인 반면, 위쪽은 반짝이는 명암과 빛의 변화를 표현해 나머지 부분보다 훨씬 가볍게 그려져 있습니다. 분홍과 연보라 톤으로 그려진 아폴론의 망토가 색조의 점진적인 변화를 보여주네요. 망토의 주름 덕분에 아폴론의 몸이 하늘과 거칠게 대비되지 않고, 주름들이 구름에 자연스럽게 동화되는 느낌이고요. 화가는 이와 같은 기법으로 아폴론이 지배하는 무

한한 공간과 그를 뒤따르는 거센 바람, 그리고 쏜살같은 비상을 암시합니다.

실제로 두 인물은 매우 대조적이에요

그들은 빛 대 어둠, 평정 대 고통 등의 정반대되는 특징을 가진 두 인물처럼, 또는 상승을 갈망하면서도, 땅에서 발을 떼지 못하는 인간 실존의 양극처럼 대립합니다. 하나는 정신의 완벽함을 암시하고, 다른 하나는 육체의 고통을 표현하는 이와 같은 주제는 화가로 하여금 상호보완적인 두 종류의 누드를 볼 수 있게 해주는 아주 매력적인 주제입니다.

아폴론은 왜 마르시아스의 피부를 벗기기로 마음먹었나요?

이 참혹하고 비인간적인 형벌은 매우 상징적인 의미를 지닙니다. 마르시아스의 피부를 벗기는 형벌은 그의 겉모습을 제거하는 것, 다시 말해 가면을 벗기는 행위입니다. 달리 말해 신과 어깨를 겨루고자 했던 마르시아스는 자신의 진정한 본성을 드러내도록 강요당하고 있는 셈입니다. 결국 이 그림은 하늘 높은 줄 모르는 오만함에 대한 당연한 처벌을 상징적으로 나타냅니다.

마르시아스에 대한 형벌이 너무 지나친 건 아닐까요?

마르시아스는 단지 아폴론만큼이나 악기를 잘 연주한다고 말한 것뿐인데, 그에 비해 형벌이 분명 가혹해 보입니다. 그 정도 잘못으로 그런 심한 벌을 받아야 하다니! 하지만 그의 잘못은 하찮은 것이 아닙니다. 아무리 연주를 잘한다 해도 그는 한낱 악사일 뿐이지요. 마르시아스의 가장 큰 잘못은 자신의 재능이 그를 신과 동등한 존재로 만든다고 믿었다는 데 있었습니다. 예술의 창조자이자 보호자인 아폴론은 잔인한 방식으로 마르시아스를 벌함으로써 장인의 기술(아무리 탁월하다 할지라도)과 신의 영감이 엄연히 다르다는 것을 다시 한 번 확인시킨 것입니다.

그림 13. 얀 다비츠 데 헴, 〈과일과 바닷가재가 있는 정물화〉

1646~1649년경, 캔버스에 유채, 120×95cm,
독일 베를린의 회화갤러리

풍성한 식탁 위에서 생긴 일

얀 다비츠 데 헴, 〈과일과 바닷가재가 있는 정물화〉

식탁 위에 먹을 것이 아주 많아요

5~7세

군침이 도는 그림이네요. 포도, 복숭아, 살구, 마르멜로 열매 등 갖가지 종류의 과일들이 푸른색과 흰색 도자기로 된 둥근 쟁반 위에 놓여 있습니다. 작은 접시 위에는 껍질이 반쯤 벗겨진 레몬 하나가 놓여 있네요. 오른쪽에 새우도 보이는데, 무엇보다 눈길을 끄는 건 식탁 가장자리에 놓인 붉은색 바닷가재입니다.

이 바닷가재는 금방이라도 집게로 우리를 꼬집을 것만 같아요

걱정할 필요없어요. 붉은색을 띠고 있는 것으로 보아 이미 삶아진 게 분명하니까요. 살아 있다면 갈색을 띠었을 거예요. 하지만 붉은색이라 금방 눈에 들어오고 위협적으로 보이기까지 합니다.

모든 게 뒤죽박죽처럼 보여요

과일들이 정말 아무렇게나 쌓여 있네요. 그림 위쪽에는 푸른색 벨벳으로 덮인 상자 위로 조개껍질들이 조심스럽게 놓여 있습니다. 그림 속의 정물들은 일상생활에서는 좀처럼 한자리에 모이기 힘든 것들이지만, 이 그림 속에서는 마치 불꽃놀이처럼 아름다운 색채의 혼합을 연출합니다.

정물들이 어디에 놓여 있는지 분명하게 보이지 않아요

그림 오른쪽 구석에 식탁 모서리가 보이는 것으로 봐서는 식탁 위에 놓여 있는 것 같아요. 모서리 부분을 제외하곤 식탁이 짙은 녹색으로 된 테이블보로 덮여 있습니다. 반대편으로도 약간 반짝이는 테이블보의 주름이 보이네요.

마실 것도 있나요?

그림에서는 총 세 개의 잔이 보입니다. 잔의 모양이 서로 다른 것으로 보아 각기 다른 종류의 와인이 들어 있는 것 같아요. 오른쪽에 보이는 와인 잔에는 프랑스 알자스 지방의 화이트 와인이 담겨 있네요. 취향에 따라 마실 수 있도록 화가는 여러 가지 와인을 다양하게 준비해놓았습니다.

물병이 아주 아름다워요

와인을 따르는 데 사용하는 물병으로, 금과 조개껍질로 만든 것입니다. 조개껍질 위로 비추는 빛이 작은 무지개 같은 반사광을 만들어냅니다. 평소에는 잘 사용하지 않는 것이지만 화가는 물병을 식탁 한쪽 구석, 약간 동떨어지게 배치함으로써 이것을 부각시키고 있어요.

8~10세 바닷가재가 금방이라도 살아 움직일 것만 같아요

동적인 느낌을 주는 색깔 때문입니다. 또 집게는 그림 밖에 있는 무언가를 금방이라도 집을 것처럼 접시 밖으로 불쑥 나와 있어 마치 살아 움직일 것 같습니다. 화가는 바닷가재가 위험을 예고하는 도로표지판처럼 보는 즉시 관람객의 주의를 끌기를 바랐던 모양입니다.

레몬 껍질은 왜 완전히 벗겨져 있지 않나요?

화가는 벗겨진 레몬 껍질을 통해 나선형의 아름다운 곡선을 표현하고, 그림 왼쪽 전면에 균형을 가져다주는 효과를 노렸습니다. 수많은 정물화에서 공통적으로 드러나는 이와 같은 정물 표현은 찰나의 순간을 포착할 수 있도록 해주지요. 껍질은 아직 과육에 매달려 있지만 이제 곧 땅으로 떨어질 것입니다. 이처럼 껍질이 반쯤 벗겨진 레몬은 지속되는 시간의 느낌을 주는 장식 수단으로 볼 수 있습니다.

왜 조개껍질이 놓여 있나요?

이 그림이 그려질 당시에는 조개껍질을 수집하는 취미가 유행이었습니다. 조개껍질은 세련된 색감과 다양한 형태 때문에 당시 사람들 사이에서 큰 인기가 있었다고 합니다. 마치 들판을 산책하며 꽃을 꺾는 것과 마찬가지로 해변을 거닐며 조개껍질을 주웠던 것이죠. 조개껍질은 내부에 무한한 바다를 품고 있기 때문에 사람들은 늘 이것이 아주 먼 곳에서 왔다고 생각합니다. 조개껍질을 귀에 가져다 대면 흔히 파도 소리가 들려온다고들 하잖아요. 귀에 댔을 때 들려오는 파도 소리는 사실 순환하는 자기 피의 메아리지만, 그럼에도 사람들은 그것을 파도 소리라고 믿고 싶어합니다. 이 그림에서 조개껍질은 바닷가재, 새우와 더불어 바다라는 신비로운 세계를 상기시킵니다. 반면 과일과 포도 잎은 땅과 나무를 떠올리게 하죠.

커튼의 용도는 무엇인가요?

장식적인 용도로 쓰인 것인데, 빛을 받아 반짝이는 커튼이 그림의 배경에 입체감을 부여합니다. 화가는 커튼을 그려 넣음으로써 이 그림이 단순히 일상의 현실을 복제하고 있지 않다는 것을, 나아가 집 안에 있는 구체적인 장소를 재현한 것이 아니라는 사실을 간접적으로 말해줍니다. 마치 한 편의 연극처럼 화가가 필요에 따라 장면을 연출한 셈이죠.

11~13세

푸른 상자 속에는 무엇이 들어 있나요?

일반적으로 이런 종류의 상자는 보석함으로 사용됩니다. 따라서 값비싼 물건이 들어 있을 가능성이 크지만, 상자를 열어서 직접 확인해볼 수는 없습니다. 그림은 우리 눈앞에 많은 사물들을 펼쳐놓고 있지만 동시에 다른 많은 것들을 감추고 있습니다. 그림 속 상자가 상징하는 바도 바로 그런 비밀스러움입니다. 상자가 푸른색을 띠고 있어서 과일들의 색깔과도 조화로운 대비를 이루네요.

이 그림은 평범한 식사 장면을 묘사한 것인가요?

이 그림이 보여주고자 한 것은 일상의 식단이 아니라 풍성함의 이미지입니다. 더구나 이 그림에서는 버찌나 포도 같은 진귀한 과일들도 눈에 띄는데, 이 그림이 그려졌던 350년 전만 해도 제철에 나지 않는 과일들은 매우 비쌌기 때문에 부자들만 맛볼 수 있었다고 합니다. 사치스러워 보이는 접시와 와인 잔, 화려한 물병을 보더라도 평범한 식탁의 모습은 아닌 것 같네요.

그림 속 정물은 왜 금방이라도 무너져 내릴 것처럼 놓여 있나요?

위태로워 보이는 균형은 이 그림이 지닌 매력 중 하나입니다. 그림은 풍성함에서 비롯되는 확신과 더불어 모든 것이 모래성처럼 순식간에 무너져 내릴지도 모른다는 의심을 전달합니다. 기울어지고, 비틀거리며, 미끄러질 것만 같은 사물의 배치. 여기서 우리는 이 작품이 주는 교훈을 읽을 수 있습니다. 이 그림은 풍성함을 통해 번영과 성공을 한껏 과시하면서도, 모든 것이 한순간에 무너져 내릴 수 있다는 사실을 보여주는 것이지요.

화가는 왜 벌레가 반쯤 파먹은 자두를 그려놓았나요?

버찌 옆에 놓여 있는 벌레 먹은 자두는 쏜살같이 지나가는 시간을 의미합니다. 벌레가 벌써 파먹었으니 우리에게는 그것을 맛볼 시간조차 없을지도 모릅니다. 다른 정물들에서도 그런 사실을 확인할 수 있는데, 껍질이 거의 다 벗겨져 있다시피 한 레몬과 붉은 와인 잔이 그 증거입니다. 와인은 누가 벌써 조금 마신 것도 같습니다. 바닷가재는 당장이라도 먹을 수 있도록 삶아져 있고, 아름다운 진주 빛 껍질 속에서 살아 있던 조개들은 이제 더 이상 존재하지 않습니다. 더는 꾸물거릴 시간이 없어 보이네요.

당시의 화가들은 이와 같은 정물화를 많이 그렸나요?

정물화가 엄청난 성공을 거두었던 당시에는 얀 다비츠 데 헴 같은 몇몇 화가들이 이런 장르의 그림만을 전문적으로 그렸다고 해요. 그들은 질료와 질감을 재현하는 데 탁월한 솜씨를 발휘했고 복숭아의 부드러움, 포도 알에 맺힌 물방울, 갑각류 껍질의 딱딱함 혹은 유리잔의 투명함을 표현하는 법도 잘 알고 있었습니다. 실제로 이런 정물화는 엄청난 노하우를 요하기 때문에 전문가가 아니면 그릴 수 없었다고 하네요. 또한 이 그림은 물질적인 풍요로움과 덧없는 쾌락의 이미지를 동시에 표현함으로써 그림을 주문한 17세기 네덜란드인의 욕구에 적절히 부응하는 면도 있었습니다.

그림 14. 니콜라 푸생, 〈솔로몬의 심판〉
1649, 캔버스에 유채, 150×101cm,
프랑스 파리의 루브르박물관

마임 같은 몸짓에 이유 있어

니콜라 푸생, 〈솔로몬의 심판〉

이 그림은 무슨 이야기를 하고 있나요?

지혜롭기로 유명한 솔로몬 왕을 찾아온 두 여인의 이야기입니다. 한집에 살았던 두 여인에게는 각자 아기가 하나씩 있었는데, 그중 한 아기가 밤사이 죽고 말았습니다. 그림 속 장면은 두 여인이 살아 있는 아기가 서로 자기 아기라고 우기고 있는 상황입니다.

이 이야기는 실화인가요?

솔로몬 왕은 아주 오래전에 실존했던 인물로, 거인 골리앗을 쓰러뜨렸던 그 유명한 다윗 왕의 아들입니다(그림 10).

솔로몬 왕은 어디 있나요?

다툼을 벌이는 사람들보다 훨씬 높은 곳에 위치한 권좌에 앉아서 판결을 내리는

5~7세

사람이 바로 솔로몬 왕입니다. 모든 사람이 왕의 판결을 기다리고 있기 때문에 그의 모습은 그림의 정중앙을 차지하고 있습니다. 만일 솔로몬 왕이 어느 한쪽에 더 가깝게 앉아 있다면, 사람들은 그가 두 여인 중 한 명의 말을 더 경청한다고 상상할지도 모릅니다. 화가는 사람들이 그가 공정한 인물이라는 사실을 이해할 수 있도록 정중앙에 곧은 자세로 그려놓았지요.

양쪽으로 사람들이 많이 있네요

이 재판의 방청객들이에요. 그들도 우리처럼 어떤 일이 벌어질지 자못 궁금해하고 있는 모양이네요. 몇몇은 매우 불안한 표정을 짓고 있고, 겁에 질려 차마 쳐다보지 못하는 사람들도 있습니다. 한편 근엄한 표정을 짓고 있는 시림은 이 사건에 대해 니름대로 판결을 내린 듯합니다.

왼쪽에 있는 병사가 금방이라도 아기를 죽일 것만 같아요!

두 여인은 살아 있는 아기가 서로 자기 아이라고 주장했습니다. 결국 솔로몬 왕은 두 여인이 각각 아이를 반씩 나눠 가지도록 판결을 내렸고, 병사에게 아기를 둘로 나누라고 명령합니다. 물론 왕은 진심이 아니었겠죠. 그것은 두 여인이 어떤 반응을 보일지 살피기 위해 왕이 파놓은 함정이었습니다. 두 여인 중 하나는 거짓말을 하고 있는 것이 분명했기에 왕은 누구의 말이 진실인지 밝혀내야만 했으니까요.

8~10세 두 여인 사이에 과연 어떤 일이 벌어졌을까요?

노란 옷을 입은 여인이 왕에게 아기를 살려달라고 애원하고 있습니다. 그리고 그 아기는 자신의 아기가 아니라고 말합니다. 사실 이 여인은 아기를 너무도 사랑한 나머지 아기를 죽게 놔두느니 차라리 아기와 헤어지기로 마음먹은 것입니다. 결국 그녀가 아기의 진짜 엄마라는 사실을 알게 된 솔로몬은 아기를 그녀에게 돌려주라고 명령합니다.

두 여인이 말하는 것을 어떻게 짐작할 수 있나요?

그들의 몸짓을 보면 알 수 있습니다. 오른쪽 여인은 솔로몬 왕도, 죽은 아기도 쳐다보고 있지 않지요. 슬퍼하는 기색도 전혀 보이지 않고, 오로지 다른 여인을 고소하기 위해 그곳에 있는 듯합니다. 그녀는 분노로 퍼렇게 질려 손가락으로 다른 여인을 가리키고 있습니다. 아기야 두 동강이 나든 말든 아무 상관도 없나봅니다. 반면 노란 옷을 입은 여인은 싸움에는 관심이 없고, 오직 솔로몬 왕을 바라보며 애원할 뿐입니다. 그녀에게는 아기의 목숨이 더 중요하니까요.

등장인물들의 몸짓이 몹시 부자연스러워 보여요

움직임 하나하나가 감정과 정신 상태를 반영하기 때문에 인물들의 포즈가 과장된 것처럼 보이는 것입니다. 그림을 보는 사람들이 등장인물의 의도와 장면의 내용을 보는 즉시 알 수 있어야 하니까요. 마치 발레를 하듯 그림 속 인물들은 몸 전체로 감정을 표현해내는데, 의도가 명백하게 드러나도록 치밀하게 계산된 이와 같은 몸짓은 일종의 '마임'과도 같습니다.

모델들이 화가 앞에서 포즈를 취한 것일까요?

아니에요. 푸생은 오랜 준비 끝에 이 작업에 착수했다고 해요. 그는 실제의 모델들을 관찰하기도 했지만 무엇보다 자신이 완벽하다고 여긴 그리스 로마 시대의 조각상들을 연구했습니다. 고대 조각상들을 통해 등장인물의 배치와 비율, 몸의 형태에 관한 아이디어를 얻은 것이지요. 17세기의 많은 화가들이 그랬던 것처럼 푸생 역시 그림을 그리기 전에 수없이 많은 데생을 했을 거예요.

색깔에도 저마다의 의미가 담겨 있나요?

색깔은 이야기의 내용을 자세히 모르는 관람객이라 할지라도 등장인물들의 서로 다른 성격을 금세 알아차릴 수 있도록 해줍니다. 인물들의 몸짓이나 얼굴 표정을 유심히 살펴보지 않고도 붉은색이 다른 모든 색을 지배하기 때문에, 그림을 보는 이들은 붉은 옷을 입은 솔로몬이 가장 막강한 권력의 소유자임을 알 수 있습니다. 왼쪽 여인은 하늘과 태양의 색깔(정직한 마음을 갖고 있으므로)을 떠올리게 하는 밝은 색조의 옷을 입고 있는 반면, 거짓말을 하는 여인이 입고 있는 옷은 말라버린 나뭇잎만큼이나 칙칙합니다.

이 재판이 진행되는 장소가 어디인지 잘 모르겠어요

니콜라 푸생은 궁궐 자체는 크게 강조하고 있지 않습니다. 권좌와 두 기둥만으로도 왕의 권력과 위대함을 보여주기에 충분하니까요. 그림에서 재판 외에 관람객의 관심을 끌 만한 것은 아무것도 없어 보입니다. 화가는 장식이 없는 단순한 배경을 구성함으로써 등장인물들의 몸짓이 확연히 드러나도록 했습니다. 다시 말해 인물들의 과장된 제스처가 단소로운 선과 대비를 이루어 더욱 뚜렷하게 부각되는 것이지요.

이 그림은 마치 연극의 한 장면 같아요

네. 각각의 등장인물들이 마치 한 명의 배우 같네요. 관객들이 각자 맡은 역할의 본질을 포착할 수 있도록 그들은 정해진 자리에 있어야 합니다. 니콜라 푸생은 마치 연극 연출자처럼 그림의 공간을 구성해놓았습니다. 그는 그림을 그리기에 앞서 작은 상자를 만들고 그 안에 작은 밀랍인형들을 배치한 뒤 관찰하는 습관이 있었다고 하는데, 화가는 이처럼 각각의 인물들에게 빛과 어둠을 배분함으로써 그림에 연극적인 효과를 부여했습니다.

세부적인 묘사는 치밀하게 계산된 것 같아요

11~13세

화가는 이 그림에서 겹침의 효과를 적극 활용했습니다. 즉, 그림을 구성하는 요소들이 실제로 멀리 떨어져 있다 해도 그림에서는 서로 가까이 붙어 있는 듯한 효과를 내는 것입니다. 가령, 노란 옷을 입은 여인이 아기를 포기한다는 의미로 팔을 벌림으로써 병사의 날카로운 칼끝으로부터 아기를 보호하기 위해 뛰어드는 것처럼 보이는데, 이처럼 겹치는 두 장면을 통해 아기에 대한 사랑을 증명해주는 것입니다. 아기의 몸을 두 동강 낼 병사의 칼끝이 여인의 몸을 겨눔으로써 그녀가 어머니로서 느끼는 불안이 뚜렷하게 드러나는 것인데, 여인은 아기에게 일어날지 모르는 끔찍한 일에 대해 이미 고통스러워하고 있는 것이지요. 한편 거짓을 말하는 또 다른 여인은 곧 왕의 정의가 단죄할 것입니다. 뒤쪽에 보이는 육중한 기둥이 이미 그녀의 목덜미를 짓누르고 있으니까요.

인물들의 이목구비는 왜 과장되어 있나요?

고대 연극배우들이 썼던 가면에서 영감을 얻은 것입니다. 그들의 강조된 이목구비 덕분에 관객들은 무대에서 가장 멀리 떨어진 좌석에서도 그 의미를 쉽게 해독할 수 있었습니다. 그 가면들은 어떤 특별한 얼굴을 재현한 것이 아니라, 의미심장한 사건이나 어떤 상황에 처한 캐릭터들을 상징합니다. 가면은 또한 배우의 목소리를 울리게 하는데도 효과적이었다고 하네요. 그림에서 양쪽 가장자리에 있는 인물들은 무대에서 일어나는 사건을 해설하는 고대 연극의 코러스를 떠올리게 합니다.

푸생은 이 그림을 보고 흡족해했을까요?

이 작품은 푸생이 가장 아꼈던 그림 중 하나예요. 그는 이 그림을 통해 비극적인 스토리의 깊이를 아주 명료하게 드러내 보입니다. 화가는 가슴을 찢어놓는 강렬한 감정을 묘사하면서 자신이 끊임없이 지향해왔던 이상형을 재현해냅니다. 솔로몬은 바로 그 절대적인 힘을 구현하는 인물로, 그는 가짜와 진짜를 구별하고 혼란스러운 세상을 굽어보며 선善을 결정할 능력을 지닌 지혜로운 왕입니다. 니콜라 푸생은 솔로몬에게 정의의 일반적인 상징, 완벽하게 균형을 이루는 저울의 실루엣을 부여해 그에게 경의를 표하고 있습니다.

그림 15. 요하네스 베르메르, 〈연애편지〉
1669~1670년경, 캔버스에 유채, 38×44cm,
네덜란드 암스테르담의 국립미술관

네덜란드 일상, 누구에게 온 편지일까

요하네스 베르메르, 〈연애편지〉

이 그림은 마치 상자 안을 들여다보는 것 같아요

그림을 보는 이가 마치 집 안으로 걸어 들어가는 것처럼, 그 안으로 아주 쉽게 들어갈 수 있을 것만 같은 느낌의 그림이지요. 어둠 속에 몸을 숨기고 있는 우리는 옆방에 여자 둘이 있는 것을 볼 수 있습니다.

두 여인은 누구인가요?

그들의 이름은 알 수 없습니다. 특정인을 그린 것이 아니니까요. 이 그림은 사물과 배경 그리고 인물들을 구체적으로 묘사하고 있는데, 오로지 그림 속 이야기를 사실적으로 전달하기 위해서입니다.

방 안에서 두 여자는 무엇을 하고 있는 건가요?

앉아 있는 여자는 악기를 들고 있습니다. 손에 편지를 들고 있기 때문에 악기는 연주할 수가 없습니다. 또 다른 여자가 그 옆에 서 있군요. 여자들의 자세와 의상으로 보아 신분의 차이가 있음을 짐작할 수 있겠지요. 앉아 있는 사람은 우아한 자태의 부인이고, 서 있는 사람은 그녀의 하녀입니다. 하녀가 금방 편지를 가져온 모양이에요.

노란 드레스가 금방 눈에 띠네요

화가는 편지를 들고 있는 부인에게 집중합니다. 편지를 받은 것이 바로 그녀이기 때문이죠. 누군가 그 편지를 주워 이 집까지 가져다준 모양인데, 그녀에게로 향하는 조명이 이런 사실을 짐작하게 합니다. 외부에서 들어오는 빛이 그녀의 금색 드레스에 반사되어 진주목걸이를 반짝이게 하네요.

하녀가 쓰고 있는 모자가 눈부셔요

하녀의 모자는 목깃, 앞치마와 더불어 이 그림에서 가장 환한 부분입니다. 오늘날 같으면 세제 광고에 출연해도 손색이 없을 정도네요. 하녀의 임무는 집을 깔끔하게 청소하는 것입니다. 하녀의 깨끗한 옷은 맡은 일을 얼마나 잘해내고 있는지를 말해주지요. 17세기의 네덜란드는 유럽에서 가장 깨끗한 나라라는 평판이 자자했는데, 바닥에서 천장까지 하도 자주 닦는 바람에 집 안이 늘 습기로 축축했을 정도였다고 합니다. 여행객들은 이 이상한 습관 때문에 감기가 들었다고 불평을 늘어놓곤 했습니다.

빗자루와 신발이 문가에 놓여 있네요

아마 바닥 물청소를 하고 있던 하녀가 거기에다 놓아두었을 거예요. 급히 전해야 할 편지를 받아든 하녀가 하던 일을 멈추고 여주인에게 편지를 주러 간 것이겠죠. 그녀의 소매가 걷어 올려져 있는 것으로 보아 그런 상황임을 짐작할 수 있습니다. 나막신을 벗으며 앞치마에 손을 닦는 하녀의 모습이 상상이 가죠?

그림 오른쪽 부분에는 무엇이 있나요?

금박을 입힌 못으로 장식한 짙은 색 벨벳 의자 위로 낡은 종이와 행주가 어지럽게 널려 있는 것이 보입니다. 하녀가 미처 정리할 시간이 없었나봅니다. 화가는 이 부분을 아주 어둡게 표현했는데, 마치 "집 안이 엉망이지만 신경 쓰지 말고 잠시 들어오세요"라고 말하는 것 같아요. 베르메르는 이처럼 우리가 보지 말아야 할 무언가를 일부러 보여주려고 합니다. 그의 그림이 독특한 인상을 주는 것도 바로 그 때문이지요.

커다란 커튼의 용도는 무엇인가요?

일상생활에서 커다란 커튼은 외풍을 막는 데 사용됩니다. 집 안 공기가 서늘할 때 이 두툼한 벨벳 커튼을 쳐서 바람이 들어오지 못하게 하는 것이죠. 베르메르는 이처럼 네덜란드의 일상적인 모습을 캔버스에 담았습니다. 한편 커튼을 걷어 올림으로써 차가운 공기와 더불어 그림을 보는 이의 시선이 들어오도록 하는 효과도 있답니다. 언뜻 보아 은밀하고 작은 무대를 떠올리게 하는 그림이네요.

바구니 옆에 있는 검은 물건은 무엇인가요?

수를 놓거나 바느질하던 일감을 올려놓는 쿠션입니다. 커다란 버들 광주리 속에는 아마도 수선해야 할 천들이 들어 있겠죠. 어쨌거나 우아한 자태의 부인은 그런 일에 집중할 여력이 없는지 바구니를 옆으로 밀쳐두었습니다. 그녀가 무슨 생각을 하고 있는지 우리로서는 알 수 없지만, 바느질보다는 악기를 연주하는 모습이 더 잘 어울릴 것 같습니다. 그녀의 은밀한 속내를 보여주는 베르메르의 그림은 멍하니 수심에 잠겨 있던 부인에게 하녀가 편지를 건네주는 장면을 그리고 있습니다.

벽에 걸린 그림들은 무엇을 그린 것인가요?

풍경화네요. 아래에 있는 것은 바다 풍경으로, 눈부신 하늘 아래로 배 한 척이 보입니다. 다른 그림은 시골 전경을 그린 것입니다. 누군가 산책을 하고 있는 모습

같은데 날씨가 화창해 보이지는 않습니다. 당시 네덜란드에서는 미술품 수집가가 아니더라도 집에 그림을 걸어두는 일이 흔했다고 합니다. 그림도 다른 물건과 똑같이 가구의 일부로 여겼으니까요. 베르메르는 등장인물의 기분을 표현하기 위한 수단으로 자신의 그림 속에 또 다른 그림들을 집어넣곤 했습니다. 이 그림에서 벽에 걸린 그림들은 여주인의 정신이 딴 곳에 가 있음을, 즉 그녀가 마음속으로 여행을 하고 있다는 사실을 암시합니다.

편지에는 어떤 내용이 적혀 있을까요?

편지 속에 모든 진실이 들어 있을 테지만, 아쉽게도 우리로서는 그 내용을 알 길이 없습니다. 누구에게서 온 편지인지도 알지 못합니다. 하지만 베르메르는 친절하게도 그 내용을 짐작케 하는 몇 가지 징후를 심어놓았습니다. 편지의 수신인은 정성 들여 치장을 하고 있고, 그녀의 머리 위쪽으로 걸려 있는 그림들이 가사의 의무를 잊고 먼 곳으로 항해하는 여인의 생각에 메아리를 보내는 듯합니다. 한편 서둘러 편지를 전한 하녀는 여주인의 반응을 살피기 위해 그녀 곁을 떠나지 않고 있지요. 그 위로 감미로운 선율이 흐를 것만 같은 분위기네요. 이 모든 정황으로 보아 그것은 연애편지임이 분명합니다.

두 여인은 왜 서로 말을 하지 않을까요?

[11~13세]

아무것도 입 밖에 내서는 안 됩니다. 어떠한 이름도, 어떠한 감정도 결코 큰 소리로 누설하지 말아야 합니다. 그들의 대화는 주고받는 눈길만으로 충분합니다. 편지의 내용만큼이나 비밀스럽게 오가는 눈짓. 그들은 서로에 대해 극도로 조심을 하고 있는 듯합니다. 베르메르의 그림들은 하나같이 이와 같은 긴장의 순간을 포착해냅니다. 화가에게 중요한 것은 침묵과 그것이 느닷없이 깨어지는 순간입니다. 생활의 일상적인 흐름은 아주 작은 사건으로도 끊어질 수 있으니까요. 음악이 멈추고, 그들이 입을 다뭅니다. 동시에 우리도 그림 앞에 정지해 있습니다. 무슨 일이 일어날 때까지, 삶의 흐름이 다시 이어질 때까지, 영원히 거기서 기다릴 수

도 있을 것 같습니다.

화가는 왜 이렇게 많은 직선을 사용했을까요?

베르메르의 그림에는 기하학이 견고한 구조로 자리 잡고 있습니다. 기하학적 표현으로 구성된 화면이 거역할 수 없는 깊이의 착각을 창출해내고 있는 것이지요. 바닥의 선들은 관람객의 눈길을 무의식적으로 등장인물 쪽으로 이끌고, 수직선과 수평선의 계산된 교차는 질서와 균형을 나타냅니다. 두 여자는 문과 벽난로를 구성하는 선들에 의해 둘러싸여 있는데, 모든 것이 제자리에 있지만 그 구속적인 한계 속에서 뭔가 비이성적인 일이 일어나고 있는 듯합니다. 너무나 합리적인 세계지만 그 무엇도 부인의 두근거리는 가슴을 진정시킬 수는 없습니다.

그림 16. 프란시스코 데 고야, 〈거인〉
1808~1810, 캔버스에 유채, 105×116cm,
스페인 마드리드의 프라도미술관

형태 없는 공포 그리다

프란시스코 데 고야, 〈거인〉

엄청난 체구의 거인이에요!

5~7세

그림과 꽤 잘 어울리는 제목입니다. 산보다 더 큰 체구의 거인은 울룩불룩 솟은 근육으로 볼 때 힘 또한 엄청날 것 같아요.

거인의 이름은 무엇인가요?

그에게는 이름이 없습니다. 따라서 그가 누구인지 아무도 모릅니다. 주먹을 불끈 쥐고 있는 것으로 보아 거인은 많이 화가 난 모양입니다. 하지만 그가 왜, 누구에게 화가 나 있는지는 알 수 없습니다.

그는 어디에서 왔을까요?

전혀 짐작조차 할 수 없습니다. 아마 땅 저편에서 왔거나, 하늘에서 갑자기 나타난 것일지도 모릅니다. 거인 몸 절반 정도가 지평선 아래 잠긴 것으로 보아서는 그가 아주 멀리 있는 것 같아요. 하지만 엄청나게 큰 몸집 때문에 아주 가까이 있는 것처럼 보입니다. 그가 정확히 어디에 있는지는 우리로서도 알 수가 없습니다.

거인은 돌아서기 위해 몸을 돌리려고 하는 걸까요?

어쨌든 거인은 앞으로 나아가고 있는 듯한 인상을 줍니다. 거인이 어느 방향으로 나아갈지는 알 수 없지만, 중요한 것은 그가 움직이고 있다는 사실이에요. 거인은 어마어마하게 무거울 테고, 그가 내딛는 발걸음은 구름을 가르며 지축을 뒤흔들 것만 같습니다.

8~10세

사람들이 놀라서 달아나고 있네요

인물들이 너무 멀리 있는데다 너무 많아서 거의 구분이 불가능하지만, 거인 아래쪽으로 사람들이 놀라 달아나는 광경을 볼 수 있습니다. 수레와 말을 탄 사람들, 질주하는 가축들, 여러 무리의 수송 행렬이 보이지요? 달리 방법을 찾지 못한 사람들은 혼비백산하며 달아납니다. 침착해 보이는 사람은 단 한 명도 없는 것 같군요.

작은 당나귀는 왜 꼼짝도 하지 않을까요?

당나귀는 고집이 세기로 유명한 동물입니다. 그림 아래쪽에 있는 당나귀도 그런 모양입니다. 모두가 서둘러 달아나는데, 이 당나귀만은 유독 꼼짝 않고 서 있습니다. 겁에 질려 한 발짝도 움직이지 못하는 것이 아니라면 말입니다. 그림을 보고 있으면 소란스러운 행렬과 비명, 울부짖음이 들려오는 듯합니다. 이 아수라장 속에서 당나귀만 마비된 듯 꼼짝도 않고 서 있는 것이 우스워 보이네요.

사람들이 거인을 피해 달아날 수 있을까요?

거인은 한꺼번에 수십 명씩 밟아 죽일 수도 있는 위험한 괴물입니다. 과연 거인은 달아나는 사람들을 그처럼 잔인하게 짓밟을까요? 그림은 이제 곧 닥칠 위험 말고는 아무것도 구체적으로 보여주지 않고 있는데, 그것이 오히려 더 큰 공포 속으로 몰아넣습니다. 사람들은 성큼성큼 다가오는 거인 앞에서 어찌 할 바를 모릅니다. 만일 거인이 공격해온다면 목숨을 건질 사람은 아무도 없어 보이는군요.

혹시 사람들이 다른 것을 피해 달아나고 있는 것은 아닐까요?

물론 그럴 수도 있어요. 어쨌거나 거인이 그들의 목숨을 노린다는 증거는 어디에도 없으니까요. 실제로 사람들을 공포에 떨게 만드는 원인이 우리에게 보이지 않는 다른 곳에 있을 수도 있어요. 심지어 그들이 막 떠나온 자리에 거인이 버티고 서서 사람들을 지켜주는 거라고 상상해볼 수도 있지 않을까요? 사람들이 우리를 향해 달려오는 것은 거인에게서 멀리 달아나기 위해서가 아니라, 거인이 그들을 위협하는 것을 막고 서 있기 때문일지도 모릅니다.

고야는 왜 전쟁을 정확히 표현하지 않았을까요?

사람들은 이것저것 챙길 여유도 없이 혼비백산하여 달아날 만큼 질겁해 있습니다. 이 그림에서는 뿔뿔이 흩어진 몇 사람이 달아나는 것이 아니라 마을 사람 전체가 집을 떠나 피난 행렬을 이룹니다. 마치 전쟁을 방불케 합니다. 고야는 이와 같은 재난과 전쟁을 명백하게 표현하는 대신, 우리가 그림을 통해 자주 접할 수 없는 한 양상을 보여주고 있습니다. 다른 화가들은 일반적으로 전투와 영웅, 승리를 묘사하지만 고야는 다른 관점, 즉 선량한 사람들의 관점을 선택했지요. 그들은 어느 누구와도 전쟁을 하지 않으며, 때로는 전쟁이 왜 일어났는지조차 모릅니다. 그들은 단지 전쟁을 겪을 뿐이에요. 이 그림을 바라보는 우리들처럼 그들이 아는 거라고는 고개를 숙인 채로 어디로든 달아나야만 한다는 사실뿐입니다. 그림 속 거인은 너무나 커서 사람들은 그를 분명하게 알아볼 수조차 없습니다. 거인은 시커먼 먹구름처럼 그들을 굽어봅니다. 사람들은 무슨 일이 일어났는지조차 모르는 채로 달아나야만 합니다.

고야는 왜 이 상상의 피조물을 그렸을까요?

그림은 보기보다 훨씬 복잡해요. 거인은 사람들을 겁에 질리게 하는 위험한 존재일 수도 있고, 전쟁을 상징할 수도 있습니다. 반대로 그는 또 다른 적으로부터 사람들을 구하러 온 구원자일지도 모르지요. 마지막으로 거인은 공포를 주는 것이 아니라 공포 그 자체일 수도 있습니다. 불현듯 나타나 위협하는 가공할 만한 공포 말이지요. 이 그림의 다른 제목이 '걷잡을 수 없는 공포'인 이유가 바로 거기에 있습니다. 이 세 경우 모두 고야는 하나의 생각, 하나의 느낌, 묘사하기에 몹시 까다로운 무언가를 그려냅니다. 화가는 정체를 알 수 없는 동시에 엄청나게 큰 몸집을 가진 거인을 통해 그것을 표현하고 있습니다.

화가는 왜 이 장면을 세밀하게 그리지 않았나요?

그는 색깔의 얼룩과 붓 터치가 얼핏 보기에도 거칠어 보이는 방식으로 작업을 했습니다. 사람들이 정신없이 달아나고 있고, 그림 역시 조금도 지체할 여유가 없어 보입니다. 고야는 등장인물들을 신경질적으로 묘사함으로써 그들이 처한 위기와 다급한 마음을 표현하고 있지요. 익명의 군중인 그들에게는 얼굴이 없습니다. 저마다 어떤 사연을 간직하고 있는지도 모릅니다. 한편 거인은 그를 둘러싸고 있는  구름처럼 훨씬 큰 붓으로 그려졌는데, 거대한 몸집뿐 아니라 붓의 움직임에 의해 거인의 힘이 고스란히 전해집니다.

고야는 이 그림에서 구체적인 사건을 묘사한 건가요?

거인이 스페인 백성에 대한 프랑스의 위협을 나타낸 것인지 아니면 스페인을 보살피기 위해 온 정령인지는 정확히 알 수 없지만, 고야는 아마도 나폴레옹 원정을 암시하고 있는 듯합니다. 특별한 역사적 정황을 염두에 두고 그리긴 했지만 화가는 그 정황을 구체적으로 묘사하지는 않았습니다. 그럼으로써 그는 거기에서 일반적인 진실, 모든 전쟁에 대한 비판을 끌어내고 있는 셈인데, 결국 이 그림은 시대와 장소에 관계없이 발생한 모든 재난에 대해 말하고 있습니다.

그림 주제가 왜 이렇게 불확실해요?

만일 고야가 아주 명백한 이미지를 그리고자 했다면, 그는 아마 큰 어려움 없이 그렇게 할 수 있었을 겁니다. 이 그림의 불확실성을 작품이 지닌 결점이라고 말할 수는 없습니다. 오히려 이 그림의 가치를 높이는 장점 중 하나지요. 화가는 이 그림에서 현실의 불가능한 측면을 통해 현실에 접근하고 있습니다. 혼란에 빠진 이 그림의 등장인물들은 더 이상 생각하지 않으며 반사적으로 행동할 뿐입니다. 이성을 잃고 감정에 휩쓸리는 것이지요. 거인이 동지인지 적인지 명확히 단정 지어 말할 수 없는 만큼 관람객은 더 깊이 이 그림 속으로 빠져들게 되는 것 아닐까요? 유일한 진실은 오직 공포뿐입니다.

고야는 드라마틱한 주제를 다룬 화가로 유명한가요?

젊은 시절 고야는 쾌활하고 가벼운 일상의 장면들을 주로 그렸지만, 그것은 주로 왕실에서 주문한 장식융단의 밑그림들이었습니다. 그는 또한 당대에 가장 위대한 초상화가 중 하나였다고 해요. 하지만 〈거인〉에서 엿볼 수 있는 드라마틱한 측면은 그의 작품에서 주요한 원동력으로 작용했습니다. 고야는 공포처럼 형태가 없는 것을 최초로 화폭에 담은 화가 중 하나였는데, 물론 그 이전에도 신이나 천사 혹은 악마처럼 눈에 보이지 않는 존재를 그린 화가들이 있긴 했지만, 그들은 당시의 규율에 따라 그런 존재들에게 거의 비슷한 모습을 부여했을 뿐입니다. 다시 말해 〈거인〉과 같은 형상은 전에는 찾아볼 수 없는 이미지였던 셈이죠. 형용할 수 없는 인간의 불안이 투사된 이 그림에서 고야는 인간의 마음속 가장 깊은 곳에서 길어온 이미지들을 캔버스 안으로 불러들였습니다. 한 마디로 그는 역사를 넘어 하나의 단어로 명명할 수 없는 불가해한 존재를 그린 화가입니다.

그림 17. 카를 슈피츠베크, 〈가난한 시인〉
1838, 캔버스에 유채, 44.6×36.2cm,
독일 뮌헨의 노이 피나코텍

사랑과 신선한 물만 있다면

카를 슈피츠베크, 〈가난한 시인〉

이 사람은 왜 옷을 껴입은 채로 침대에 누워 있나요?

창을 통해 눈 덮인 지붕들이 보입니다. 바깥 날씨가 몹시 추운 모양이에요. 나이트캡을 쓰고 있는 모습이 눈길을 끄는데, 오늘날에는 더 이상 이것을 사용하지 않지만 당시에는 아주 유용하게 쓰였답니다. 난방이 제대로 되지 않아 집 안에서도 추위를 느꼈을 정도니까요.

환한 대낮인데 왜 침대에 누워 있을까요?

방 안에서는 의자를 찾아볼 수 없습니다. 그렇다면 맨바닥에 앉거나 서 있을 수밖에 없겠죠. 침대에 누워도 좋겠네요. 이불 속으로 미끄러져 들어가면 무척 따뜻할 테니까요.

방의 천장이 비스듬하게 경사져 있습니다

'망사르드'라 불리는 지붕 바로 아랫방이기 때문입니다. 대개 그런 방은 넓지도 안락하지도 않은 것이 특징인데 오른쪽으로는 출입문이, 그 맞은편에는 커다란 난로가 그리고 안쪽으로 자그마한 창문이 보입니다. 세면도구라고 해봐야 작은 대야가 전부입니다. 빨랫줄에는 수건 한 장만 달랑 걸려 있고, 외투는 벽에 못을 박아 걸어두었습니다.

침대 위쪽에 우산이 펴져 있네요

그가 끈을 달아 걸어둔 것입니다. 비가 오면 천장으로 물이 새기 때문이죠. 지붕을 고치는 편이 더 나을 듯하지만 그에게는 그럴 만한 돈도 없어 보입니다. 궁여지책으로 그렇게 해놓은 것인데, 그래서 가끔 우산 손잡이에 이마를 부딪치기도 합니다.

우산이 찢어져 있어요

덕지덕지 기워놓은 것으로 보아 아주 오래된 우산 같습니다. 한쪽은 찢어져 있고, 다른 쪽에는 우산살이 삐죽 튀어나와 있네요. 하지만 아직 쓸 만해 보입니다. 이 남자는 새 물건을 사본 지가 언제인지도 모릅니다. 이불은 올이 풀려 너덜너덜하고, 윗옷의 팔꿈치 부분에는 구멍이 나 있습니다.

8~10세 그는 왜 난로에 불을 피우지 않나요?

불을 피우려면 장작이 있어야 하는데 그에게는 장작 살 돈이 없습니다. 이미 태울 수 있는 건 모두 다 태워버린 뒤입니다. 의자와 식탁, 침대받이(매트가 프레임 없이 그냥 바닥 위에 놓여 있지요)가 없는 것도 바로 그 때문이죠. 이젠 더 이상 태울 가구도 없어 보입니다.

이 남자는 무얼 하고 있는 걸까요?

그는 쓸 거리를 구상하고 있습니다. 그림의 제목을 통해 우리는 그가 시인임을 알 수 있습니다. 남자가 종이를 무릎 위에 올려놓은 채 거위 깃털 펜을 이 사이에 물고 있네요. 상자 위에는 거의 다 쓴 잉크병이 놓여 있고요. 그는 시의 운율을 맞추기 위해 손가락을 꼽으며 머릿속으로 시구의 음절 수를 세고 있습니다. 어쩌면 벼룩을 쫓기 위해 손가락을 퉁기고 있는 것일지도 모르지만요.

그는 왜 이렇게 가난한 걸까요?

작가라는 직업은 생활비를 꼬박꼬박 벌 수 있는 정규직이 아닙니다. 그는 어디에도 고용되어 있지 않기 때문에, 시를 쓰더라도 그것을 실어줄 신문사를 찾기 위해 동분서주해야 합니다. 어쩌다 시가 신문에 실리더라도 큰 수입은 기대할 수 없고, 기껏해야 겨우 입에 풀칠이나 할 수 있을 정도겠지요.

장화는 정말 한 짝밖에 없을까요?

한 짝밖에 보이지 않는 것뿐입니다. 옆에 장화 주걱(바닥에 놓여 있는 나무로 된 물건으로, 구멍이 뚫린 부분에 장화 뒤축을 걸고 발을 당겨 장화를 벗었습니다)이 있는 것으로 보아, 아마 벗어서 아무렇게나 내팽개쳐두었을 거예요. 모르긴 해도 다른 짝은 구석에 처박혀 있을 것 같네요. 화가는 이런 장면을 통해 그 남자가 일상의 자잘한 일들보다 다른 무언가에 정신이 팔려 있다는 사실을 보여줍니다. 그는 예술가입니다. 그에게는 장화를 나란히 정리하는 일보다 시를 쓰는 것이 훨씬 더 중요해 보이는군요.

책들이 바닥에 쌓여 있네요

시인은 책꽂이가 없어서 가죽으로 장정한 아주 낡고 두꺼운 책들을 바닥에 쌓아두었습니다. 가까이에 책을 쌓아놓은 덕분에 그나마도 침대에서 나올 필요가 없어 보이네요. 그는 읽고, 연구하고, 작품을 쓰는 일에 거의 모든 시간을 할애합니다. 쌓여 있는 책들은 시인에게 아주 소중한 것임에 틀림없습니다. 옷을 제외하면 책은 그가 가진 전 재산이나 다름없으니까요.

난로 옆에 종이 뭉치가 보여요

그가 쓴 원고들입니다. 이 남자는 방에 들어서자마자 원고 뭉치들을 그곳에 던져 두었을 테지요. 그 곁으로 지팡이가 벽에 기대어져 있습니다. 종이 뭉치를 아무렇게나 던져둔 걸 보면 소중하게 여기는 원고는 아닌 것 같네요. 다음 번 불을 피울 때 쓸 모양인지 종이 몇 장은 이미 난로 속에 들어가 있습니다. 그의 시는 돈벌이는 안 되겠지만 적어도 몸을 따뜻하게는 해줄 수 있겠군요.

궁핍한 상황에도 불구하고 등장인물은 그리 절망스러워 보이지 않네요

화가가 이 그림에서 보여주려는 것은 가난한 시인의 이미지가 아닙니다. 물론 화가는 물이 새는 지붕과 하나도 남지 않은 가구, 꺼진 난로 등 가난의 물질적인 기호들을 묘사하고 있기는 합니다. 하지만 그것은 배경에 지나지 않습니다. 그것은 이상화된 가난의 모습으로, 화가는 아득한 절망이 아니라 가벼운 불편함 정도로 표현합니다. 게다가 시인이 남아 있는 모든 것을 활용해 생활을 꾸려 나가는 방식을 희화화하기까지 합니다. 연통이 차갑게 식었다고요? 그럼 모자를 걸어두면 딱 좋겠네요. 책꽂이가 없다고요? 그것 참 잘됐네, 책을 찾기 위해 일어날 필요가 없으니까요. 더 이상 불을 피울 게 아무것도 없다고요? 쌓여 있는 낡은 종이들을 없애버릴 절호의 기회군요.

당시의 시인들은 대부분 이런 식으로 생활했나요?

실제로 글만 써서 먹고 사는 것은 불가능했습니다. 하지만 이 그림 속 인물은 몽상가임에 틀림없습니다. 작가들은 대부분 학계나 언론계에 몸담고 있으면서 남는 시간에 글을 썼습니다. 많지는 않지만 봉급을 받아 숙식을 해결했던 셈이죠. 우리의 '가난한 시인'처럼 예술에 전력투구하는 것이 한결 고상해 보일지는 모르지만,

고상함이 주린 배를 채워주지는 않습니다. 넉넉한 유산을 물려받아 그림에 전념할 수 있었던 카를 슈피츠베크도 그 사실을 잘 알고 있었던 모양이에요. 오늘날에도 상황은 크게 다르지 않습니다. 다른 직업 없이 글만 쓰는 경우는 그리 흔치 않으니까요.

좀처럼 찾아보기 힘든 아주 재미있는 그림이에요

회화사에서 사실 이런 류의 주제는 흔치 않습니다. 전체적으로 볼 때, 그림의 사명은 웃음을 자아내는 것이 아니라 종교적 혹은 도덕적인 개념을 가르치거나 지식을 전달하는 데 있었으니까요. 그런데 16세기, 나아가 17세기의 플랑드르파 화가들은 가족 잔치의 무질서, 포식 혹은 온갖 종류의 무절제가 가져다주는 결과 등 일상생활에서 관찰한 몇몇 주제들을 매우 유머러스하게 그렸습니다. 이 그림에서 화가의 의도는 분명 훨씬 덜 풍자적입니다. 시인에 대한 그의 따뜻한 애정이 느껴지니까요. 화가 역시 뮌헨의 어느 다락방에서 산 적이 있었기 때문일까요?

이 그림은 당시에 성공을 거두었나요?

이 작품은 19세기 당시에도 사람들에게 오늘날과 똑같은 호감을 불러일으켜 큰 인기를 누렸습니다. 이 그림의 매력은 약간의 일상적인 풍경과 완벽한 이상주의를 잘 결합시켜놓았다는 데 있습니다. 두 양상이 절묘하게 조화를 이루고 있는 셈이죠. 누구에게나 친근하게 다가오는 일상적인 측면이 관람객으로 하여금 그림 속에서 자신을 투영시켜 자기가 하고 싶은 것만 하는 시인의 입장이 되어보게 하기 때문에 호감을 불러일으키는 것입니다. 이상적인 측면은 현실적인 어려움을 견딜 만한 것으로 미화시켜 만족감을 주기도 합니다. 화가는 걱정은 나중으로 미루라고 말합니다. 카를 슈피츠베크가 그린 가난한 시인의 모습을 보고 있으면 '사랑과 신선한 물'만 있다면 그럭저럭 살 수도 있을 것 같은 기분이 듭니다.

그림 18. 윌리엄 터너, 〈비, 증기 그리고 속도(그레이트 웨스턴 철도)〉

1844년경, 캔버스에 유채, 122×91cm,
영국 런던의 내셔널갤러리

Comment parler d'art aux enfants?

그림에 기차가 등장하다니!

윌리엄 터너, 〈비, 증기 그리고 속도(그레이트 웨스턴 철도)〉

거의 아무것도 보이지 않아요

정말 그러네요. 그림은 뿌연 증기로 가득 차 있습니다. 그림을 보고 있으면 정말이지 색깔 속으로 빨려 들어갈 것만 같아요. 색깔들이 솜처럼 모든 것을 감싸고 있네요. 길을 찾기 위한 지표로 삼을 만한 것이 거의 없기 때문에 마치 길을 잃고 헤매는 듯한 기분이 듭니다.

길이 아주 곧게 나 있어요

철교예요. 왼쪽으로 보이는 조금 선명한 두 번째 다리를 자세히 살펴보면 커다란 아치형 교각 위에 놓여 있다는 사실을 알 수 있습니다. 전면에 있는 짙은 색의 큰 다리 위로 곧게 뻗은 기차 레일과 전속력으로 달려오는 기관차가 어렴풋하게 보입니다. 그림 안쪽에 있는 기차의 꽁무니는 아직 보이지 않는군요.

5~7세

왼쪽에 작은 배도 한 척 있네요

배가 있는 것으로 보아 다리 아래가 단단한 땅이 아니라 물이라는 사실을 알 수 있습니다. 배가 없었다면 뭐가 뭔지 불분명했을 거예요. 화가는 배를 아주 작게 그려 멀리 있는 듯한 인상을 주는 동시에 그림 속 공간이 아주 넓다는 사실도 말해줍니다.

그림 정중앙에 마치 불덩어리가 있는 것 같아요

빛의 효과 때문이에요. 물에 비친 태양빛에 마치 모든 것이 불타는 것처럼 보이는군요. 윌리엄 터너는 사물에 반사된 빛이 너무 강렬해 눈이 타들어가는 듯한 느낌이 들 때, 그 빛을 이런 방식으로 즐겨 그리곤 했습니다. 빛이 얼마나 강렬한지 거의 아무것도 알아볼 수가 없을 정도네요.

그림이 거의 지워진 것처럼 보여요

비와 기관차의 증기가 풍경을 흐려놓기 때문입니다. 기차가 너무 빠른 속도로 지나가는 탓에 자세히 볼 시간조차 없습니다. 모든 것이 뒤섞여 있는 이 특별한 분위기를 만들어내기 위해 화가는 윤곽을 선명하게 그리지 않고 많은 색깔을 사용해 표현했습니다. 하늘을 쓸고 지나가는 긴 붓 터치는 마치 비가 내리고 있는 듯한 느낌을 전해줍니다. 승객들이 기차 창문을 통해 보게 되는 것들, 스쳐 지나가는 흐릿한 형태들, 창에 맺힌 물방울, 울부짖는 바람을 쉽게 상상할 수 있겠지요.

8~10세 왜 이런 주제를 택했나요?

당시만 해도 기차는 그야말로 혁신적인 발명품이었습니다. 그 이전까지 그렇게 빨리 여행할 수 있으리라곤 아무도 상상하지 못했으니까요. 사람들에게 마치 마술처럼 보였습니다. 기계의 강력한 힘과 효율성 앞에서 사람들은 입을 다물지 못했지요. 윌리엄 터너는 이 그림을 통해 기차라는 단순한 사물이 아니라 한 시대의 진정한 스타를 표현하고자 했습니다. 이 그림이 그려지기 2년 전 영국의 빅토리아 여왕이 직접 이곳까지 와서 이 철도 노선의 개통을 축하했다고 하네요.

화가는 왜 기차 전체를 보여주지 않았나요?

다큐멘터리 방식으로 기차를 묘사했다면 이처럼 짜릿한 느낌은 표현하지 못했을 거예요. 윌리엄 터너는 기차가 도착하는 순간 마치 우리가 그곳에 있는 것 같은 놀라움의 효과를 만들어내고자 했으니까요. 이곳에 있는 사람들은 아직 무슨 일이 일어나고 있는지 짐작조차 못하고 있습니다. 멀리서 굉음이 들려오고, 구름 같은 증기가 뭉게뭉게 피어오릅니다. 그리고 갑자기 번쩍이는 검은 물체가 느닷없이 모습을 드러냅니다. 바로 전속력으로 달려오는 기관차지요!

배경을 아주 흐릿하게 표현해놓았네요

비가 내리고 있어서 먼 곳이 잘 보이지 않습니다. 기관차에서 뿜어져 나오는 증기와 안개 때문에 그림은 신비로워 보이기까지 합니다. 철도가 마치 지평선 너머에서 곧장 튀어나온 것 같아요. 윌리엄 터너는 런던에서 출발해 브리스틀로 가는 기차를 모델로 이 그림을 그렸지만 기차를 이런 식으로 표현함으로써 화가는 그것을 더욱 인상적이게, 거의 초자연인 것으로 보여줍니다.

그림 속에는 사람들도 있나요?

명확하게 보이지는 않지만 다리 왼쪽으로 몇몇 사람이 달리는 기차를 향해 손을 흔들고 있습니다. 템스 강 위에 떠 있는 작은 배에도 사람들이 타고 있네요. 중세시대의 모습과 크게 다를 바 없는 어부의 모습은 전통의 세계를 대표하는 반면, 요란하고 빠르게 지나가는 기차는 현대사회 즉, 새로운 산업사회를 대변합니다. 그림은 이처럼 두 가지 삶의 방식을 나란히 담아내지만 그렇다고 그것들을 대립시키지는 않습니다. 철도는 풍경에 동화되어 낡은 습관들을 방해하지 않으며, 끊임없이 변화하는 세계 속에 각자 자신의 길을 가고 있습니다.

기차는 어느 정도의 속력으로 달리고 있나요?

이 그림이 그려지기 1년 전인 1843년에 측정한 결과에 따르면, 내리막길에서 기차의 속력은 시속 약 120킬로미터에 달했다고 하네요. 당시로서는 엄청난 수치로 유럽 신기록에 해당하는 속도입니다. 그런데 터너는 이상하게도 기관차 앞에 달아나는 토끼 한 마리를 그려놓았습니다. 기관차에 비하면 턱없이 작지만 속도 경쟁에서 이기는 것은 바로 토끼입니다(이것은 화가의 판타지에서 비롯된 것으로 실제로 토끼는 시속 70킬로미터를 넘지 못합니다). 터너는 기차를 비웃기라도 하는 걸까요?

당시에는 철도를 그린 그림이 많았나요?

그렇지 않습니다. 기차와 철도는 기술 발전의 쾌거로 감탄의 대상이긴 했지만 흥미로운 그림의 주제로 여기지는 않았으니까요. 심지어 몇몇 화가들은 기차를 끔찍하고 혐오스러운 흉물로 치부하기도 했습니다. 관람객들 역시 이야기가 담겨 있는 그림, 또는 산책을 하거나 쉬고 싶은 욕망을 주는 잔잔한 느낌의 풍경화를 더 좋아했습니다. 따라서 터너의 그림이 당시로서는 대단히 혁신적인 것이었습니다.

11~13세

화가는 여행을 많이 했나봐요?

윌리엄 터너는 영국 각지와 이탈리아의 베니스를 주로 여행했습니다. 그는 여행을 할 때마다 수첩에 날씨와 기온의 차이에 따라 달라지는 하늘의 색깔 등을 자세히 기록해두었다고 합니다. 기후의 변화를 세밀히 관찰해 자신의 그림에 반영하기 위해서였겠죠. 심지어 그는 폭풍우를 가능한 생생하게 경험하기 위해 비바람이 몰아치는 날, 배를 타고 바다로 나가기도 했는데, 돛대에 자기 몸을 묶고 그 상태로 네 시간 동안이나 폭풍우를 견뎌냈다고 합니다.

이 그림에는 다리를 제외하곤 선이 하나도 없어요

영국의 메이든헤드 철교는 1839년에 그레이트 웨스턴 철도회사의 기술자가 만든 것입니다. 여러 해 동안 왕실미술아카데미에서 원근법을 강의했던 터너는 대각선을 이용하여 깊이의 착각을 만들어내는 기법을 활용해 이 그림을 그렸습니다.

이 그림의 제목이 매우 독특한 것 같아요

제목이 간단하게 철교 혹은 기관차와 같은 사물들을 지칭하는 대신 모호한 단어의 나열(비, 증기, 속도)로 되어 있는 것이 매우 특이한데, 화가는 이를 통해 이미지의 기술記述을 넘어 관람 방식까지 설명해주고 있습니다. 우선 비와 증기, 속도 등으로 시야를 어지럽힌 다음 주제(철도)를 제시하는 방식이지요. 게다가 제목은 공간 속의 세 방향을 지시하기도 합니다. 내려오는 수직선(비), 올라가는 또 다른 수직선(증기), 그리고 그것들을 관통하는 수평선(속도). 제목처럼 이미지 전체가 이런 대립적인 에너지의 만남, 대비에 대한 감수성에 기초해 있습니다.

마치 환영을 보는 것 같아요

색깔들이 마치 허공을 떠다니는 것 같지요. 정확한 관찰과 꿈의 세계를 조화롭게 결합시켜놓아 관람객은 마치 구름에 실려가듯 그림 속을 떠다닙니다. 윌리엄 터너는 이러한 느낌을 위해 특별한 방법을 제안했습니다. 사람들이 그의 그림을 보기 위해 찾아오면 화가는 우선 그들을 어두운 방에서 한참 동안 기다리게 한 것입니다. 그리고 사람들의 눈이 어둠에 익숙해진 후에야 터너는 그들에게 그림을 보여주었는데, 어두운 곳에 있다가 나왔기 때문에 사람들은 갑자기 시력을 되찾은 장님처럼 화려한 색깔에 황홀해했다고 하네요.

그림 19. 클로드 모네, 〈점심식사〉
1873~1874년경, 캔버스에 유채, 201×160cm,
프랑스 파리의 오르세미술관

Comment parler d'art aux enfants?

밖에서 그린 처음 그림

클로드 모네, 〈점심식사〉

화창한 날씨네요!

클로드 모네는 햇빛을 즐겨 그린 인상주의 화가입니다. 점심식사를 마친 모네는 정원에 앉아 있습니다. 아직 식탁을 치우지 않아 와인 잔과 빵조각, 과일들이 그대로 남아 있네요. 다들 바쁘지 않은 모양입니다. 아름다운 문양의 커피포트가 잔과 함께 놓여 있는데 저렇게 놔두었다가는 커피가 곧 식어버릴 거예요.

놀고 있는 어린아이는 누구인가요?

땅바닥 그늘진 곳에 앉아서 놀고 있는 아이는 모네의 아들 장입니다. 무엇을 하고 있는지 잘 보이지는 않지만 아마 블록 쌓기 놀이를 하고 있는 것 같아요. 아이는 놀이에 집중하고 있어서 자기를 보고 있는 화가에게는 통 관심이 없습니다. 아주 평화로운 정오의 모습입니다.

5~7세

안쪽으로 부인들이 보이네요

식사를 마친 사람들이 잠시 거닐기 위해 일어나 있는 모습입니다. 엄마는 아이가 잘 노는지를 살피기 위해 아이 쪽을 가끔씩 쳐다보기도 합니다. 부인들 역시 그 근처를 산책하고 있는데, 꽃밭 너머로 작게 보이는 여인들의 모습을 통해 정원이 꽤 넓다는 사실을 알 수 있습니다.

누군가 모자를 잊고 간 걸까요?

아마 땅에 떨어진 걸 누군가 주워 나뭇가지에 걸어두었다가 깜빡 잊은 모양입니다. 양산이 바구니 옆 나무 벤치 위에 놓여 있는 걸로 보아 햇볕은 이제 그리 강하지 않은 것 같아요. 아주 화창한 날이지만 별로 더울 것 같지는 않습니다. 모자 리본이 산들바람에 가볍게 살랑거리네요.

식탁 주변에는 왜 의자가 하나도 없나요?

벤치에 편하게 앉아 커피를 마시기 위해 정원으로 나왔을 수도 있으니까요. 아니면 화가가 너무 많은 선과 각으로 캔버스를 가득 채우지 않기 위해 일부러 그리지 않았을 수도 있습니다. 실생활에서는 의자가 꼭 필요하지만 그림 속에서는 의자가 없어도 문제될 건 없겠지요.

그림에는 아무런 이야기도 없는 것 같아요

모네가 의도한 바도 바로 그것입니다. 특별한 일 없는 평화로운 한때를 보여주기 위해 그린 그림이니까요. 사람들은 그림 속에서 산책을 하고, 휴식을 취하고, 잡담을 나눕니다. 만일 그림 속으로 들어간다면 아주 편안할 것 같아요. 이것은 우리 주변에서 흔히 볼 수 있는 평범한 일상의 한 장면입니다.

8~10세

그림 제목이 '점심식사'인데, 왜 식탁에는 아무도 없나요?

이 그림의 주된 이미지는 식사가 아니라 점심식사 후의 한때를 보여줍니다. 인물들은 여기저기 흩어져 있지만, 언제든 테이블 주위로 모여들 거예요. 지금은 텅 빈 테이블에 지나지 않지만, 한자리에 모인 가족의 모습을 떠올리게 하는 아주 정겨운 그림입니다.

이 그림에는 유난히 흰색이 많아요

화가는 테이블보에 아주 중요한 역할을 부여했습니다. 빛을 집중시키는 것이 바로 이 테이블보니까요. 하늘이 전혀 보이지 않지만 테이블보만 봐도 눈부신 태양을 상상할 수 있습니다. 안쪽으로 작게 보이는 부인들의 옷도 같은 역할을 합니다. 놀라운 사실은 그 흰색이 장밋빛, 푸른색, 연보라색 등 여러 가지 색깔로 구성되어 있다는 것입니다. 온갖 반사광들이 그곳에서 뒤섞이지만 그것은 여전히 흰색으로 남아 있습니다.

모네는 실제로 정원에서 이 그림을 그렸나요?

네, 모네는 그리려는 대상을 사물이 있는 바로 그 장소에서 그려야 한다고 생각했습니다. 정원을 그리고 싶으면 직접 정원에 가야 하는 거죠. 인상주의 이전에는 주제가 무엇이든 화가들은 대부분 작업실 안에서 그림을 그렸는데, 그 때문에 그림 속의 빛은 외부의 빛과 다르게 표현되었습니다. 모네는 사물들을 현장과 자연 속에서 관찰해 시시각각 변하는 모습을 화폭에 담았습니다.

야외에서 그린다고 뭐가 달라질까요?

움직임에 영향을 받기 때문에 모든 것이 달라집니다. 태양의 위치에 따라 빛의 각도가 달라지고 날씨도 시시각각 변합니다. 화창했다가 점점 흐려지면서 하늘이 구름으로 뒤덮일 때는, 그림을 그리기 시작한 순간의 컬러와 빛이 되돌아올 때까지 기다려야만 합니다. 때론 햇살이 너무 강렬해 눈을 다치는 일도 있었습니다. 야외에서는 모든 것이 순식간에 변하기 때문에 주저 없이 색을 칠해야 합니다. 머뭇거리다가는 그리려는 대상이 어느새 사라지고 마니까요.

그렇다면 모네는 아주 빠른 속도로 그림을 그렸겠어요?

화가는 아마도 변하는 구름, 날아가는 리본, 떠다니는 반사광 등 주위에서 순식간에 일어나는 일들만큼이나 빨리 그리고 싶었을 테지만 정작 그러지는 못했습니다. 모네는 그보다 대상을 관찰하는 데 많은 시간을 보내면서 눈을 단련했지요. 가장 어려운 작업은 모든 것이 한순간 캔버스 위에 나타난 듯한 착각을 불러일으키는 것인데, 모네는 색깔을 한 번 칠하는 데도 오랜 시간을 들여 작업했다고 하네요.

화가는 왜 불분명한 형태들을 보여주었을까요?

사물을 바라볼 때 우리는 보통 이 그림에서처럼 대상의 전체적인 모습밖에는 보지 못합니다. 가령, 나무를 볼 때 나뭇잎 하나하나의 정확한 모습은 보지 못하는 것처럼 말이지요. 단지 전체적인 덩어리와 색깔들만 볼 수 있을 뿐입니다. 모네는 바로 그런 느낌을 표현하고자 했는데, 정확한 윤곽을 그리지 않음으로써 화가는 자신이 보는 것을 왜곡하지 않았습니다.

불분명하게 그리는 것이 세밀하게 그리는 것보다 더 쉽나요?

서로 작업 방식이 다르기 때문에 꼭 그렇지만은 않아요. 세밀한 데생은 사물을 묘사하기에 유용하지요. 가령 식탁 위에 놓인 장미의 경우 꽃잎은 물론 잎의 미묘한 뉘앙스까지 표현해낼 수 있습니다. 하지만 사물을 있는 그대로가 아니라 보이는 그대로 그리는 경우 똑같은 장미는 색깔의 덩어리로 표현됩니다. 하지만 우리는 그것이 장미라는 사실을 금방 알아챌 수 있습니다. 눈길이 훑고 지나가는 겉모습에서 본질을 포착하는 것, 그것이 바로 모네가 그리고자 한 방식이었습니다.

다른 화가들도 모네처럼 야외에서 그림을 그렸나요?

모네는 야외에서 그림을 그리기 시작한 화가 중 하나였는데, 그의 동료였던 시슬레와 르누아르, 피사로 같은 화가들도 그렇게 작업했다고 합니다. 그들은 주로 들고 다니기에 좋은 튜브물감을 사용했습니다. 게다가 당시는 사람들이 기차를 타고 달리는 새로운 경험을 하기 시작하던 때로, 기차가 빠른 속도로 달리면 풍경이 시시각각 변하고 흐릿하게 보였겠지요.

왜 모네를 '인상주의 화가'라고 부르나요?

원래 인상주의는 모네의 그림을 비웃기 위해 생겨난 말이었습니다. 1874년 모네는 아주 불분명한 형태들로만 이루어진 작품 〈인상, 해돋이〉를 미술전에 출품했지요. '인상주의'라는 말이 나온 것도 바로 그 때문인데, 당시 사람들에게 어설퍼 보였던 이 작품은 모네가 관람객들에게 대강(당시에는 '인상'이란 말이 '초벌 그림'이라는 뜻으로 쓰이기도 했습니다) 그린 그림 밖에 선보일 줄 모른다는 증거였습니다. 이러한 시도와 더불어 회화의 역사가 달라지리라고, 회화가 기약 없는 '인상'처럼 덧없고 깨지기 쉬운 자잘한 것들에 집착하게 되리라고 예견한 사람은 아무도 없었습니다.

오늘날에는 많은 사람들이 인상주의 화가들의 그림을 좋아하잖아요

당시만 해도 사람들은 역사적인 사건, 유명한 인물, 스펙터클한 풍경이 묘사된 그림을 더 좋아했습니다. 하지만 현대에 와서는 모네의 그림 같은 일상의 순간들을 더 편하게 느낍니다. 따사로운 볕이 내리쬐는 하루, 가족끼리의 식사, 한가로운 산책은 누구나 이미 한 번쯤 경험해본 일입니다. 따라서 이런 그림을 보면 설사 처음이라 하더라도 곧 친근한 느낌을 갖기 마련입니다. 이해해야 할 것도, 알고 있어야 할 것도 전혀 없을뿐더러 자신이 무지하다는 생각도, 뭐가 뭔지 모르겠다는 생각도 들지 않습니다. 집에 와 있는 것처럼 편안한 느낌이랄까요.

그림 20. 에드가 드가, 〈다림질하는 여자들〉

1884~1886년경, 캔버스에 유채, 81×76cm,
프랑스 파리의 오르세미술관

참을 수 없는 주제의 하찮음

에드가 드가, 〈다림질하는 여자들〉

이 여자들은 무엇을 하고 있나요?

다림질을 하고 있네요. 그게 그들의 직업이니까요. 여자들이 있는 곳은 세탁과 다림질을 해주는 세탁소입니다.

다리미가 안 보이는데요?

전기다리미가 발명되기 전이니까 당시에는 모든 것을 손으로 작업했습니다. 옷을 다리려면 난로에(뒤쪽으로 보이는 검은 물체) 쇠다리미를 올려놓고 달궈야 했죠. 그런 다음 데지 않도록 헝겊으로 쇠다리미의 손잡이를 감싸 다릴 천에 대고 문지르면 됐습니다. 여자들은 난로에 여러 개의 쇠를 한꺼번에 올려놓고 식는 즉시 바꿔가며 사용했답니다.

한 여자가 하품을 하고 있어요

피곤해서 잠시 일손을 멈춘 모습입니다. 하루 종일 몸을 굽히고 일하다보면 등이 아프고 목이 뻣뻣해지겠죠. 기지개라도 한 번 켜야 시원할 텐데, 아마 너무 오랫동안 일을 해서 졸음이 오는 모양입니다. 방 안은 난로의 열기 때문에 끔찍하게 더운데, 특히 난로 근처는 숨이 턱턱 막힐 지경일 겁니다. 그래서 더 졸릴 거예요.

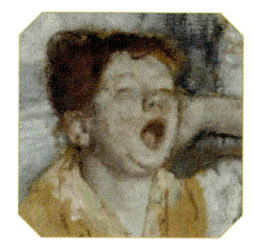

하품을 하는 여자는 왜 한손에 병을 쥐고 있나요?

마시려는 걸까요? 마실 물이라고 생각할 수도 있겠지만 다림질감을 촉촉이 적시기 위해서도 물이 필요합니다. 옷감에 적당히 물을 뿌려줘야 다림질하기에 훨씬 수월하니까요. 분명 그녀는 붉은색의 작은 사발에 물을 채우기 위해 병을 집었을 겁니다.

다림질을 하고 있는 여자는 정말 온 힘을 다해 다리미를 누르고 있네요

지금처럼 합성섬유로 옷을 만들지 않기 때문입니다. 그녀가 다림질 하고 있는 옷은 아마나 면 소재라 아주 뻣뻣했을 거예요. 따라서 옷을 말끔하게 다리려면 두 손으로 다리미를 잡고 온 힘을 다해 눌러주어야 했습니다. 쇠다리미는 아주 무거워(어떤 것은 3킬로그램이나 나가기도 했답니다) 다루기가 여간 힘든 게 아니었을 겁니다.

8~10세

옷차림이 영 시원찮아 보이네요

신분이 낮은 여자들이어서 거친 천으로 만든 수수한 옷을 입고 있는 것입니다. 눈여겨보아야 할 것은 색깔의 조화인데, 분홍과 오렌지색이 경쾌한 느낌을 주네요. 그녀들 나름대로 한껏 멋을 부린 걸 알 수 있습니다. 전체적으로 따뜻한 열기가 느껴지는 그림입니다.

이 여자들이 화가에게 초상화를 그려달라고 주문한 건가요?

그들이 초상화를 주문했을 리는 없습니다. 그림 값을 지불할 만큼 넉넉하지 않았을 테니까요. 19세기 말의 화가들은 주문을 받아 그림을 그리기보다는 화가 스스로 주제를 선택했습니다. 엄밀히 말하자면 이 그림은 초상화가 아닙니다. 드가는 그들 개인에게는 전혀 관심이 없습니다. 얼굴도 잘 보이지 않을뿐더러 그들의 이름조차 알 길이 없으니까요.

그렇다면 드가는 왜 다림질하는 여자들을 그렸을까요?

에드가 드가는 여러 가지 몸짓이나 어떤 목적을 위해 취하는 자세를 즐겨 관찰했습니다. 아마 이번에도 다림질하는 여자들을 주의 깊게 살피다가 그들의 자세를 그려보고 싶었을 거예요.

여자들은 왜 우리를 쳐다보지 않나요?

방 안에 자신들만 있다고 믿기 때문입니다. 여자들은 화가가 그곳에 있다는 사실조차 모르고 있는 것 같습니다. 그래서인지 태도가 아주 자연스러워 보이네요. 우아하거나 매력적인 포즈를 취할 생각은 전혀 하고 있지 않아요.

그들이 눈치채지 못하게 하기 위해서 서둘러 그려야 했을 것 같아요

그림 속 장면은 마치 즉석에서 그려진 것 같은 인상을 줍니다. 하지만 실제로 이 그림은 많은 시간을 들여 그린 것입니다. 에드가 드가는 그림을 그리기에 앞서 오래 연구하고 데생 또한 수없이 했다고 해요. 그림은 긴 작업의 마지막 단계입니다. 화가와 오랜 시간 함께 지내다보니 다림질하는 여자들은 그림을 그리는 화가의 모습에 점차 익숙해져 나중에는 그가 있다는 사실조차 잊어버렸을 거예요. 드가는 이 그림을 그리기 위해 세탁소를 돌아다니며 다림질하는 기술과 다림질하는 여자들의 정확한 몸짓에 대한 참고자료까지 수집했습니다.

드가는 다른 직업에 종사하는 사람들도 그렸나요?

그는 오페라 공연을 자주 보러 다니면서 같은 동작을 수없이 반복하는 무용수들을 관찰하고 그들의 모습을 자주 그렸습니다. 발레리나들이 그에게 많은 영감을 주었기 때문이죠. 드가는 발이 아파 휴식을 취하거나 신발 끈을 고쳐 매는 발레리나들의 모습도 그렸는데, 그들에게는 등을 곧게 펴거나 무릎을 굽히지 않은 채로 몸을 숙이는 독특한 방식이 있었습니다. 화가에게 얼굴만큼이나 다채로운 표정을 지닌 몸을 발견하는 것은 무척이나 가슴 설레는 일이었을 거예요.

11~13세

이 그림은 꼭 미완성 작품 같아요

드가의 다른 작품도 거의 언제나 그런 느낌을 줍니다. 세부적인 묘사가 그에게는 쓸데없고 하찮아 보였기 때문이죠. 이미지는 허공을 떠다니듯 계속 움직임을 멈추지 말아야 했는데, 끊임없이 동작에 매료되었던 화가에게 그것은 매우 중요한 의미를 지녔습니다. 이 그림은 마치 우리가 그 여자들 옆에, 후끈 달궈진 방 안에 들어와 있는 것처럼 뿌연 느낌을 줍니다.

왜 캔버스 전체에 색을 고르게 칠하지 않았나요?

마치 색깔을 제대로 입히지 않은 것처럼 캔버스의 여백이 여기저기 드러나 있는 것이 보입니다. 드가는 그것이 그리려는 주제를 표현하는 최선의 방법이라고 생각했던 모양입니다. 다림질하는 여자들은 좀처럼 펴지지 않는 천과 씨름하고 있는데, 화가는 캔버스(천) 자체의 질감이 보이도록 강조하고 있습니다. 질료의 성질이 이미지에 대한 우리의 지각과 연관되어 있으니까요. 색깔은 매끄럽고 유동적일 수도 있지만 물감이 덩어리지고 메말라 있다면, 그것을 바라보는 것만으로도 우리는 다림질하는 여자들처럼 팔이 아프고 목이 마릅니다.

드가는 그다지 많은 것을 보여주지 않는 것 같네요

화가는 직접적으로 보여주기보다는 많은 것을 암시하는 것에 만족합니다. 그는 보통 매우 섬세한 천을 사용했지만, 이 그림을 위해서는 아주 거칠고 투박한 천을 선택했습니다. 이 그림이 노고와 가난에 대해 말하고 있기 때문입니다. 이 여자들이 다려야 하는 천 더미가 얼마나 쌓여 있는지는 알 수 없습니다. 하지만 그 일이 아주 고되다는 확신을 주기 위해서는 셔츠가 그림의 틀을 벗어나 밖으로 나가 있어야 합니다. 그림에 다 담을 수 없을 정도로 많다는 느낌을 주기 위해서죠. 하품을 늘어지게 하는 여자는 곧 다시 일을 시작할 겁니다. 그녀의 삼각 숄이 다림질하고 있는 여자의 실루엣에 메아리를 보내고 있으니까요.

왜 두 여자를 그렸나요?

드가는 두 여자를 그림으로써 연속되는 순간을 묘사하고 있습니다. 어쩌면 한 사람을 두 번 그린 건지도 모릅니다. 한 여자가 몸을 천 위로 구부리고 있고, 다른 한 사람은 반대 방향으로 쭉 펴고 있는데, 그들을 번갈아 바라보면 숨을 한껏 들이마셨다가 내뱉고 있다는 사실을 알 수 있습니다.

19세기에도 사람들은 드가의 그림을 좋아했을까요?

당시의 많은 사람들이 그가 다룬 주제의 하찮음에 놀라움을 금치 못했습니다. 치장하지 않은 여자들을 그린 것에 충격을 받기도 했으니까요. 하지만 결국 사람들은 그리스 로마 시대의 영웅담을 뒤로하고, 현대사회의 현실을 고스란히 반영한 드가의 그림을 높이 평가했습니다. 실제로 드가의 그림은 에밀 졸라의 동시대 소설들 속에 묘사된 상황과도 비슷한 점이 많았습니다.

그림 21. 빈센트 반 고흐, 〈침실〉

1888, 캔버스에 유채, 90×72cm,
네덜란드 암스테르담의 빈센트 반 고흐 국립미술관

Comment parler d'art aux enfants?

화구 없는 화가의 방

빈센트 반 고흐, 〈침실〉

누구의 침실인가요?

5~7세

화가 빈센트 반 고흐의 침실입니다. 당시 그는 프랑스 남부 프로방스 지방의 작은 도시 아를에 살고 있었습니다.

방이 말끔하게 정리되어 있네요

고흐는 일정한 주거지 없이 여인숙을 전전하며 생활했기 때문에 이렇게 잘 정리된 곳에 살게 된 것을 몹시 기뻐했을 거예요. 모든 것이 말끔하게 정돈되어 있는 방을 그림으로써 이제부터는 자신을 돌보며 합리적인 방식으로 살아보기로 결심했다는 속내를 드러내고 있습니다.

색깔이 아름다워요!

화가가 태어난 네덜란드에서는 화창한 날씨를 볼 수 있는 날이 드물었기 때문에,

고흐는 햇빛을 찾아 프랑스 남부 프로방스로 왔습니다. 이처럼 밝고 화려한 색깔로 장식된 방에서 생활하게 된 것이 그에게는 실로 멋진 일이었겠죠. 창문 너머에 펼쳐진 풍경이 잘 보이지는 않지만 햇빛을 받아 아주 환하다는 것을 느낄 수 있습니다.

가구가 그리 많지는 않네요

꼭 필요한 것들만 있으니까요. 빈센트 반 고흐는 몹시 가난했습니다. 이 방의 가구들은 가구용 목재로 만든 아주 단순한 것들로, 꼭 필요한 침대와 손님이 오면 앉을 수 있도록 의자도 두 개 놓여 있습니다. 당시에는 식탁 위에 놓인 대야와 물 항아리가 욕실의 전부였습니다. 수건이 바로 근처 거울 옆에 걸려 있네요.

벽에 그림들이 걸려 있네요

고흐는 좋아하는 그림을 그리며 평생을 보냈습니다. 그림 없는 곳에 산다는 것은 상상조차 할 수 없는 일이었을 거예요. 벽에 걸어놓은 그림은 그가 직접 그린 것들로, 오른쪽 벽 위에 걸린 두 점은 친구들의 초상화이고, 그 아래에 있는 것들은 데생처럼 보입니다(가장자리에 종이가 보이므로). 안쪽 벽에는 풍경화 한 점을 걸어놓았습니다. 고흐는 이처럼 다양한 장르의 그림을 그렸던 모양입니다.

왜 물건들이 쌍을 이루고 있나요?

의자도 두 개, 침대 속 베개도 두 개, 벽에 걸린 초상화, 데생도 두 점, 심지어 문도 두 개입니다. 고흐는 이 방에서 혼자 지냈지만 물건들을 두 개씩 놓아두어 외로움을 달랜 모양입니다.

8~10세

벽들이 약간 휘어 있는 것처럼 보여요

안쪽 벽이 비스듬해 보이는데, 집의 한쪽 모퉁이에 만들어진 방이어서 약간 기울어져 있는 것입니다. 고흐는 다른 그림에서 이 '노란 집'의 겉모습을 그렸는데, 실제로 한쪽이 기울어져 있는 것을 볼 수 있습니다.

화가의 방이라고 할 만한 것이 아무것도 없어요

화구가 보이지 않기 때문이에요. 구석에 물감상자 하나, 붓 한 자루도 눈에 띄지 않습니다. 화가는 하루 종일 야외에서 작업했고(안쪽에 그의 상의와 밀짚모자가 보이네요) 이 방은 휴식을 위한 장소로만 쓰였습니다. 방에 돌아와서야 그는 하루의 피로를 잊고 단잠에 빠져들 수 있었을 거예요. 고흐는 이 그림에서 그런 휴식을 표현하고 있습니다.

색깔이 그다지 다채로워 보이지 않아요

강렬하고 직접적인 이미지를 좋아했던 고흐는 푸른색과 오렌지색, 녹색과 붉은색처럼 이미지에 강한 힘을 부여하는 동시에 선명하게 대비되는 몇 가지 색만을 즐겨 사용했습니다. 그래서인지 그가 그린 이미지는 농축된 에너지를 발산합니다. 고흐는 그림의 활력을 반감시키는 그림자를 과감히 제거했습니다. 액자의 색깔 역시 중요한 역할을 했는데, 고흐는 그림 전체의 선명함이 잘 살아나도록 하얀색 액자를 주로 사용했습니다.

아주 단순한 그림이에요

하나같이 평범한 물건들이고, 중간톤 없는 색조가 단조로운 느낌을 전해줍니다. 고흐는 자신의 그림들이 정확하게 이해되기를 원했습니다. 그렇다고 그가 지나치게 단조롭기만 한 세계를 그렸다는 말은 아닙니다. 제법 굵은 선을 사용하고 있어서 사물의 실루엣은 알아보기가 매우 쉽지만, 실상 내부를 들여다보면 전혀 평온해 보이지 않습니다. 물감이 아주 두껍게 칠해져 있고, 붓 터치가 겹겹으로 되어 있는 것을 볼 수 있으니까요. 가구들도 이상한 방식으로 배치되어 있는데, 문 두 개가 모두 침대나 의자로 막혀 있는 것으로 보아 이곳 생활이 그리 수월치는 않았던 모양입니다.

이 방에서는 침대가 제일 먼저 눈에 띄네요

양쪽 벽이 안쪽을 향해 서로 급히 다가가고 있는 구도 때문에 침대가 유난히 과장되고 커 보입니다. 마룻바닥이 위로 거슬러 올라가는 듯한 느낌을 주는 것도 바로 이 때문이지요. 이 그림에서 붉은색 이불이 없다고 가정하면(손으로 그 부분을 가리고 그림을 감상해보세요) 모든 것이 아래로 미끄러지기 시작해 금방이라도 무너져 내릴 것만 같습니다. 삼각형의 이불은 결국 그림의 표면에서 자물쇠처럼 작용하고 있는 셈인데, 그것이 거기 있는 한 그림의 균형은 결코 깨지지 않을 거예요. 따뜻한 느낌의 붉은색 이불 속으로 들어가면 얼마나 기분이 좋을까요? 그림에서 느껴지는 엄청난 긴장감으로 침대는 난파선처럼 침몰할 듯 보이지만 당장은 잘 버티고 있습니다.

11~13세

고흐가 정신병자였다던데요?

심리적으로 너무 허약한 나머지 장애를 겪었을 뿐이지 실제로 미친 건 아닙니다. 고흐는 이로 인해 크나큰 고통을 겪어야 했습니다. 당시만 해도 사람들은 이런 종류의 장애를 어떻게 치료해야 할지 몰랐으니까요. 하지만 고흐가 착란 상태에서 그림을 그렸던 것은 아닙니다. 그림을 그릴 때는 누구보다도 명철했다고 해요. 특히 고흐는 동생 테오에게 보낸 수백 통의 편지에서 매우 객관적으로 자신의 작업을 평하고 있습니다. 실제로 고흐는 극도로 민감하고 지적인 사람이었다고 하네요.

사람들은 왜 고흐의 그림을 좋아했나요?

그의 그림은 사람들에게 두려움을 주기도 했지만, 어쨌거나 고흐의 그림을 보는 행운을 누린 사람은 그리 많지 않았습니다. 그는 자신이 그린 그림들을 파리에 있는 동생 테오에게 보내곤 했는데, 1890년에 화가가 사망했을 당시 팔린 그림은 단 한 점밖에 없었습니다. 그는 생활비를 벌기 위해 다른 사람이 좋아하는 그림을 그릴 생각은 단 한 번도 하지 않았습니다. 자신의 신념을 끝내 저버리지 않았던 거죠.

고흐는 왜 그렇게 유명해진 건가요?

사람들은 그가 사망한 후에야 작품의 진가를 알아보기 시작했습니다. 고흐는 무명 화가로 가난하게 살다가 고독 속에서 자살했습니다. 그의 불행한 삶과 대조적인 너무도 눈부신 그림들이 훗날 많은 사람들의 관심을 끌게 되었고, 사람들은 이 화가에게서 소설 속의 인물과 영웅을 보았습니다. 결국 그의 비극적인 삶이 그림에 드라마틱한 요소를 제공했던 셈입니다.

왜 그림에서 화가의 서명이 보이지 않나요?

이 그림에는 서명이 없습니다. 19세기의 화가들은 보통 자신의 그림에 서명을 하는 습관이 있었는데, 몹시 까다로웠던 고흐는 대부분의 작품들을 단순한 습작 정도로 여겼습니다. 작품마다 일일이 다 서명하지 않은 것도 그런 이유에서입니다. 아마 그럴 만한 가치가 없다고 생각했을 거예요. 그는 보통 서명을 할 때 이름만 쓰곤 했는데, 이것이 일반적인 서명보다 훨씬 친근한 느낌을 주었습니다. 사람들이 흔히 그를 '빈센트'라고만 부르는 것도 바로 그 때문입니다.

그림 22. 마르크 샤갈, 〈생일〉

1915, 판지에 유채, 99.7×80.6cm,
미국 뉴욕의 현대미술관

Comment parler d'art aux enfants?

새처럼 자유로운 사랑

마르크 샤갈, 〈생일〉

등장인물들이 날아다녀요!

5~7세

그들이 사랑에 빠져 있기 때문입니다. 그림은 약혼녀 벨라를 깜짝 방문한 화가 자신을 보여주고 있습니다. 오랫동안 헤어져 있던 그들은 너무도 행복한 나머지 어디론가 달리거나 펄쩍 뛰고 싶은 심정입니다. 그들의 몸은 새처럼 가벼워 보입니다. 사랑하는 두 연인이 가볍게 날아올라 입을 맞추고 있네요.

남자에게는 왜 팔이 없어요?

그는 분명 두 팔로 사랑하는 애인을 껴안았을 테지만, 그림은 그 순간 그가 느꼈던 감정을 표현하고 있습니다. 그는 벨라를 품에 안고 싶었을 뿐 아니라 온몸으로 그녀를 감싸 둘둘 말고 싶을 정도로 여인을 사랑합니다. 그래서 자신도 이런 모습으로 그렸을 거예요. 허공을 날아다니는 그에게 팔은 아마 거추장스러웠을 테죠.

여자가 꽃다발을 들고 있어요

남자가 여자에게 생일선물로 준 것입니다. 그는 그녀를 놀라게 하려고 돌아볼 틈도 주지 않고 그녀 뒤로 살금살금 다가갔습니다. 그 순간이 얼마나 감격적이었던지 남자의 머리가 거꾸로 돌아가 있을 정도입니다. 정신을 차릴 수 없다는 의미일까요? 그녀 역시 깜짝 놀란 듯 두 눈을 크게 뜨고 있습니다.

그런데 생일초가 보이지 않네요

이 그림은 그들이 태어난 러시아의 작은 마을, 비텝스크를 배경으로 합니다. 이 지역에서는 전통적으로 생일 케이크에 초를 꽂지 않았다고 하네요. 생일 케이크가 푸른색의 예쁜 테이블보로 장식된 식탁 위에 이미 준비되어 있습니다.

집이 여러 가지 색깔들로 가득해요

특별히 화려한 것도 눈에 띄지 않고 물건들도 많지 않은 편이지만 밝은 색깔들이, 특히 바닥의 붉은색 카펫 덕분에 방이 꽉 찬 듯한 인상을 줍니다. 방을 장식하기 위해 벨라의 머플러가 벽 여기저기에 걸려 있고 작은 꽃과 기하학적인 형태, 각양각색의 모티프들이 집을 춤추게 만드는 이 공간에서는 축제의 즐거움이 느껴집니다.

화가가 직접 자기 모습을 그린 건가요?

이 그림은 일종의 자화상입니다. 화가들은 자기 모습을 그릴 때 대체로 거울로 보며 작업했는데, 이 그림의 경우에는 아주 세밀한 초상화가 아니어서 굳이 그럴 필요까지는 없었을 거예요. 벨라와 함께 있기 때문에 우리는 그가 바로 화가 자신이라고 확신할 수 있으니까요.

밖으로 보이는 풍경은 무엇인가요?

테이블 너머로 교회가 있는 마을길이 보입니다. 한 가지 이상한 점은 창문 위쪽을 보면 날이 이미 어두워져 있는데, 아래쪽은 아주 선명하다는 것입니다. 샤갈은 늘 꿈과 현실을 넘나드는 그림을 그렸습니다. 창문 위쪽에 환풍기처럼 작은 구멍을 그려놓은 것이 그 증거인데, 러시아의 추운 날씨를 고려할 때 이처럼 활짝 열어놓기란 다소 현실에 맞지 않아 보입니다. 다른 창문에 비상 사다리가 놓여 있는 것도 보이네요. 환한 낮이건 어두운 밤이건 그들에겐 아무 상관이 없습니다. 그들은 시간이 흐르는 것조차 알지 못하니까요.

테이블 다리가 모자라요

테이블 다리가 네 개라는 건 누구나 아는 사실입니다. 샤갈은 이미지를 이해할 수 있을 정도의 요소만을 그려 넣었는데, 그림 속에서는 모든 일이, 일어날 법하지 않은 일까지도 일어날 수 있기 때문에 그림 속 테이블은 다리가 부족해도 잘 버텨낼 수 있습니다. 테이블에 다리가 부족한 것은 그에게 팔이 없는 것과 똑같은 이치입니다. 그리고 벨라 역시 꽃을 들고 있기에 한 손이면 충분해 보입니다.

등장인물들이 사물보다 아주 커 보여요

이 그림에서 중요한 것은 연인의 이야기이고, 나머지는 그 배경에 지나지 않기 때문입니다. 벨라가 샤갈보다 더 커 보이는 것은 그의 삶에서 그녀가 차지하는 자리가 이처럼 크다는 것을 말해주기 위해서입니다. 그 무엇도 그녀를 대신할 수는 없겠지요. 사람과 사물을 실제 크기가 아닌 그들에게 부여되는 중요성에 따라 표현하는 기법은 중세시대의 작품들에서 영향을 받은 것입니다.

건물이 꼭 무너져 내릴 것 같아요

식탁과 검은 의자가 등장인물들의 눈에 보이는 대로 그려져 있습니다. 인물들이 허공을 날아다니고 있어서 사물이 이렇게 보이는 것은 당연하겠지요. 그 밖에도 벽에 걸린 머플러와 창문 두 개를 비롯해 꽃다발도 볼 수 있습니다. 샤갈은 관람객의 관점과 이미지 내부에 있는 연인의 관점을 결합시키고 있는 셈인데, 이와 같은 방식으로 화가는 우리를 그림 속으로 끌어들입니다.

모든 것이 조금씩 삐뚤어져 있어요

이 그림을 일상적인 현실의 일부로 간주하면 이치에 딱 맞아떨어지는 건 아무것도 없습니다. 하지만 반대로 샤갈이 마치 이야기를 들려주듯 그림을 그린다고 생각하면 모든 것이 명료해집니다. 샤갈은 전통적인 세계에서 신비로운 이야기들을 접하며 성장했습니다. 그의 모태이자 요람인 유태인 문화는 그런 이야기에서 많은 자양을 얻었는데, 유태인의 전설 속에는 날아다니는 사람들과 소용돌이치며 춤을 추는 세상 속에서 비행하는 동물들, 웃고 있는 나무들, 지붕 위에서 바이올린을 연주하는 사람들을 쉽게 만날 수 있습니다. 샤갈은 그런 이야기들을 마음속에 간직한 채로 자기만의 세계를 만들어낸 것입니다.

군데군데 회색 물감이 번져 있네요

회색 물감은 의자 주위에서는 흐려지고, 식탁 아래서는 번지고, 샤갈의 발 아래, 벨라의 옷 앞자락 위에서는 곡선을 그립니다. 마치 옷감의 검은색을 지우러 온 구름 같아 보이네요. 화가가 일종의 균형을 유지하고 있는 셈입니다. 그는 형태와 사물들을 세밀하게 묘사하다가 갑자기 그것이 지겨워졌던지 붓에 논리를 강요하지 않은 채 캔버스 표면에서 마음껏 노닐도록 내버려둡니다. 형태들이 실제와 다르게 변하는 것은 단지 색깔이 자유롭게 흐르며 자기가 원하는 방향으로 흘러가기 때문입니다.

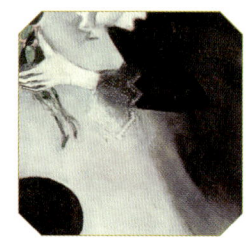

11~13세 샤갈이 자신의 그림들을 설명했던 기록이 남아 있나요?

학술적인 방식으로는 설명하지 않았지만 샤갈은 자신이 남긴 이미지들과 관련이 있는 여러 순간을 회상록에 묘사해놓았습니다. 그는 또한 '구두수선공'처럼 작업하기를 좋아했는데, 구두수선공이 작업하기 편하도록 구두 밑창을 돌려가며 꿰매는 것을 빗대어 표현한 것입니다. 실제로 샤갈도 작업을 할 때 그림을 사방으로 돌려가며 그렸다고 하네요. 대개 어린아이들은 본능적으로, 상하좌우에 전혀 위계를 부여하지 않고 그런 식으로 종이를 돌려가며 그림을 그린답니다.

샤갈은 자신의 삶을 자주 캔버스에 옮겼나요?

네. 샤갈은 알고 지내는 사람들, 좋아하는 장소들을 즐겨 그렸다고 합니다. 그래서인지 샤갈의 그림은 한 편의 자서전이나 다름없습니다. 그는 《성경》에 언급되는 이야기들을 비롯해 다양한 주제를 많이 그리곤 했는데, 그 때문에 샤갈의 그림에는 언제나 뭔가 신비로운 느낌이 담겨 있습니다. 그는 더없이 비참한 와중에도 한순간 세상이 마술로 가득 찰 것만 같은 느낌을 전해줍니다.

샤갈은 줄곧 러시아에서 살았나요?

그는 현대미술을 공부하기 위해 스물세 살 때 프랑스로 건너왔습니다. 그리고 몇 년 후 벨라와 결혼하기 위해 러시아로 돌아갔는데, 이 그림은 바로 그때 그린 것입니다. 제2차 세계대전 동안 미국에 머문 것을 제외하면 샤갈은 생의 대부분을 프랑스에서 보냈습니다. 그는 48세에 프랑스 국적을 취득했지만, 조국 러시아는 한 번도 그의 마음속에서 떠나지 않았다고 합니다.

그림 23. 페르낭 레제르, 〈기계공〉
1920, 캔버스에 유채, 88.3×115.5cm,
캐나다 오타와의 내셔널아트갤러리

Comment parler d'art aux enfants?

기계의 시대를 산 남자

페르낭 레제르, 〈기계공〉

선원이네요!

팔에 새긴 문신이 배의 닻 모양을 하고 있어서 금방 알 수 있지요. 문신은 피부 밑으로 스며드는 잉크로 그린 것이어서 잘 지워지지 않는 특징이 있습니다. 흉내만 낸 것이 아니라 그는 진짜 선원입니다.

근육이 멋져 보여요!

그는 심심풀이로 배를 타는 사람이 아니라 선박의 기계공입니다. 직업의 특성상 일이 고되기 때문에 힘도 세야 할 것 같네요. 화가가 선원의 팔을 강조해서 그린 것도 바로 그 때문입니다. 화가는 그에게 떡 벌어진 어깨와 툭 불거진 알통, 우락부락한 손을 선물했습니다.

5~7세

담배를 피우고 있는 것 같아요

특별히 할 일이 없어서 잠시 쉬는 모양입니다. 담배에서 벽난로만큼이나 많은 연기가 피어오르는데, 기계공이 담배를 과하게 피운다는 사실을 말해주는 것 같아요.

머리에 헤어무스를 발랐나봐요

당시에는 그것을 '포마드'라고 불렀습니다. 머리카락을 고정하고 반짝이게 하기 위해 포마드를 사용했는데, 헤어스타일이 아주 깔끔한 걸 보니 그걸 바른 게 분명합니다. 외모에 신경을 많이 쓴 것 같죠? 그는 담배를 한 대 피우기 위해 잠시 작업을 멈춘 것이 아니라 휴일을 즐겁게 보내려고 멋지게 치장한 것입니다.

손에 작은 반지들을 끼고 있어요

우락부락한 손에 비해 아주 가는 반지입니다. 아마 어떤 여자가(혹은 두 여자가) 정표로 준 선물인 것 같아요. 아니면 누군가에게 선물할 양으로 잃어버리지 않기 위해 끼고 있는 것인지도 모릅니다.

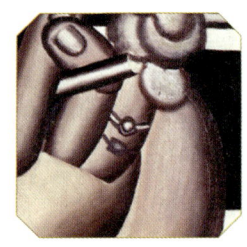

기계공 뒤편으로 여러 가지 형태가 보여요

그가 생활하는 공간을 표현한 것입니다. 기계공은 쇠나 금속으로 된 부품과 파이프, 볼트와 너트로 둘러싸인 세계에서 살고 있습니다. 물론 그것들이 어떻게 작동하는지, 기계를 어떻게 사용하고 관리해야 하는지도 잘 알고 있을 거예요.

8~10세 | 마치 강철로 만들어진 사람 같아요

기계공인 남자의 몸은 그가 사용하는 기계의 부품들처럼 기능합니다. 그의 몸은 그것들과 조화를 이루고, 또 서로 많이 닮아 있습니다. 사람들은 보통 힘이 아주 센 사람을 부를 때 '강철 같은' 근육을 가졌다고 말하는데, 이 근육맨의 경우가 그렇습니다.

색깔이 그다지 다채로운 편은 아니네요

몇 가지 안 되는 색이지만 매우 강렬한 느낌을 주는 그림입니다. 색의 배열이 점멸하는 불빛처럼 흰색과 검은색, 노란색과 검은색의 대비를 만들어내고 있네요. 색깔은 사물을 표현하기보다는 그림에 리듬을 부여합니다. 한편 바탕색은 전면에 있는 인물의 볼륨을 강조하기 위해 입체감 없이 칠해져 있습니다.

왜 기계공 뒤로 구체적인 사물이 보이지 않나요?

화가가 원한 것은 장소나 사물의 구체적인 묘사가 아니라 전체적인 효과의 창출입니다. 이 그림 앞에서 관람객은 먼지나 기름, 소음 같은 기계와 연관된 그 무엇도 상상하지 않게 되는데, 이는 화가가 단순한 선과 매끄러운 표면 등 마음에 드는 기계의 양상만을 포착하기 때문입니다. 화가는 요소들을 중첩시키고, 서로 맺고 있는 관계에 따라 그것들을 분절시키는 것은 물론, 곡선-직선, 수평선-수직선, 좁고-넓은 색깔 띠로 대비의 효과를 자아냅니다. 그러면서 점점 이미지가 정밀하게 구성되는 것이죠.

모든 것이 경직되어 보여요

페르낭 레제르는 공장에서 생산되는 물건들을 연상시키는 선명한 색과 형태를 선택했습니다. 이처럼 그는 관람객이 쉽게 이해할 수 있는 환경 속에 등장인물을 배치해놓았는데, 그로서는 규칙적인 움직임과 정해진 방향, 빈틈없는 정확성과 완벽한 규칙성 등 기계장치의 세계를 그리는 것이 무엇보다 중요했기 때문입니다. 그림은 이 남자가 기계의 시대에 살고 있다는 것, 그리고 그가 기계에 버금가는 자질을 지니고 있음을 명백히 보여주고 있습니다.

그렇다면 화가는 왜 실제 장소를 그리지 않았을까요?

그랬다면 그림의 의미도 제한되었을 테니까요. 만일 화가가 실제 항구나 거리, 배 혹은 기계 따위를 그려 넣었다면 풍경화나 다큐멘터리 자료와 다를 바가 없었을 거예요. 이 그림은 또한 특정인을 그린 초상화와도 거리가 먼데, 페르낭 레제르는 특정 인물보다는 어떤 범주에 속하는 인물에 관심이 많았습니다. 그래서인지 그의 그림에 묘사된 인물은 보편적인 기계공 중 하나로 봐도 무방해 보입니다.

팔이 마치 뽀빠이 팔뚝 같아요!

뽀빠이 역시 선원이니까 비슷해 보일 수 있습니다. 어쨌든 그들의 팔뚝은 둘 다 상상을 초월합니다. 실제의 근육과는 상당히 달라 보이는데, 이는 평범하지 않은 강인한 힘을 드러냄으로써 그들이 보통 사람과는 다르다는 것을 말해줍니다. 게다가 뽀빠이는 신기하게도 페르낭 레제르가 그린 인물들과 거의 같은 시대에 태어났습니다. 미국에서 사람들이 만화 주인공 뽀빠이를 처음 접한 것은 1929년으로, 그들은 정확하게 동시대를 살았습니다.

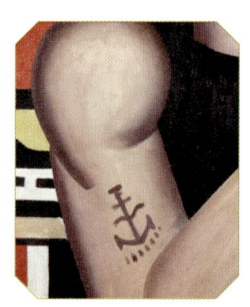

기계공은 굉장히 무심한 표정을 짓고 있습니다

표정이 없는 것으로 보아 웬만한 일에는 절대 동요하지 않는 사람처럼 보입니다. 이마가 눈썹 윗선을 따라 휘어진 금속판 조각으로 되어 있어서 주름이 생길 염려는 없겠네요. 화가가 표현하고자 한 것은 소소한 감정들이 아니라 한 시대의 정신이었습니다.

어깨는 정면을 향해 있는데 얼굴은 왜 옆으로 돌아가 있을까요?

화가가 명료하고 효과적인 이미지를 원했기 때문입니다. 옆모습을 그린 데생은 인물의 성격을 잘 드러내는 성향이 있는데, 우리는 시선에 방해받지 않고 인물의 주요 특징(코의 형태, 턱의 형태 등)을 관찰할 수 있습니다. 맞은편을 향해 힘찬 근육을 드러내고 있는 그의 어깨가 매우 사실적으로 다가옵니다. 고대 이집트 시대에 인물을 표현하던 방식으로, 페르낭 레제르는 이 그림에서 아주 오래된 전통, 즉 이집트인들의 전통을 따르고 있습니다.

인간보다는 로봇 같아요

그는 자신이 발명한 로봇의 세계에 잘 적응한 인간입니다. 페르낭 레제르는 자신의 그림이 공장에서 일하고, 그곳에서 대부분의 시간을 보내는 사람들에게 공감을 주어야 한다고 생각했습니다. 따라서 그는 화려한 장식이나 비단, 금이 아닌 간결한 직선과 원색을 사용해 그들의 일상과 삶을 표현해놓았습니다.

페르낭 레제르는 다른 종류의 그림도 그렸나요?

네 있습니다. 그가 그린 기계공들은 고대 동전에 새겨진 로마 황제처럼, 르네상스 시대 왕자의 초상처럼 당당한 옆모습을 드러내고 있습니다. 페르낭 레제르는 이 그림들을 통해 직공의 신분을 격상시키고 있는데, 그것은 산업의 진보를 가져다준 민중에 대한 경의의 표시이기도 합니다. 화가는 기계공에게서 현대의 진정한 영웅을 발견해냅니다. 그것은 제1차 세계대전이 끝난 후, 더욱 행복하고 정의로운 새 사회의 건설을 굳게 믿었던 한 휴머니스트의 꿈이기도 했습니다.

그림 24. 피에트 몬드리안, 〈적, 황, 청의 컴포지션〉
1930, 캔버스에 유채, 45×45cm,
스위스 취리히의 쿤스트하우스

마지막 남은 것은 직선과 삼원색

피에트 몬드리안, 〈적, 황, 청의 컴포지션〉

이 그림은 무엇을 말하려는 건가요?

특정한 사물을 표현한 그림은 아니지만 피에트 몬드리안은 최대한의 가능성을 상상해보려고 시도합니다. 그에게는 완성작을 보여주려는 욕심이 없기 때문에 필요한 모든 것을 캔버스 위에 배열해놓는 형식을 취했습니다. 이것은 마치 하나의 놀이 같은데, 다양한 컬러의 조각들을 가지고 관람객은 자신이 원하는 것을 만들어낼 수 있습니다.

몬드리안은 그림에 자신이 없어서 이런 그림을 그린 걸까요?

피에트 몬드리안은 다른 화가들처럼 인물과 사물을 완벽하게 그릴 줄 알았습니다. 그는 여러 해 동안 그런 작업을 반복해왔지만, 그것만으로는 충분치가 않았습니다. 결국 그는 필요없는 디테일을 조금씩 제거해나가기 시작했는데, 그러다 보니 결국에 가서는 직선과 삼원색밖에 남지 않았다고 합니다. 그는 이 결과에 매우

5~7세

흡족해했던 모양이에요.

자를 대로 그린 건가요?

네 맞아요. 몬드리안은 선의 배치를 계산하기 위해 투명한 리본 테이프로 여기저기 길이를 재기도 했습니다. 그런 다음 목탄으로 데생을 했고, 그 위에 색을 칠한 것입니다.

몬드리안은 왜 세 가지 색만 사용했나요?

붉은색, 푸른색, 노란색은 모든 것의 기본이 되는 최소한의 색으로, 이 세 가지 색을 섞어 녹색, 보라색, 오렌지색 등 다채로운 컬러와 명암을 만들어낼 수 있습니다. 반면 이 세 가지 기본색을 만들어내는 것은 불가능하기 때문에 이러한 색들을 '원색'이라 부릅니다.

검은색과 흰색도 보여요

검은색과 흰색이 없다면 색깔을 밝게 혹은 어둡게 표현하는 것이 불가능했을 거예요. 검은 선들은 크고 작은 공간을 구분 지음으로써 이미지를 구성하고, 흰색은 비어 있는 공간과 빛, 공기의 느낌을 주어 한껏 호흡할 수 있도록 해줍니다. 반면 색깔로 채워진 공간에서는 에너지가 느껴지는데, 이 그림에서 붉은색은 불과 피, 석양을 떠올리게 합니다. 또한 직선들은 공간의 경계를 명확히 함으로써 그림의 평화를 보장해주는 듯합니다.

몬드리안에게는 선과 색이 인물을 대신하나봐요

화가는 실제로 그것들 사이의 대화, 역학 혹은 조화의 관계를 설정해놓았습니다. 붉은색 사각형을 살펴보면, 이미지가 워낙 강렬하고 무거워서 마치 그림 밖으로 흘러넘칠 것만 같습니다. 검은 경계선조차 그 무게감을 감당하지 못할 것처럼 보이니까요. 한편 왼쪽 위와 오른쪽 아래를 보면 다른 선들보다 훨씬 두꺼운 검은 선이 그려져 있습니다. 그것들은 마치 붉은 사각형을 붙들어두기 위해 그곳에 그려진 듯합니다. 그 견고하고 작은 선들이 없다면 붉은색이 어디까지 흘러넘칠지 어느 누구도 장담할 수 없을 거예요.

그림의 테두리에는 왜 검은 선이 그려져 있지 않나요?

그림 가장자리에 검은 선을 그렸다면 울타리 안에 갇혀 있는 듯한 인상을 주었을 거예요. 색깔들은 마치 일순간 정지되어 있는 것처럼 보이는데, 화가가 색을 가두어놓지 않아서 사람들은 그림 속으로 자유롭게 드나들 수 있습니다. 이 그림을 한참 동안 보고 있으면, 우리는 실제의 공간과 그곳에 그려진 형태들을 더 명료하게 지각하게 됩니다. 그 점에서 이것은 눈과 생각의 훈련을 위한 그림이기도 합니다.

어떻게 보면 건물의 앞모습처럼 보여요

이 그림을 보고 있으면 철거중인 건물이 떠오릅니다. 분할된 면 전체는 더 이상 존재하지 않는 방의 내부를 보여주고, 남아 있는 벽의 색깔을 통해 침실과 거실의 위치를 짐작할 수 있을 것도 같습니다. 장방형 몇 개에 사람들의 삶 전체가 요약되어 있는 셈인데, 몬드리안은 부분적으로 도시 풍경에서 영감을 얻어 이 그림을 그렸다고 합니다.

그러고 보니 도시의 지도 같네요

비율이나 축척을 나타내는 것은 아무것도 없지만 그림이 마치 어느 도시의 지도처럼 보이기도 합니다. 이와 같은 연작들을 완성하고 나서 몇 년 뒤에 몬드리안은 미국으로 여행을 떠났습니다. 이 그림에서처럼 직각으로 교차하는 선들의 망으로 이루어진 뉴욕을 본 그는 몹시 흥분했다고 합니다. 아마도 자신의 작품과 완벽하게 일치하는 세계였기 때문이 아니었을까요.

몬드리안의 그림들은 모두 비슷해 보여요

그의 작품들이 모두 동일한 원칙을 따르기 때문이지요. 하지만 작품마다 색깔의 관계와 비율은 각기 다릅니다. 어떤 작품에서는 흰색이 거의 모든 공간을 차지해 평화롭고 가벼운 인상을 주는 한편, 또 다른 작품에서는 선의 구조가 마치 감옥의 창살을 떠올리게 합니다. 이 그림에서는 이미지의 압박이 워낙 강렬해, 보고 있으면 어디론가 달아나고 싶어질 정도예요. 화가는 아주 단순한 구조로 관람객의 다양한 반응을 불러일으키고 있는 셈인데, 몬드리안의 그림은 일곱 개의 음으로 수없이 많은 곡을 창작하는 작곡가의 악보와 비슷합니다. 그림의 제목도 작곡이란 의미의 '컴포지션'이네요.

그리기에도 별로 어려울 것 같지 않은데요

11~13세

테크닉 면에서는 정말 쉬워 보이는 그림입니다. 이런 종류의 그림은 누구나 흉내 낼 수 있지만 어느 누구도 시간을 거슬러 올라가 몬드리안이 경험한 것을 대신할 수는 없습니다. 그는 실제로 수년간의 작업을 거쳐 이 그림을 완성했다고 하네요. 오늘날 사람들이 몬드리안의 작품을 높이 평가하는 것은 그리기 쉬워 보이는 이미지가 아니라, 어느 날 그로 하여금 이러한 그림을 그리게 한 생각과 성찰, 치열한 작업의 총체에서 비롯됩니다. 그것은 단발적인 행위가 아니라 삶 전체의 결과물인 셈입니다.

그림이 좀 기계적으로 보여요

기하학적인 구성이 그런 느낌을 주네요. 작품은 정신의 준엄함을 드러내는 듯하지만, 이미지에 가까이 다가가면 엄격함과는 다른 무언가를 엿볼 수 있습니다. 검은 선 위로 붓 터치가 남아 있어 선들이 약간 떨리는 것처럼 보이는데, 이때 관람객은 여린 화가의 손을 느끼고는 깜짝 놀라게 됩니다. 또한 그 선들이 치밀하게 중첩된 것이 아니라 얼기설기 엮여 있다는 사실도 발견할 수 있습니다. 몬드리안은 마치 직물을 짜듯 그림을 그렸나 봅니다.

몬드리안의 그림은 잘 팔렸나요?

이처럼 단순한 그림에 유혹을 느끼는 사람은 거의 없었습니다. 하지만 이런 작업을 통해서만 행복감을 느꼈던 몬드리안은 모든 걸 감수해야 했습니다. 몬드리안은 생활비를 벌기 위해 사람들이 좋아하는 꽃 그림을 그리기도 했는데, 그 덕분에 그는 자신의 세계, 그에게만 속하는 직선과 순수한 색의 세계를 지켜 나갈 수 있었습니다. 오늘날 많은 사람들이 찬사를 보내는 것도 바로 그 세계입니다. 반면 몬드리안이 돈을 벌기 위해 그린 꽃 그림들은 사람들의 기억 속에서 거의 잊혔습니다.

일상 속에서 몬드리안의 그림을 떠올리게 하는 것들을 많이 봤어요

몬드리안의 작업은 여러 화가들뿐만 아니라 일상의 환경에도 많은 영향을 주었습니다. 그가 사망한 지 반 세기가 지났는데도 실내장식, 가구 스타일, 잡지 디자인, 광고와 패션 등 각 분야에서 그 영향을 발견할 수 있으니까요. 몬드리안의 이미지들은 정신의 엄격함과 구조의 안정성을 표현해내는 동시에 매우 창조적인 느낌을 주었기 때문에 제품의 로고에 활용되기도 했습니다. 구매자가 그것을 순수함, 역동성, 창조성 같은 개념들과 자동적으로 연관시키는 이상 그 로고가 찍힌 제품들이 더 잘 팔리는 것은 자명한 일입니다.

그림 25. 파블로 피카소, 〈울고 있는 여인〉

1937, 캔버스에 유채, 49×60cm,
영국 런던의 테이트모던

우는 모습 정직하게

파블로 피카소, 〈울고 있는 여인〉

얼굴이 퍼즐로 되어 있어요!

정말 얼굴이 작은 조각들로 이루어져 있네요. 하지만 조각의 형태가 퍼즐 조각보다 훨씬 덜 규칙적입니다. 마치 아무렇게나 조각을 낸 것처럼 보이는데, 그 조각들이 제자리에 놓여 있는지도 확실치 않습니다.

모든 게 뾰족해 보여요

그녀가 아프기 때문이에요. 모든 것이 그녀를 불편하게 할 뿐입니다. 얼굴을 구성하는 조각들이 칼날처럼 날카로운 형태로 이루어져 있어 마치 서로를 찢어놓을 듯합니다. 그림을 보자마자 그녀가 고통스러워하고 있다는 사실을 알 수 있겠죠.

5~7세

귀가 아주 이상하게 생겼네요

귀고리가 귓불에 매달려 있지 않고 귀 한가운데를 그야말로 집게처럼 집고 있네요. 얼마나 아플까요? 귀가 집혀 소리가 들리지 않을지도 모릅니다. 그녀는 너무나 아픈 나머지 주위에 뭐가 있는지조차 분간하지 못하는 것 같아요. 가장 안타까운 일은 그녀에게 위로의 말을 건넬 수 없다는 것입니다. 그녀가 듣지 못하기 때문에 말을 해봤자 아무 소용이 없을 테니까요.

그녀가 손에 쥐고 있는 것은 무엇일까요?

아마 손수건일 거예요. 눈을 찌르는 뾰족한 끝은 손수건의 모서리 부분입니다. 눈물이 무거운 물방울처럼 눈꺼풀에 매달려 있고, 천이 손안에 완전히 구겨져 있습니다. 그녀는 어쩔 줄 몰라 하며 손수건 끝자락을 입에 물고 있네요.

그녀의 얼굴은 마치 깨진 유리조각처럼 보여요

얼굴은 눈물로 얼룩져 일그러진 모습을 하고 있습니다. 사실 깨진 것은 그녀의 얼굴이 아니라 마음인데, 여자는 지금 끔찍이도 불행해 보입니다. 이 그림을 보고 있으면 그녀의 고통스러운 마음이 전해질 것만 같아요. 만사가 어긋나고, 모든 것이 그녀를 아프게 합니다. 그 무엇도 그녀를 도와주지 않아요. 눈물을 닦지 못하는 이 손수건마저도.

8~10세

왜 얼굴이 저런 색들로 이루어져 있나요?

큰 충격을 받으면 피부색은 변하기 마련입니다. 한마디로 이 그림은 '퍼렇게' 질린 피부가 시간의 흐름에 따라 자주색, 녹색, 노란색으로 변한 모습입니다. 그녀는 너무 괴로운 나머지 심하게 얻어맞은 것 같은 기분입니다. 상심이 너무 큰 탓에 몸까지 아플 지경이에요. 이것은 시간이 지나면 잊히는 단발성의 슬픔이 아닙니다. 여러 가지 색깔들이 그녀가 연달아 '큰 충격'을 받았다는 사실을 증명해주니까요. 약간 나아지나 싶으면 또 다른 충격이 그녀를 덮쳐옵니다.

저런 얼굴을 가진 사람은 아무도 없겠죠?

피카소가 그린 것은 여인의 겉모습이 아니라 그녀가 느끼는 감정을 얼굴에 표현한 것입니다. 대부분의 경우 사람들이 짓고 있는 표정과 그들이 실제로 느끼는 것 사이에는 엄청난 차이가 있습니다. 거리에서 스쳐 지나가는 사람들의 표정을 보고 그들의 감정이나 걱정거리, 마음의 상태를 알 수 없는 것과 마찬가지예요. 피카소가 표현하고자 한 것은 바로 그런 포착할 수 없는 것들입니다.

얼굴의 일부분은 흰색이에요

창백해진 여인의 얼굴을 흰색으로 표현한 것입니다. 평소 누가 큰 충격을 받아 창백해졌을 때 '하얗게 질렸다'고 하잖아요? 그녀는 아마 기운이 다 빠져 혈관에서 피가 모두 말라버린 느낌일 거예요.

피카소는 그녀의 얼굴을 완전히 망가뜨려놓았어요

얼굴을 망가뜨린 것은 피카소가 아니라 그녀가 느끼는 고통입니다. 화가는 그와 같은 고통을 겉으로 드러내는 언어를 발견한 것이죠. 그것은 단순히 파괴의 즐거움을 위해 모델의 얼굴을 망가뜨리는 것과는 거리가 멉니다. 이 그림에는 악의나 잔인성이 전혀 개입되지 않았으니까요.

아주 복잡한 그림이네요

아니, 오히려 그 반대인데 피카소는 대상을 아주 직선적으로 그려놓았습니다. '울음을 터뜨리다' '얼굴이 망가졌다' '눈알이 튀어나왔다'와 같은 표현들은 우리가 평소에 흔히 사용하는 말들입니다. 하지만 그것은 단지 말하는 방식에 불과합니다. 피카소는 이 그림에서 울고 있는 여자의 모습을 매우 적나라하게 그리고 있는데, 그 이전까지 울고 있는 모습을 이보다 더 정직하게 그린 화가는 없었다고 하네요.

그림 속의 여자는 실제 모델인가요?

피카소와 함께 살았던 도라 마르Dora Maar라는 이름의 여인입니다. 그녀는 사진 작가였는데, 아버지가 죽었다는 소식을 접하고 큰 충격을 받은 모양입니다. 화가의 눈에 눈물을 흘리는 그녀의 모습이 무척이나 매혹적이고 아름다워 보였던지, 피카소는 아름다운 그녀를 자신의 모델로 삼았습니다. 하지만 피카소가 '울고 있는 여인'이라는 제목을 붙인 것으로 보아 애초부터 이 그림을 초상화로 구상하지는 않았다는 사실을 알 수 있습니다. 그는 구체적인 인물에서 출발해 모든 인간이 고통으로 일그러진 자신의 모습을 볼 수 있도록 전형적인 얼굴을 창조해냈습니다.

마치 깨진 거울에 비친 얼굴 같아요

그 역시 상처의 이미지를 강화하기는 마찬가지입니다. 거울 조각의 모서리는 칼처럼 날카로워 보이는데, 옛 사람들은 그림을 '자연의 반영'이라 여기고 그림이 가시적인 세계를 완벽하게 모방할 수 있다고 생각했습니다. 피카소 역시 세상이 산산조각 나면 거울도 그렇게 깨져야 한다고 말합니다. 조화의 상실을 묘사하기 위해서는 그림 또한 조화로운 겉모습을 포기해야만 합니다.

이 그림을 보고 있으면 불쾌해지기까지 해요

고통스러운 모습을 표현한 그림이니까요. 피카소는 고통을 표현하는 그림이 보기 좋아야 할 필요는 없다고 생각했던 모양입니다. 다른 화가들은 고통을 때로는 잔인하게 묘사하기도 했지만 대체로 어느 정도 이상화된 방식으로 표현해왔습니다. 그래서 그림을 보는 사람들도 그것은 오로지 타인의 고통에 불과하다고 느낄 뿐이었죠. 그러나 피카소는 외부에서 관찰하는 고통이 아니라 뼈저리게 느껴봐서 잘 알고 있는 고통을 그릴 줄 알았던 최초의 화가였습니다. 그림이 충격적인 것은 고통이 그만큼 충격적이라는 사실을 화가가 보여주고자 했기 때문입니다. 사람들이 보기를 두려워하는 것 역시 바로 그런 고통입니다.

피카소는 왜 하필 눈물을 흘리는 남자가 아니라 여자를 그렸나요?

단지 함께 생활한 도라 마르가 모델이 되어주었기 때문입니다. 하지만 모델이 여자이기 때문에 그림은 더욱 흥미롭습니다. 그녀의 고통에는 어딘가 우스꽝스러운 면이 있는데, 정성 들여 치장한 여인의 머리와 귀고리를 비롯해 평상시에는 그녀를 우아하게 만드는 모든 것들이 한낱 덧없는 것으로, 나아가 그로테스크하게 보여지기까지 합니다. 눈물 흘리는 여자는 우리의 마음을 아프게 하지만 눈물로 화장이 지워지기 시작하는 것만으로도 그녀의 얼굴은 천한 광대의 우스꽝스러운 모습으로 변하고 맙니다.

피카소는 왜 사람들이 추하다고 생각하는 그림을 그렸나요?

피카소는 관람객의 환심을 사기 위해 그림을 그리지 않았습니다. 그림을 통해 무언가를 표현하고 싶어했던 그는 오직 자기 자신을 위해서만 그림을 그렸다고 합니다. 작품이 사람들에게 감동을 준다면, 또 화가가 전하고자 하는 바를 그들이 이해한다면, 그것은 아주 멋진 일이겠지요. 하지만 그것은 화가가 궁극적으로 지향하는 바가 아닐 수도 있습니다. 작품의 미추美醜가 항상 중요한 의미를 지니는 것은 아닙니다. 그림은 장식품이 아니니까요. 이 그림은 진실의 도구입니다. 그것은 가식과 속임수를 거부하며, 고통을 표면으로 떠오르게 만들어 그것이 인간을 어떻게 변화시키는지를 추궁합니다. 하지만 고통은 이 그림에서처럼 인간을 산산조각 내고 맙니다.

그림 26. 잭슨 폴록, 〈넘버 3, 호랑이〉
1949, 화판에 표구된 캔버스에 유채와 알루미늄 물감, 94.2×157.4cm,
미국 워싱턴의 스미스소니언협회, 허쉬혼미술관&조각공원

Comment parler d'art aux enfants?

무엇을 그렸는지 아무도 모르는,

잭슨 폴록, 〈넘버 3, 호랑이〉

꼭 낙서 같아요!

정말 그러네요. 그런데 엄청나게 큰 낙서입니다. 이렇게 큰 낙서는 좀처럼 찾아보기 힘들죠.

이 그림을 정말 화가가 그렸나요?

네. 잭슨 폴록은 진정한 예술가이자 뛰어난 화가였습니다. 그가 이런 이상한 그림을 그린 것은, 이것이 주어진 순간에 자신이 원하는 바를 표현하는 유일한 방법이었기 때문이에요.

아무것도 보이지 않아요

모든 것이 뒤죽박죽되어 있지만 그래도 형태와 색깔은 알아볼 수 있습니다. 적어도 이 그림이 아주 복잡한 무언가를 표현했다는 사실은 금방 알 수 있겠죠?

5~7세

이 그림은 도대체 무엇을 나타내는 건가요?

아무도 몰라요. 아마 어떤 방법으로도 그것을 알 수는 없을 거예요. 확실한 것은 아무것도 없습니다. 아마도 화가는 이름을 찾을 수 없는 어떤 것 혹은 도무지 이해할 수 없는 어떤 것에 대해 말하고 싶었던 것일지도 모릅니다. 이 그림에서는 모든 것이 혼란스러울 뿐이에요. 우리는 스스로에게 질문을 던져보지만 해답을 찾을 수는 없습니다.

곳곳에 색깔들이 흩어져 있네요

마치 색깔들이 혼자 돌아다니는 것 같은 그림이에요. 서로 섞이지 않은 채 끈처럼 서로 뒤얽혀 있는 색깔 선들은 위아래로 엇갈리고 두꺼워지며, 금방이라도 끊어질 것처럼 가늘어지기도 합니다. 우리가 볼 수 없는 아래쪽에도 아마 그런 선들이 가득 있을 테지요. 붉은색, 녹색, 노란색, 흰색, 검은색 등 화가는 그가 할 수 있는 모든 방법으로 얼기설기 쌓아두었습니다.

계속 쳐다보고 있으면 현기증이 나요

사람은 눈으로 선을 좇는 성향이 있기 때문에 그런 것입니다. 그리고 매번 그 선이 어디로도 이어지지 않는다는 사실을 깨닫게 됩니다. 그래서 금방 길을 잃고 마는 것이죠. 선들이 사방으로 뒤얽혀 있는데 그것이 어느 방향으로 향할지 어떻게 알 수 있겠어요? 그것은 마치 소용돌이나 폭풍우 속에 갇힌 듯한 느낌을 줍니다.

마치 그림 위에 물감을 뿌려놓은 것 같아요

화가는 이 작업을 위해 캔버스를 바닥에 깔아놓고 여기저기 구멍이 뚫린 항아리에서 물감이 흘러내리도록 했습니다. 물감이 캔버스 중앙을 향해 흐르도록 한 다음 주위를 빙빙 돌려 색깔이 나아가는 길을 만들어내면서 캔버스 위로 번지는 물감을 이용해 작업한 것인데, 이때 붓을 전혀 사용하지 않았기 때문에 색깔이 마치 어디로 떨어질지를 스스로 결정하는 듯한 효과가 나타나는 것입니다. 그것은 화

가의 이동과 팔의 움직임에 의해 극도로 통제된 작업이었습니다.

어떻게 이런 그림을 그릴 생각을 했을까요?

제2차 세계대전으로 인해 많은 유럽의 화가들이 미국으로 건너갔습니다. 늘 새로운 테크닉을 실험했던 독일의 화가 막스 에른스트도 그들 중 하나였습니다. 어느 날 에른스트의 작업실을 찾은 잭슨 폴록은 그가 얼룩 효과를 얻기 위해 그림 위에 물감을 떨어뜨리는 것을 보았다고 하는데, 막스 에른스트는 그 작업을 계속하지 않았던 반면 폴록은 그 방법을 발전시켜 마침내 '드리핑dripping'이라는 새로운 기법을 개발해냈습니다.

잭슨 폴록은 다른 방식으로 그림을 그리기도 했나요?

네. 일정 시기의 작품에서 적용된 드리핑 기법은 폴록의 이전 작품들을 관통하는 논리의 맥을 잇고 있습니다. 그 이전까지 폴록은 싸움을 하는 인물이나 동물을 주로 그렸습니다. 한데 뒤엉켜 접전을 벌이고 있는 어수선한 광경이었죠. 그러던 어느 날 갑자기 화가는 그림 속에서 인물들을 제거해버렸습니다. 마치 그들이 그림 밖으로 달아나버렸거나 서로를 갈기갈기 찢어 먼지로 만들어버린 것처럼 말이죠. 그러고는 이 혼돈만이 남게 되었습니다.

어디를 봐야 할지 모르겠어요

그 말은 모든 것을 동시에 보고 싶어한다는 말과 같아요. 특별히 중요해 보이는 곳이 눈에 띄지 않기 때문에 눈길은 사방으로 분산됩니다. 이미지의 중심에서 아무것도 구별할 수 없으며, 위아래와 좌우를 구별하는 것도 불가능합니다. 처음 볼 때는 매우 충격적이지만 이 그림에서는 결국 일반적인 기준들이 통용되지 않는다는 것을, 여기서는 시작도 끝도 없다는 사실을 인정해야만 합니다.

잭슨 폴록은 왜 모든 것을 이렇게 뒤섞어놓았나요?

이 그림에서는 모든 것이 뒤섞여 있기 때문에 당황한 관람객은 뭔가에 매달리려고, 적어도 형태 하나라도 제대로 알아보려고, 간단히 말해 그것이 도대체 무엇인지 이해하려고 애를 씁니다. 지극히 정상적인 반응이에요. 무슨 그림을 이 따위로 그려놓았느냐며 짜증을 부리거나 화를 낼 수도 있겠지만, 이것은 폴록 자신이 어느 정도 의도한 바인지도 모르지요. 무슨 일이 벌어지고 있는지 전혀 이해할 수 없을 때, 사람이 얼마나 초라해지고 분노할 수 있는지를 실험해보는 것입니다.

색깔에는 어떤 의미가 담겨 있는 건가요?

꼭 그렇지는 않아요. 하지만 붉은색이 하늘색보다 훨씬 격렬하다거나, 푸른색이 하늘을 떠올리게 한다거나, 흰색이 언제나 다른 색들보다 깨끗해 보이는 것은 부인할 수 없겠지요. 이 그림에 표현된 것은 색깔과 묵시적으로 연관된 느낌들의 총체일 뿐입니다. 이 그림에서 얼추 바탕색으로 사용된 밝은 푸른색은 다른 작품에서는 다른 모든 색들을 뒤덮는 색깔이 될 수도 있습니다.

제목과 그림은 아무 관련이 없어 보이는데요

제목 '넘버 3'는 그가 그린 작품의 순서대로 일련번호를 붙인 것입니다. 이것은 이미지가 눈에 보이는 현실과는 아무런 관련이 없다는 것을 알리는 하나의 방식으로, 이 이미지가 무엇을 어떻게 표현하고 있는지를 확인하는 것은 불가능합니다. '호랑이'의 경우는 그 의미를 파악하기가 한결 수월합니다. 야성, 선의 유연성, 힘, 도약, 무게, 위험 같은 요소들이 이미지에 내재되어 있기 때문이죠.

이 모든 것에 정말 의미가 담겨 있나요?

물론 있습니다. 제2차 세계대전 후에 잭슨 폴록이 한창 작업을 하던 당시, 전통적인 그림들은 더 이상 그에게 아무 존재 이유도 없었습니다. 그 무엇도 그가 느낀 혼란과 붕괴의 느낌을 제대로 표현하지 못했으니까요. 폴록이 세상의 와해와 소멸을 직접적으로 그린 것도 바로 그 때문입니다. 그는 더 이상 아무것도 알아볼 수 없는, 하지만 집요하게 새로운 길을 모색하는 세계를 표현하고자 했습니다. 이미지는 이제 폐허를 나타낼 필요가 없었는데, 그 자체가 카오스이자 잔해 덩어리였기 때문입니다. 그것은 사방으로 고갈되지 않는 에너지를 가진 화가가 끊임없이 들춰보고 파헤치는 잔해입니다.

그림 27. 이브 클라인, 〈푸른색 모노크롬, 무제〉
1957, 나무에 세팅한 천에 순수 색소와 합성수지,
독일의 함부르크 쿤스트할레

한 가지 색이 주는 평화로움

이브 클라인, 〈푸른색 모노크롬, 무제〉

이것도 그림이라고 할 수 있나요?

분명 화가가 그린 작품입니다. 아주 파란 그림이네요.

그림 속에는 아무것도 들어 있지 않아요

아니, 파란색이 있습니다. 화가가 파란색을 빈틈없이 칠해놓았으니 아무것도 없다고 말할 수는 없겠죠.

하지만 그림을 그렸다고 할 수도 없을 것 같아요

자세히 들여다보면 표면에서 미세한 파도 같은 흔적들을 발견할 수 있습니다. 하지만 그림이 어디서부터 시작되었는지를 짐작하기란 불가능합니다. 마치 어느 순간 갑자기 이처럼 푸르게 변한 것 같으니까요. 하지만 실상은 그렇지 않습니다. 화가는 이런 결과물을 얻어내기 위해 오랫동안 작업을 했다고 합니다. 그렇지만 그림이 너무 단순해서 쉽게 수긍이 가질 않습니다.

부드러운 느낌의 그림이에요

그림의 표면은 마치 빛을 흡수하는 것처럼 전혀 반짝거리지 않네요. 손이 닿으면 부드러운 벨벳을 만질 때처럼 속으로 움푹 들어갈 것만 같아요. 이 그림을 보고 있으면 왠지 편안해지는 느낌입니다.

화가는 하늘을 그린 건가요?

그렇게도 보입니다. 하지만 그림 속에는 태양도, 구름도, 새도, 바람도 들어 있지 않습니다. 이 그림은 하늘 그 자체가 아니라 하늘의 푸른색을 그리고 있습니다. 화가는 하늘을 묘사한 것이 아니라 하늘을 떠올리게 하는 색깔을 표현했습니다.

화가가 다른 색깔을 좋아하지 않았기 때문은 아닌가요?

화가는 유난히 파란색을 좋아했던 모양입니다. 이전에 그는 붉은색과 노란색, 녹색으로도 작업을 했지만 마지막으로 파란색을 선택했습니다. 그의 생각에 파란색은 가장 중요한 색이었는데, 이것이 하늘과 바다 등 무한한 공간을 떠올리게 해주기 때문입니다. 이것은 또한 구체적인 것에 얽매이지 않고 무한을 향해 확장됩니다.

왜 화가는 단 한 가지 색만을 원했나요?

이브 클라인은 한 그림에 여러 가지 색을 사용하면 문제가 될 거라고 생각했습니다. 두 가지 색만 모여 있어도 이미 싸움이 시작되니까요. 그것들은 곧장 라이벌로 변해 서로가 더 많은 관심과 시선을 끌고 싶어합니다. 마치 동시에 말을 하는 것처럼 말이지요. 평화로운 그림을 그리고자 했던 이브 클라인은 모든 위험을 제거함으로써 해결책을 찾아냈습니다. 색이 하나밖에 없으면 갈등도 사라질 테니까요. 오늘날 사람들은 이런 그림을 '모노크롬'이라고 부릅니다.

이브 클라인은 노란색이나 붉은색 혹은 녹색 모노크롬도 그렸나요?

네. 하지만 화가는 이내 그 모노크롬들 사이에서 경쟁심이 자리 잡을 거라는 사실을 깨달았습니다. 그림 하나하나에는 아무 문제가 없지만, 그 작품들을 바라보는 사람에게 복잡한 문제가 발생한 것이죠. 가령 조금 전에 녹색 모노크롬을 본 관람객이 붉은색 모노크롬 앞에 서 있으면 그의 머릿속에 방금 보았던 녹색의 잔상이 완전히 사라지지 않기 때문입니다. 이어 다시 노란색 모노크롬을 보면 그것이 머릿속에서 다른 두 모노크롬과 한데 뒤섞이게 되는데, 이런 문제를 해결하기 위해 화가는 결국 한 가지 색의 모노크롬만을 그리게 된 것입니다.

이브 클라인은 왜 파란색을 선택했나요?

그가 좋아하는 색이기 때문이에요. 이브 클라인의 고향인 프랑스의 니스는 바닷가에 위치해 있는데다 사시사철 날씨가 맑아 사방이 온통 파란색을 띠었습니다. 특히 파란색은 만질 수 없는 것, 달아나는 것, 우주의 끝없는 공간을 상기시키는 속성도 지니고 있습니다. 녹색이나 노란색, 붉은색은 나무, 꽃, 나비 같은 수없이 많은 형태와 물질을 상상하게 하지만, 파란색은 꽃이나 나비를 감싸고 있는, 결코 손으로 잡을 수 없는 공기와 하늘을 떠올리게 합니다. 그것은 꿈처럼 매혹적입니다.

그는 다른 파란색 그림도 많이 그렸나요?

이브 클라인은 파란색 그림을 아주 많이 그렸고, 그것이 그의 세계가 되었습니다. 그림에 따라 물감이 매끄럽기도 하고 투박하기도 하며, 심지어는 볼록 돋아 있기도 합니다. 크기 역시 매우 다양한데 그림에도 색깔은 언제나 파란색입니다.

이 그림에는 왜 액자가 없나요?

액자 속에 넣었다면 아마 그림을 가둬버리는 꼴이 되었을 거예요. 그것은 결국 화가가 지향하는 바와 전혀 다른, 즉 열린 공간이 아닌 감옥이었을 테니까요. 이 그림은 굉장히 자유로운 느낌을 주는데, 작품을 벽에 완전히 붙이지 않고 약간 공간을 두어 전시하는 것도 바로 그 때문입니다. 벽에 걸리지 않고 허공을 떠다니는 느낌을 주기 위해서죠.

사람들은 그의 그림을 흔히 'IKB'라고 한다던데 무엇을 의미하나요?

'IKB'는 '인터내셔널 클라인 블루International Klein Blue'의 이니셜로, 이브 클라인을 위해 특별히 제작된 파란색을 지칭하는 말입니다. 파리 몽파르나스의 화가들에게 화구를 공급했던 에두아르 아담이 이브 클라인을 위해 이상적인 제품을 찾아냈는데, 광채를 손상시키지 않은 채 군청색을 고정시킬 수 있는 합성수지가 바로 그것이었습니다. 시중에서 구할 수 없는 이 제품에는 특허가 주어졌다고 하네요. 'IKB'는 이브 클라인의 그림 제목에도 가끔 등장하는데, 화가는 이를 통해 외부의 그 무엇에도 의존하지 않는 작품의 객관적인 가치(질료와 색깔)를 강조했습니다.

> 11~13세

이런 그림은 하나 이상 소장할 필요가 없을 것 같아요

이런 류의 그림 여러 개를 놓고 바라보는 것은 아주 특별한 경험입니다. 예를 들어 전시회에서 여러 개의 모노크롬을 동시에 보고 있으면 그것들이 동일한 이미지라는 느낌은 금방 사라지게 됩니다. 동일한 이미지이긴 해도 끊임없이 번갈아 열리는 창처럼 보이기도 하죠. 몹시 충격을 받은 관람객은 처음 몇 분 동안은 자기도 모르게 뭔가를 찾게 되는데, 이내 모든 것을 잊고 그 공간 속으로 점점 더 깊이 빠져들게 됩니다. 끝없는 푸르름 속으로 뛰어드는 것이지요.

모노크롬은 독창적이지 않은 것 같아요

정반대입니다. 이미지와 사진들은 거리와 텔레비전, 신문, 광고 등 곳곳에 산재해 있으니까요. 우리가 하루 동안 움직임과 메시지로 가득한 온갖 종류의 이미지들을 얼마나 많이 접하고 사는지는 가늠하기조차 힘들 정도입니다. 그들 중 어느 것도 이 그림의 투명함과 순수함에는 접근하지 못합니다. 이브 클라인의 모노크롬은 눈과 정신을 위한 전적인 휴식과 침묵의 공간, 진정한 여유를 제공합니다.

다른 화가들도 모노크롬을 그렸나요?

이브 클라인은 '청색 시리즈'의 모노크롬을 주로 그려 이름을 알렸지만 이 장르를 구상한 최초의 화가는 아니었습니다. 몇몇 화가들에게 모노크롬은 그려야 할 것이 아직 많이 남아 있음을 말하는 시작과 희망의 이미지였지만, 또 다른 화가들에게 그것은 종말, 모든 것이 사라져버린 사막을 상징했습니다. 모든 상징의 의미는 예술가와 그가 살았던 시대에 따라 달라지기 마련입니다.

색이 한 가지 밖에 없으니 그림 값이 비싸지 않겠네요?

그림 값은 사람들이 작품에 부여하는 가치에 좌우되기 때문에 꼭 그런 것만은 아닙니다. 그림에 사용된 색깔의 수는 그림 값과 아무 상관이 없습니다. 중요한 것은 화가의 치열한 탐구가 이런 작품을 탄생시켰다는 사실입니다. 따로 놓고 보면 모노크롬은 그렇게 중요하지 않은 작품일지 모릅니다. 그 진가는 한 화가의 여정 속에, 회화사 속에서 제대로 확인되니까요. 그림의 가치를 드러내고 정당화하는 것도 바로 거기에서 비롯됩니다. 그것은 마치 전체적인 이미지를 형성하는 데 꼭 필요한 퍼즐 조각 같습니다.

그림 28. 장 미셸 바스키아, 〈줄루 족의 왕〉
1984~1985, 캔버스 위에 아크릴과 혼합 테크닉, 173×208cm,
프랑스의 마르세유미술관 현대갤러리

산만한 그림 속 리듬의 발견

장 미셸 바스키아, 〈줄루 족의 왕〉

이 그림은 커다란 신문지 같아요

5~7세

화가는 이 그림에 인쇄체로 된 작은 텍스트와 얼굴, 색깔 띠 등 신문을 떠올리게 하는 많은 요소들을 모아놓았습니다. 다른 이미지들 위로 흘러내린 물감 자국도 보이네요. 이 그림은 분명 신문처럼 다양한 것들을 이야기하고 있어요.

이를 드러낸 커다란 가면이 인상적이에요

아프리카 가면입니다. 가면이라기보다는 살아 있는 사람의 얼굴처럼 보이네요. 마치 말을 하고 있는 것 같아요. 우리에게 겁을 주려고 이를 드러내고 있는 것인지, 웃고 있는 것인지 도무지 분간이 가질 않습니다. 그 자신이 겁이 나서 혹은 화가 나서 그러고 있는 것일지도 모릅니다.

콜라주 작품이지요?

콜라주는 보통 다양한 소재의 자연적인 요소들을 활용합니다. 이 작품은 일반적으로 서로 어울리지 않는 것들을 나란히 배치하고 있지만 모두 화가 자신이 그리고 칠한 것들입니다.

모든 것이 뒤죽박죽 겹쳐 있네요

화가는 사람들로 북적이는 거대한 도시 뉴욕에서 살았습니다. 이런 복잡한 도시에 살다보면 거리와 지하철에서 서로 부딪혀 때로는 타인을 아프게 하기도 합니다. 그림에서도 모든 것이 아무렇게나 쌓여 있는 것을 볼 수 있습니다. 성공한 것이 앞에 오고, 소심하고 작은 이미지들은 뒤로 물러나 삐죽삐죽 모습을 드러냅니다.

머리는 큰데 글자들은 아주 조그맣네요

커다란 머리가 그 모든 작은 낱말들을 읽거나 듣거나 생각하고 있는지도 모릅니다. 다른 한편에서는 수많은 낱말들이 여러 사람이 동시에 내뱉는 말처럼 쌓여갑니다. 더 작은 다른 머리들도 각자 자신의 삶을 살아가고 있으며, 이 모든 사람들이 분주히 움직이고 생각하고 글을 씁니다.

8~10세

벽에 그려진 그래피티 같아요

실제로 장 미셸 바스키아는 거리의 벽에 그림을 그린 이력이 있습니다. 이어 똑같은 표현 방식으로 그림을 그리기 시작했던 그는 자신의 그림이 도시의 벽에 있든, 살롱에 있든 똑같은 것이기를 원했지요. 바스키아의 그림은 얼굴과 실루엣, 동물, 더러움, 벗겨진 색깔, 이어지지 않는 문장, 얼굴에 던져진 낱말, 아무 의미 없는 조그만 데생, 지운 자국 등 모든 것이 현실 속에서 지속적으로 뒤섞이는 장면을 보여줍니다.

왜 가면은 나머지 것들보다 더 큰가요?

그것은 이 그림의 모티프이자 주된 '등장인물'이기 때문입니다. 바스키아는 처음에 이 그림의 제목을 '더 브라운 마스크The Brown Mask'라 붙이기로 했습니다. 그런데 이 얼굴이 그에게 너무나 의미심장해 보여 그 가면을 '줄루 족의 왕'으로 바꾼 것입니다. 가면에 왕의 '칭호'를 주기 위해 그림의 제목을 바꾼 셈이죠. 이 그림은 거리를 왕국 삼아 많은 신하들을 거느린 왕의 이미지로 해석될 수 있습니다. 어떻게 보면 그것은 화가 자신의 모습이기도 합니다.

화가는 왜 가면에 아프리카 토인의 얼굴을 묘사했나요?

아이티 출신의 아버지와 푸에르토리코 출신의 어머니 사이에서 태어난 장 미셸 바스키아는 혼혈이었습니다. 그가 그림에 다양한 모티프들을 뒤섞는 방식은 바로 이 뿌리 깊은 혼혈의 개념을 표현하기 위해서입니다. 이미지는 상이한 요소들의 융합이 아니라 그 근원의 복수성複數性을 강조하며 요소들을 나란히 배치하는데, 그것이 그림에 산만한 양상을 부여하는 동시에 풍부함을 가져다줍니다. 아프리카 토인의 얼굴이 이미지를 지배하면서 그림의 전체적인 톤을 결정하는 것처럼 말입니다. 그것은 이 그림에서 무엇이 중요한지를 단번에 알려줍니다.

색깔들이 왜 이렇게 강렬하지요?

무엇보다 색깔들이 강렬한 대비를 이루는 도시에서는 자동차, 광고 포스터, 상점 간판 그리고 휘황찬란한 네온 불빛이 그런 효과를 자아냅니다. 게다가 바스키아는 그림을 그릴 때 불투명하고 광택이 있는 공업용 아크릴 물감을 주로 사용했다고 합니다. 화가는 색깔을 통해 힘의 관계를 표현해내며, 낱말들 역시 그 본래의 뜻과는 관계없이 나름의 역할을 수행합니다. 낱말들은 '흰색 바탕 위에 검은색'으로 씌어져 있는데, 흰색의 종이와 캔버스 위에 찍힌 검은색 잉크, 희고 검은 피부색 등 '흰색 위의 검은색'이라는 상징은 백인들의 도시 속에서 만나게 되는 검은 빛, 도시와 거리를 오가는 흑인과 백인들의 모습이기도 합니다.

11~13세 이 그림에는 읽을거리가 왜 이렇게 많나요?

새겨진 글 하나하나에 저마다의 세계가 들어 있기 때문입니다. 거기 쓰여진 것들을 읽음으로써 관람객은 그림의 끝없는 공간 속으로 빨려 들어가고, 각각의 낱말은 또다시 이미지와 색깔, 다양한 음을 탄생시킵니다. 낱말들의 위치도 매우 중요한데, 가령 커다란 가면 아래 있는 "VENT(프랑스어로 '바람'이라는 뜻)"라는 단어는 그 주위에 바람이 불어야 함을 의미하는 동시에 그림을 감상하는 사람들에게는 갑자기 바람이 불어오는 것 같은 느낌을 전해줍니다. 한편 가면의 오른쪽 귀 옆에 씌어 있는 "COPPER, BRASS, IRON, STEEL, GOLD…(붉은색 구리, 노란색 구리, 쇠, 강철, 금…)"라는 영어 목록은 관람객으로 하여금 금속이 부딪히는 소리를 듣고 그 단단함을 느끼게 합니다. 그것은 따뜻하고, 차갑고, 흔하고, 값이 비싸며, 도구와 기계, 무기, 장신구를 만드는 데도 쓰입니다. 화가는 동시에 낱말들을 가지고 재주를 부리기도 하는데 'COPPER'라는 단어에는 '경찰'이라는 의미도 담겨 있습니다. 관람객은 이처럼 화가가 보여주는 세계와 이야기 속으로 빠져들기만 하면 되는 것입니다.

이 그림은 아무렇게나 되는 대로 그린 듯한 인상을 주네요

화가가 특정한 구성 법칙을 따르지 않았기 때문이기도 하지만 그렇다고 모든 것을 우연에 맡긴 것은 아닙니다. 불연속적이고 산만한 그림 속 이미지는 화가가 살았던 당시의 리듬을 보여줍니다. 이 이미지는 랩음악에 비교할 수 있는데, 우리는 여기서 동일한 단절과 리듬을 발견하게 됩니다. 그림 아래쪽으로 CD의 조상격인 LP가 보이지요? 1970년대 중반 미국에서는 최초의 '랩퍼'들이 디스크자키가 디스크 표면을 긁어대는 동안 고래고래 소리를 질렀다고 하더군요. 클라리넷과 신시사이저를 연주했던 바스키아 역시 랩을 즐겨 했는데, 그의 그림은 이 시대를 완벽하게 요약해 보여주고 있습니다.

거리에서 보게 되는 다른 그래피티 작품들과 달리, 왜 바스키아의 것만은 미술관에 걸려 있나요?

그래피티는 자신을 표현하고자 하는 의지의 산물이긴 하지만 욕설이나 외설에 가까워 질이 떨어지는 경우가 대부분입니다. 반면 바스키아의 이미지들은 매우 다양한 형태와 대상 들을 구성하고 분절시키는 화가의 탁월한 능력을 보여줍니다. 바스키아가 그들 사이에 설정해놓은 관계는 울분에서 비롯된 항의나 일회성의 몸짓이 아니라 깊은 성찰이 동반된 작업의 결과물입니다. 미술을 정식으로 배운 적은 없지만 바스키아는 미술관을 자주 찾았고, 다른 화가들과도 자주 만나 친분을 쌓았습니다. 그의 작품들은 극도로 신랄하지만 조금도 원색적이지 않습니다. 바스키아의 그래피티 작품들을 미술관에 전시한 것은 결국 자아의 탄생을 표현하기 위해 관습적인 미적 근거들을 거부하고, 새로운 예술을 공식적으로 인정했음을 의미합니다. 거리에서 그림을 그렸던 바스키아에게 다른 화가들과 대등한 위치로, 또 미국 최초의 흑인 화가로 인정받는 것은 대단히 중요한 일이었습니다.

그림 29. 프랜시스 베이컨, 〈소호 거리에 서 있는 이자벨 로스톤의 초상〉
1967, 캔버스에 유채, 147.5×198cm,
독일 베를린의 신 내셔널갤러리

한 여성 속에 담긴 인류 고통

프랜시스 베이컨, 〈소호 거리에 서 있는 이자벨 로스톤의 초상〉

이 묘한 분위기의 여자가 서 있는 곳은 어디인가요?

그림의 제목이 그녀가 서 있는 장소를 말해줍니다. 소호는 영국 런던에 있는 거리로, 일상생활에서 쉽게 지나치게 되는 평범한 장소입니다.

거리에 인도가 보이지 않네요

여자가 길을 건너고 있는 중이어서 인도가 보이지 않는 걸 거예요. 화가는 그 순간 그녀에게 가장 중요한 장소, 다시 말해 그녀가 걷고 있는 곳만을 보여주고 있습니다.

바닥에 노란 원이 그려져 있어요

바닥의 노란 원은 빛이 비친 자국을 나타낸 것일 수도 있습니다. 적어도 두 가지 이유 때문에 날씨가 화창하다는 사실을 분명히 알 수 있는데, 첫 번째는 여자가

5~7세

외투를 입고 있지 않기 때문이고, 두 번째는 그림 위쪽에 푸른색의 커다란 실루엣, 즉 상점 앞이나 카페 테라스에 설치해 햇빛을 가리는, 천으로 된 차양이 보이기 때문입니다.

언뜻 보아 서커스 공연장 같기도 해요

바닥의 둥근 형태가 서커스 공연장을 떠올리게 하네요. 바다 색깔이 모래를 연상시켜 더욱 그런 것 같아요. 서커스 공연장에 가면 곡예사와 조련사, 동물, 광대 등 다양한 모습의 사람들을 비롯해 갖가지 볼거리가 무척 많습니다. 또 예상치 못한 위험한 상황과 사고가 발생하기도 하죠. 화가는 평범한 거리를 보면서 그곳이 서커스 공연장과 크게 다를 바 없다고 생각한 모양입니다.

8~10세 | 그녀는 손으로 무엇을 하고 있나요?

오른손에는 가방을 들고 있는 것이 분명합니다. 걸으면서 가방을 흔드는 통에 가방의 실루엣이 불분명하고, 허공에 보이는 회색 톤의 흔적만이 그 형태를 가늠하게 합니다. 다른 손은 주머니 속이나 등 뒤에 있는 것 같은데 확실치는 않습니다.

그녀는 무엇을 쳐다보고 있는 건가요?

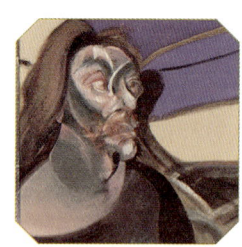

여자는 길을 건너기 전, 차가 오는지를 살피고 있습니다. 그림 안쪽에도 차가 보이는데, 그것이 여자의 심리 상태를 말해줍니다. 화가는 그저 산책을 즐기는 여인의 모습을 보여줄 수도 있었을 테지만, 그녀가 고개를 돌리는 순간을 그림으로써 화가는 길을 건너는 여인이 자신을 둘러싸고 있는 것들에 드러내는 관심을, 그녀가 주변에서 일어나고 있는 일들을 의식하고 있다는 사실을 강조하고 있습니다. 그녀의 시선 역시 여인을 바라보는 화가의 시선만큼이나 세심합니다.

그녀의 얼굴에 왜 긴 물감자국들이 있을까요?

화가는 사진작가가 사진을 찍듯 그녀를 그리지 않았습니다. 그는 몇몇 특징들만을 강조했고, 색깔들을 다시 만들어냈으며, 얼굴을 변형시켰습니다. 그는 눈에 보이는 것을 정확하게 모방하려 한 것이 아니라 그것에서 출발해 하나의 작품을 그리려고 시도했습니다.

인물을 둘러싸고 있는 직선들은 무엇을 나타내나요?

많은 사람들이 그것을 투명한 상자 혹은 우리의 윤곽으로 보았지만, 직선들은 실제로 어떤 특정한 물체를 나타내고 있지 않습니다. 이와 같은 모티프는 프랜시스 베이컨의 설명처럼 그림 내부에 존재하는 일종의 틀로 그의 그림에 자주 등장하는 요소입니다. 직선의 활용은 인물에 주의를 집중시키는 동시에 시선을 그 주위로 밀집시킴으로써 인물을 눈에 잘 띄게 만드는 하나의 방법이기도 합니다.

안쪽으로 마치 뿔처럼 생긴 흰색의 형태가 보이네요

그것이 흰색이어서 더 잘 눈에 띕니다. 이자벨 로스톤의 왼손 근처와 그녀의 발, 원피스 가장자리, 얼굴, 그리고 안쪽 바닥선에 겹쳐 그려진 곡선에 화가가 흰색을 사용한 것은 갑작스런 충동을 표현하기 위해서입니다. 사실 관람객이 '뿔'로 여기는 것은 햇빛에 번쩍이는 자동차의 차체에 불과하지만 착각은 언제나 가능하지요. 그림이 은밀하게 암시하는 것, 다시 말해 일종의 야성을 명백하게 드러낸다는 점에서 그것은 매우 바람직하기까지 합니다. 이 그림에서는 이미지들이 서로의 내부로 미끄러져 들어가도록 내버려두어 차, 바퀴, 뿔, 황소, 힘, 투우장 싸움, 위험 같은 생각들을 연달아 떠올리게 합니다.

화가는 모델을 세워 그림을 그렸나요?

프랜시스 베이컨은 평소 모델을 세워놓고 작업하는 것을 불편해 했다고 합니다. 얼굴을 변형시키는(물론 그것이 그의 목표는 아니지만) 화가의 독특한 작업 방식이 모델을 불쾌하게 만들 수도 있으니까요. 하지만 초상화를 그릴 때는 현실과의 접촉이 불가피했습니다. 그는 늘 사진을 갖고 다녔으며, 가능한 자주 모델을 만났다고 합니다. 이 그림은 실제의 모델과 사진, 그리고 기억의 혼합에서 비롯된 결과물입니다.

11~13세 왜 얼굴을 가면처럼 그렸나요?

화가가 가면을 그리려 한 것은 아니지만, 마치 표면과 그 아래 숨겨진 것을 동시에 보여주려는 듯 얼굴을 조작한 것은 사실입니다. 그는 살아 있는 존재와 피부가 벗겨진 존재의 모습을 동시에 그리려고 시도했습니다. 이것은 마치 너덜너덜하게 처져 있는 피부 조각처럼 보이기도 하는데 녹색과 흰색, 분홍색이 신경과 힘줄을 연상시킵니다. 피부의 이면을 파헤치는 화가는 그것을 완전히 벗겨낼 때까지 작업을 멈추지 않을 것입니다. 어떤 의미에서는 여자의 얼굴을 가면이라 말할 수도 있을 텐데, 그것은 머지않아 벗겨질 가면입니다. 참혹한 고통을 담고 있는 이 초상화는 이자벨 로스톤의 개인적인 고통이 아니라 더욱 일반적인, 화가의 의식에 드러난 인류의 고통을 의미합니다.

프랜시스 베이컨은 초상화를 그리기 전에 데생을 했나요?

아닙니다. 그는 미리 데생을 하지 않았습니다. 그의 그림의 출발점은 어떻게 전개될지 아무도 모르는 실험처럼 자유로웠습니다. 그에게는 무엇보다 색깔의 첫 터치가 가장 중요했는데, 그것을 시작으로 모든 것이 예상치 못한 방향으로 전개되었습니다.

이자벨 로스톤은 누구인가요?

화가가 이 그림의 무대가 되었던 소호의 어느 바에서 몇 년 전 만난 여자친구로, 이곳은 화가와 작가 들이 자주 모였던 곳이기도 합니다. 스위스의 조각가 알베르토 자코메티의 모델이기도 했던 그녀는 프랜시스 베이컨에게 매우 중요한 사람이었습니다. 이 초상화는 그녀를 아주 강하고 밀도 높은 인물, 일종의 기둥으로 묘사하고 있는데, 화가가 제목에 그녀가 어느 거리에 "서 있다"고 지적하며 그녀의 자세를 강조한 것은 몹시 의미심장해 보입니다. 그것은 그녀가 불확실하고 정의하기 어려운 이 세상에 꿋꿋이 서 있다는 사실을 다시 한 번 확인시켜주는 셈이니까요. 어떠한 일이 일어나더라도 그녀는 스쳐 지나가는 다른 모든 사람들의 중심에 굳건히 서 있는 축 역할을 하고 있습니다.

그림 30. 베오르크 바젤리츠, 〈올모의 아가씨들 Ⅱ〉
1981, 캔버스에 유채, 250×250cm,
프랑스 파리의 퐁피두센터

거꾸로 걸린 '못 그린' 그림

베오르크 바젤리츠, 〈올모의 아가씨들 II〉

그림이 거꾸로 걸려 있네요!

화가가 바로 그걸 의도한 것이지요. 실제로 그는 세상을 거꾸로 보여주고 있습니다.

그림을 다시 뒤집어도 되나요?

그다지 어려운 일은 아니지만 어느 누구에게도 그럴 권리는 없습니다. 중요한 것은 화가의 결정이니까요.

그렇다면 물구나무를 서서 그림을 봐야 하나요?

그런 생각이 들 만도 합니다. 하지만 그냥 봐도 그림이 나타내는 의도를 이해할 수 있기 때문에 굳이 그럴 필요는 없을 것 같아요. 감상하기에 난해한 그림이 아니니까요.

5~7세

두 사람이 자전거를 타고 있네요

오른쪽 인물의 젖가슴이 선명하게 드러나는 것으로 보아 여자들이 분명합니다. 화가는 제목에서도 그들을 '아가씨'로 명시해놓았네요. 자전거를 그릴 때도 관람객이 최소한의 요소로 그림을 보는 즉시 그것이 자전거임을 알아볼 수 있도록 단순하게 표현했습니다.

자전거 바퀴가 둥글고 납작한 케이크를 닮았어요

굴러가고 있는 자전거를 보고 있으면 실제로 자전거 바퀴 살 사이의 빈 공간이 보이지 않지요. 이 그림에서처럼 달리는 자전거의 바퀴는 원반처럼 보입니다.

온통 노란색뿐이네요

아마 뙤약볕이 내리쬐는 날이라 그럴 거예요. 그림에서도 빛과 열기가 느껴집니다. 아가씨들이 벌거벗은 채로 자전거를 타고 있는 걸로 봐서는 그럴 가능성이 더 크겠죠. 너무 더운 나머지 여자들은 옷을 훌훌 벗어 던졌습니다. 실제로는 분명 옷을 입고 있었을 테지만, 아무튼 화가는 그렇게 생각했던 모양입니다.

자전거와 눈이 똑같은 청록색이에요

자전거와 눈을 똑같은 색으로 칠함으로써 화가는 자전거와 아가씨들이 조화를 이루도록 했습니다. 그럼으로써 그들에게 동일한 무게를 부여한 셈이죠. 게다가 청록색은 청색과 녹색이 혼합된 색깔로, 하늘과 자연을 상징하는 두 가지 컬러가 이 그림 속에 녹아 있는 것입니다.

8~10세

아가씨들이 마치 쌍둥이 같아요

화가는 이 그림에서 구체적인 인물을 표현하고 있지 않습니다. 아마도 화가는 자전거를 타고 지나가는 아가씨들을 여러 차례 보았을 텐데, 그들 중 몇몇은 그가 알고 지내는 여자들이었을지도 모릅니다. 이 그림에서 중요한 것은 그들이 모두 같은 행동을 하고 있다는 사실입니다.

왜 등장인물과 배경을 같은 색으로 칠했나요?

배경과 등장인물의 몸이 동일한 색깔과 질료로 이루어져 있어, 이미지가 마치 하나의 묶음처럼 덩어리째 모습을 드러냅니다. 그림 속의 요소들은 해체할 수 없는 전체를 형성하는데, 만약 인물과 배경의 결속이 미약했다면 관람객은 아마 '바로' 서 있는 인물들을 상상하고 싶어했을지도 모릅니다. 그러나 배경과 인물의 견고한 결합 때문에 관람객은 그것이 불가능하다는 사실을 깨닫게 됩니다.

어떻게 이미지가 평평한 동시에 깊은 느낌을 줄 수 있지요?

노란색 배경은 어떠한 공간이나 장소도 지시하지 않습니다. 처음에 관람객은 그것을 불투명한 벽으로 받아들이는데, 그림에서 두 아가씨는 같은 방향을 보고 서 있지 않습니다. 옆모습의 아가씨는 막 그림 밖으로 나갈 채비를 하고 있고, 오른쪽 아가씨는 그 뒤에서 그림 정면을 향해 다가옵니다. 바퀴가 더 작은 것으로 보아 그녀는 아직 약간 더 뒤쪽에 있는 것 같아요. 이러한 구도가 바로 이 그림에 깊이를 부여하는데, 자전거를 탄 두 여자는 이미지 안에 고정되어 있는 것이 아니라 그들이 움직이는 공간 속에서 살아 숨 쉬고 있습니다. 게다가 오른쪽 아가씨가 입을 벌리고 있는 것으로 보아 그녀는 말을 하거나 헐떡이고 있는 듯합니다. 마치 앞서 가는 여자를 쫓아가기가 버거운 것처럼 말이지요.

그림을 왜 이렇게 못 그렸어요?

물감을 매우 거칠게 칠한 그림으로, 붓질을 한 자국들이 선명하게 드러날 정도입니다. 관람객은 군데군데에서 마치 색깔이 거칠게 반향하는 듯한 인상을 받게 되는데, 이 그림은 색깔과 화가 사이의 투쟁, 즉 드잡이의 결과물입니다. 화가가 '못 그린' 것이 아니라 그림을 탄생시킨 작업을 의도적으로 보여주기 위해 그렇게 한 것입니다. 그는 주제를 현실에서 뿌리째 뽑아내 그 모습을 뒤집어놓고 작업 과정을 확연하게 보여주고 있습니다.

11~13세 '올모 Ⅱ'는 무엇을 의미하나요?

올모는 이탈리아 토스카나에 있는 작은 마을 이름입니다. 게오르크 바젤리츠는 그곳에서 자전거를 타는 아가씨들을 보았는데, 그것을 주제로 삼아 두 장의 그림을 그렸습니다. 이것은 바로 그 두 번째 그림으로 10월에 그려졌다고 합니다. 화가가 선택한 색으로 보아 우리는 가을 나무나 노랗고 붉게 물든 나뭇잎을 쉽게 상상할 수 있습니다. 한편 '올모'는 1930년대를 주름잡았던 유명한 이탈리아의 사이클 선수, 주제페 올모의 성이기도 합니다. 이 그림 속 아가씨들에게는 안성맞춤인 제목이겠죠?

바젤리츠는 어느 방향에서 그림을 그렸나요?

고전적인 방법을 거부했던 바젤리츠는 캔버스를 바닥에 놓은 채 작업을 했습니다. 이로 인해 이미지는 모든 방향에서 동시적인 접근이 가능한데, 이 경우 현실에서 사물이 따르는 규칙(위, 아래, 왼쪽, 오른쪽, 길이, 넓이 등)보다는 그림의 고유한 구조가 우선시됩니다. 거꾸로 된 그림을 그렸던 바젤리츠는 전시 직전에 그림을 뒤집어놓았다고 하네요.

어떻게 그림을 거꾸로 전시할 생각을 했을까요?

화가가 그림을 더욱 세밀하게 관찰하기 위해 캔버스를 뒤집는 것은 전혀 특이한 행동이 아닙니다. 이것은 어느 정도 주제에서 벗어나 색깔과 형태의 구성에 집중하기 위해 화가들이 흔히 하는 행동이니까요. 실제로 아무 이미지나 들고 실험을 해볼 수 있는데, 그림을 거꾸로 보면 구성의 균형이나 약점들이 눈에 더 잘 들어옵니다. 그것은 작품이 제대로 됐는지 아닌지를 확인하는 일종의 테스트 과정으로, 1969년 이후 바젤리츠의 이 개인적인 습관은 유행처럼 미술계로 번져갔습니다.

사람들에게 거꾸로 된 이미지를 보게 하는 게 무슨 소용이 있나요?

바젤리츠는 뒤집힌 것이든 바로 된 것이든 어느 누구에게도 자기 그림을 보도록 강요하지 않았습니다. 결국 그의 그림을 보려는 관람객은 예상치 못한 상황에 맞닥뜨릴 각오를 해야 합니다. 주제는 어렴풋이 알아볼 수 있지만 현실과는 동떨어진 방식으로 배열되어 있으니까요. 바젤리츠는 구상과 추상 사이의 대립을 파괴시키는 작업을 해왔는데, 처음의 놀라움을 넘어선 관람객은 나중에 가서 훨씬 더 놀라운 사실을 깨닫게 됩니다. 그것은 아가씨들이 '뒤집혀' 있다는 사실마저도 완전히 잊어버리는 것입니다.

관람객에게 충격을 주기 위해 이런 종류의 그림을 그린 건가요?

눈에 띄는 그림이긴 하지만 '충격을 주는 것' 자체가 그림의 목적은 아닙니다. 화가는 그것을 통해 그의 작업을 정당화시키는 관람객의 반응을 얻게 됩니다. 자연재해, 굶어 죽어가는 사람, 전쟁 희생자, 고문, 테러 등 잔혹한 광경을 보여주는 수많은 사진과 필름들을 눈 하나 깜짝 하지 않고 바라보는 이 세상에서, 바젤리츠의 거꾸로 된 이미지는 가히 충격적입니다. 바젤리츠는 보잘것없는 '충격'을 야기함으로써 동시에 그 부조리를 드러내는 셈인데, 그림은 여기서 가장 근본적인 사명 중 하나, 즉 우리의 정신과 시선에 경각심을 불어넣는 임무를 완수합니다.

* * *

아이에게서 생각지도 못한 질문을 받을 때 우리는 당혹스러워집니다.
엄마라고 모든 것을 알 수는 없습니다. 하지만 이제 처음부터 다시 시작해봅시다.
미술관과 그림, 중세에서 현대미술, 종교화와 초상화 등에 대해 솔직하게 질문해보고 편견을 깨보도록 합시다.

PART 03

엄마가 알아야 할

미술 감상의 모든 것

Comment parler d'art aux enfants ?

    가끔 아이에게서 생각지도 못한 질문을 받을 때가 있습니다. 그리고 아이에게 대답을 제대로 해주지 못할 때 당혹스러워지지요. 하지만 엄마라고 모든 것을 알 수는 없습니다. 대부분의 사람들은 어떻게 대답을 해야 할지 모를 때 어쩔 줄 몰라합니다. 하지만 이제 모든 것을 바꾸고 처음부터 다시 시작해봅시다. 이를 위해서는 중세든 현대미술 작품이든 시대에 상관없이 화가와 그림, 그리고 그림의 주제와 의미에 대해 솔직하게 질문해보고 편견을 깨보도록 하세요.

    다음의 질문들은 일반적인 내용에서 특별한 내용까지 살펴보기 위해 테마별로 묶었습니다. 처음에는 미술관과 그림에 대해 살펴본 후 화가들의 작업에 대해 질문해보고 그림의 주제나 그림 가격에 대해서도 질문을 해보겠습니다. 중세 시대부터 발전해온 주제를 다루기 위해 종교화, 초상화, 신화와 역사, 풍경화, 그리고 일상생활의 풍경과 정물을 다루었습니다.

{ 그림과 미술관 }

👧 옛날에는 그림이 미술관에만 있었던 것은 아닌가봐요?

미술관에 걸린 그림마다 긴 역사를 갖고 있습니다. 처음부터 미술관에 걸리기 위해 그려진 그림들은 아니지요. 옛날에는 교회, 궁전, 저택을 장식하기 위한 그림들도 있었고 수집가가 보관하기 위해 그려진 그림들도 있었습니다. 따라서 일반적으로 이 그림들을 한꺼번에 볼 수 있는 일은 드물었고 각자 다른 환경에 있었습니다. 전깃불이 들어온 것은 19세기 말부터입니다. 그러므로 황금색 그림이 촛불에 비춰질 때 나타나는 효과가 어떠했고 어두컴컴한 곳에서 강렬한 색깔이 관람객에게 주었던 느낌이 어떠했는지 상상할 수 있습니다. 그러나 현대미술 작품의 경우는 미술관 같은 공공장소에 걸리기 위해 그려질 때가 많습니다. 그렇기 때문에 현대미술 작품들은 크기가 큰 것들이 많습니다.

👧 옛날 작품을 모아놓은 미술관에 있는 그림들에는 종교화가 너무 많은 것 같아요.

많은 관람객이 자신의 종교 신념과 다른 내용을 담은 그림 앞에 오래 있을 이유가 없다고 생각해 종교를 주제로 한 그림들을 불편하게 생각할 수 있습니다. 중세 때부터 가톨릭교회는 그림을 종교적인 메시지를 전하는 데 이용했고, 이에 따라 화가들은 메시지를 효과적으로 전달할 수 있는 시각적 언어 기법을 발명할 기회를 갖게 되었습니다. 그림 소재들을 강조하는 배치, 색채의 선택과 구별, 빛과 그림자의 상징적인 사용은 원래 종교화를 위해 발명된 기법들이었지요. 이러한 기법들은 현대의 모든 이미지에도 계속 사용되고 있습니다. 마치 텍스트 속 문장을 구성하는 것과 비슷하다고 할 수 있습니다.

　단순히 주제 때문에 종교화를 피한다면 오늘날 광고 이미지에까지 사용되는 시각적인 언어를 경험할 기회를 놓치는 일이 될 것입니다.

 그림은 무엇으로 만들어졌나요?

　회화를 구성하는 근본적인 두 가지 성분은 바탕소재(나무 또는 캔버스)와 고유한 의미에서의 그림입니다. 아주 오래전 회화 작품은 나무(일반적으로 포플러나무나 떡갈나무) 소재 위에 그려졌습니다. 천(캔버스)은 15세기에 처음 등장해 17세기부터 보편적으로 사용되었는데, 그 덕분에 좀 더 가볍고 보관이 용이하며(기후 변화에 덜 민감하므로), 운반하기에 좋은(천은 둘둘 말 수 있기 때문에) 작품들을 얻을 수 있게 되었습니다. 그림 자체는 색소(유색 분말)와 색소의 고착제(템페라 또는 유화)로 이루어져 있습니다. 18세기까지는 천연 색소가 사용되었으며, 뒤이어 색소의 활용을 다양화시키는 화학 염료가 등장했지요. 템페라(아교나 달걀의 노른자 따위로 색소를 녹인 불투명한 그림물감 또는 그것으로 그린 그림)의 주성분은 접착제나 계란입니다. 15세기부터 한결 투명하고 유연한 질감의 유화가 대중화되었는데, 19세기까지는 한 겹으로 바탕(흰색이나 황갈색)을 칠하고 그 위에 그림을 그렸으며, 물감 위에는 보호용 니스를 발랐지요. 한편 현대 화가들은 그림을 그릴 때 아크릴 물감을 주로 사용합니다.

 '혼합기법'이 뭔가요?

　화가들이 여러 재료를 섞어 사용하는 것을 뜻합니다(유화, 아크릴, 니스, 래커 등). 물감뿐만 아니라 전통적인 기법에 새로운 재료를 사용할 때도 혼합기법이라고 합니다(여러 물건, 천, 종이, 모래, 나무, 유리 등).

미술관에서는 회화 외에 어떤 장르의 작품들을 볼 수 있나요?

데생, 판화, 파스텔화, 사진도 미술관에 주로 전시되는 예술작품입니다. 데생은 대개 그림에 대한 구상을 하는 단계에서 그린 습작이나 스케치로, 간혹 데생이 독자적인 작품으로 여겨지기도 합니다. 그러나 데생 작품들은 작은 변화에도 쉽게 손상되기 때문에 회화보다 훨씬 더 어두운 조명 아래에서 단기간 동안만 전시됩니다.

벽화를 모두 '프레스코화'라고 부르나요?

'프레스코'라는 용어는 회반죽 벽이 마르기 전 축축하고 신선한('신선하다'는 뜻의 이탈리아어 '프레스코' 때문에 이러한 용어가 생겼습니다) 상태 위에 물감으로 그리는 특수한 기법을 가리키는 것으로, 이 기법을 사용하면 회반죽이 마르는 동안 마치 그림을 꽉 조이듯 단단하게 응고시키는 화학반응이 일어납니다. 일반 벽화는 완전히 마른 상태의 회반죽 벽 위에 그려지며, 심지어는 캔버스에 그림을 먼저 그린 다음 벽이나 천장에 붙이기도 합니다.

어떻게 벽화나 프레스코화를 미술관에서 볼 수 있나요?

원래 궁궐이나 수도원, 교회 벽에 그려졌던 그림들을 미술관으로 옮겨놓은 것으로, 미술관에 전시하기 위해서는 벽에서 그림 층을 떼내야 했습니다. 오늘날에도 여전히 이런 방법에 의존하고 있지만, 가능한 한 작품들을 원래 있던 장소에서 최상의 상태로 보존하기 위해 애쓰고 있습니다.

 왜 어떤 그림에는 화가의 서명이 있고 어떤 그림에는 없나요?

그것은 그림이 어느 시대에 그려졌느냐에 달려 있습니다. 오랫동안 그림의 주제와 용도는 화가 개인보다 더 중요시되었지요. 중세시대의 화가들은 작품에 서명을 하지 않았는데, 그들은 단지 기술을 가진 장인(제빵사나 약제사 같은)으로 여겼기 때문입니다. 그러나 16세기 르네상스시대부터 개인의 가치가 중요시되면서 사람들은 그림의 외적인 면을 더욱 존중하게 되었고, 화가들은 더 빈번하게 그림에 서명을 하기 시작했습니다. 하지만 모든 화가가 서명을 했던 것은 아니며, 19세기에 와서야 작품에 서명하는 것이 보편화되었습니다. 때로는 서명과 함께 그림이 그려진 날짜를(어떤 경우에는 장소까지) 기록하기도 했습니다. 오늘날에는 다시 서명이 없거나 아니면 눈에 띄지 않는 작품들이 등장하고 있는데, 이것은 미적인 선택이며(서명이 그림을 방해하기 때문에), 자신을 밝히려는 화가 개인의 낭만적인 성향을 지워버리려는 의지이기도 합니다.

 왜 옛날 그림들은 대개 어두침침한가요?

어떤 그림들은 일부러 어두운 색조로 그리기도 했습니다. 예를 들어 17세기에는 밤의 모습을 그린 작품들이 큰 성공을 거두었습니다. 하지만 대다수의 작품들이 어두운 이유는 그림을 덮고 있는 니스의 노화 때문입니다. 시간이 흐르면 니스는 누렇게, 심지어는 갈색으로 변질됩니다. 오늘날에는 전문적인 기술을 이용해 노화된 니스를 조심스럽게 제거함으로써 그림의 선명도를 놀랄 만큼 개선시키고 있습니다. 몇몇 작품은 오랜 세월 동안 양초의 연기에 노출되어 서서히 더러워졌는데,

이 경우에도 그림을 깨끗이 청소하는 것으로 작품의 복원이 가능합니다. 하지만 처음 사용된 물감의 질이 문제인 경우에는 해결책이 없습니다.

훼손된 그림들은 다시 그리나요?

다시 그리는 것은 아니지만 복원은 가능합니다. 작품의 복원은 그림을 깨끗하게 손질하고, 물감이 바탕소재에서 떨어져 일어난 경우 물감을 다시 고정시키거나 바탕소재를 보강하는 것을 의미합니다. 작품에 유실된 부분이 있거나 그림이 완전히 지워진 부분이 있는 경우에는 주변 색깔과 가까운 중간 색조를 섬세한 병렬 터치로 그 부분에 칠해줍니다. 이러한 터치는 육안으로 확인이 가능해야 하며, 이 방법을 이용해야 관람객의 눈을 속이지 않으면서도 그림(크게 훼손된 그림조차도)을 보기 좋게 만들 수 있습니다. 이때 복원 작업은 세 가지의 엄격한 규칙을 따라야 합니다. 복원한 부분이 확인 가능해야 하고(원래 있던 부분과 혼동되어서는 안 되므로), 돌이킬 수 있어야 하며(복원에 사용된 재료는 작품을 훼손시키지 않는 범위하에 언제든지 떼어낼 수 있어야 하므로), 품질이 확인된 재료를 사용해야 합니다(복원에 사용된 재료가 그림을 오염시켜서는 안 되므로).

어떤 그림은 유리벽 안에 따로 보관되어 있고 어떤 그림은 그렇지 않은데 왜 그렇지요?

잘 망가지는 그림이 있고 그렇지 않은 그림이 있습니다. 유리벽은 그림에 먼지가 앉는 것을 막아주고 그림이 사람들의 손을 타지 않게 해줍니다. 특히 유명한 그림들은 사람들의 장난으로 훼손될 수 있기 때문에 최대한 보호를 해주어야 합니다. 역사적으로 보면 염산을 맞은 그림들도 있고(상트

페테르부르그의 에르미타주미술관에 있는 렘브란트의 〈다나에〉, 붉은색 물감으로 낙서된 그림들도 있고 (런던국립박물관에 있는 푸생의 〈금송아지 숭배〉) 찢어진 그림들도 있습니다(런던에 있는 벨라스케즈의 〈거울 속의 비너스〉, 파리 오르세미술관에 있는 〈아르장퇴유의 육교〉). 그림이 훼손된 예도, 이유도 다양합니다. 사상의 이유, 도덕적인 이유, 종교적인 이유 등이 그것이지요.

미술관에서 그림을 도난당하는 경우도 있나요?

가끔 그런 사고가 발생하기도 하지요. 그중에는 영영 찾지 못한 그림들도 있습니다. 가장 유명한 사건은 1911년 8월 21일 파리 루브르박물관에서 일어난 〈모나리자〉 도난 사건입니다. 도난당한 그림을 찾는 데는 꼬박 2년이 걸렸다고 합니다. 그림을 훔친 도둑은 한 이탈리아 남자로, 나폴레옹의 이탈리아 원정 때 이 그림을 약탈당했다고 믿었던 탓에 그와 같은 일을 저질렀다고 말했습니다. 세계를 떠들썩하게 만든 이 사건이 일어난 후로는 모든 미술관의 안전 조치가 크게 강화되었습니다.

옛날 그림의 액자는 누가 고르는 것인가요?

액자는 가끔 주문자나 화가가 선택하기도 합니다. 이 경우에는 그림 작업이 시작될 때부터 정해져 그대로 갑니다. 하지만 지금까지 전해지는 경우는 아주 드뭅니다. 나중에 세월이 지나 이 그림을 소유하는 사람이 액자를 선택하기도 합니다. 이때 역사적인 이유를 생각해 액자를 선택하기도 하지요. 하지만 일반적으로는 미술관의 큐레이터들이 액자를 정합니다.

왜 어떤 그림들은 일부만 미술관에 전시되어 있나요?

중세와 르네상스시대에는 이매화(二枚畵, 두 개의 폭), 삼매화(三枚畵, 가운데 폭과 좌우 양 폭), 다매화(多枚畵, 세 폭 이상으로 된) 등 여러 폭으로 이루어진 작품들이 많았습니다. 그런데 그중 일부가 도중에 훼손되어 사라진 경우도 종종 있었지요. 당시에는 한 폭씩 분할된 작품이 개인들에게 더 잘 팔렸기 때문에 작품을 일부러 나누는 경우가 더러 있었다고 합니다. 오늘날 여러 나라의 박물관이 같은 작품의 일부분만을 소장하고 있는 것도 바로 그 때문입니다. 한 시대의 취향에 그림을 맞추려는 것(장방형의 그림을 오려 유행하는 타원형으로 만들었습니다), 실제적인 필요에 따라 그림을 재단하는 것(그림이나 프레스코화를 보관 장소의 크기에 맞추려 했습니다) 역시 작품의 크기나 부피를 변화시킨 주된 요인이었습니다.

{ 화가 }

한 화가를 '위대한 화가'로 만드는 것은 무엇인가요?

'위대한 화가'는 예술가들뿐만 아니라 대중의 시선까지 변화시킵니다. 그가 등장한 이후로는 더 이상 이전의 방식대로 그림을 그릴 수 없으며, 매우 독창적이고 혁신적이면서 많은 사람들을 감동시키는 그의 작품은 미술사에 기록되어 후대에까지 전해집니다. 그의 작품은 그것이 만들어진 시대에 뿌리를 두고 있지만, 세월이 가고 유행이 바뀌어도 결코 퇴색되지 않는 특성이 있습니다. 가령 레오나르도 다 빈치는 명암법을 발명했고(그림 6), 카라바조는 밤의 장면들을 최초로 묘사했으며(그림 10), 요하임 드 파티니르는 풍경화를 발전시켰는가 하면(그림 7), 에드가 드가는 몸의 풍부한 표현력에 관심을 가졌습니다(그림 20).

훌륭한 화가가 되기까지 어떤 과정과 훈련을 거치나요?

중세나 르네상스시대에는 직업 훈련이 일찍부터 시작되었습니다. 열 살 정도가 되면 유명한 화가의 아틀리에에 도제로 들어갔는데, 먼저 물감 제조와 관련된 모든 일(돌을 갈아 색소를 얻는 일, 색소를 희석하는 일 등)을 배워야 했고, 그런 다음 데생을 거쳐 비로소 그림에 입문했습니다. 이 모든 것을 배우는 데 여러 해가 걸렸으며, 그동안 학생은 화가의 조수로 일했고, 그다음에는 경우에 따라 조력자가 되기도 했습니다. 그런 과정을 거쳐 개인적으로 주문을 받아 제작할 수 있다고 판단되었을 때, 비로소 '명인名人'의 길로 들어서게 되는 것이지요. 명인이 되면 자신의 이름을 내걸고 작업할 수 있었으며, 아틀리에를 열어 미래의 화가들을 양성할 수 있는 권한이 부여되었습니다. 이러한 도제 시스템은 과거에 흔히 부자父子가 대를 이어 화가가 되었던 이유를 설명해줍니다.

화가는 꼭 죽은 다음에야 유명해지는 건가요?

이것은 주로 옛날 작품이 소장되어 있는 미술관을 자주 드나든 데서 비롯된 생각입니다. 이런 미술관은 '유명 화가=죽은 화가'라는 느낌을 갖게 만듭니다. 하지만 다행히도 이것은 옳지 않은 생각입니다. 여러 현대미술관과 갤러리 들이 그것을 증명해주지요. 우리가 미술관에서 보는 작품을 그린 화가 중 대부분은 살아 있을 때도 사후와 마찬가지로 세인들의 찬사를 받았습니다. 시간적인 거리가 한 화가의 작품을 제대로 바라볼 수 있도록 해주고, 그 작품이 회화의 역사에 끼친 영향을 좀 더 정확하게 평가할 수 있게 해주는 것은 사실입니다. 따라서 화가의 명성은 오래되면 될수록 더

안정되기 마련입니다.

 위대한 화가들은 과거에도 오늘날만큼 유명했나요?

한 화가에 대한 평가는 오랜 세월을 거치면서 변하기도 하고, 취향의 변화나 작품의 부분적인 파괴가 무관심을 촉발시키기도 합니다. 17세기의 두 화가, 요하네스 베르메르(그림 15)와 조르주 드 라 투르(그림 11)는 오랫동안 잊혔다가 각각 19세기와 20세기의 미술사학자들에 의해 '재발견'되었지요. 그러나 이 망각의 시기는 그들 작품의 역사에서 작은 괄호에 불과했습니다. 두 화가는 생존 당시에도 사람들로부터 아주 높은 평가를 받았기 때문입니다. 그에 반해 빈센트 반 고흐(그림 21)는 살아 있을 때는 완전히 무명이었다가 죽은 후에야 유명해졌는데, 동시대 사람들로서는 받아들이기 힘들었던 그의 혁신적이고 새로운 작업이 다음 세기의 감수성에 더 잘 부응했기 때문입니다.

 무명의 화가들이 많은 이유는 무엇인가요?

옛날에는 가장 뛰어난 화가들의 이름만 알려졌습니다. 당시에는 화가들이 서명을 거의 하지 않았기 때문에 어느 화가가 어떤 그림을 그렸는지 알아내기가 힘듭니다. 화가의 일생과 작품을 글로 기록한 것은 비교적 최근에 이루어진 일입니다. 이탈리아의 경우는 16세기부터 이루어졌다고 합니다.

어떤 화가는 스타일이 비슷한 작품들 덕에 어떤 그림을 그렸는지 알려지기도 하고, 어떤 화가는 현재까지 남아 있는 자료(목록, 지불 장부, 공증 증서) 덕에 알려지기도 하고, 또 어떤 화가는 작품에 서명을 한 덕에 알려지기도 합니다. 하지만 시간이 지나면서 자료들이 망가지거나 없어지기도 해서 새로운 자료가 발견되지 않는 한 어떤 화가가 어떤 작품을 남겼는지 도저히 알 수 없는 경우가 많습니다.

왜 여성 화가는 별로 없을까요?

오늘날에는 여성 화가들이 많이 있지만, 과거에는 여성에게 가해진 사회적 제약 때문에 상황이 지금과는 전혀 달랐습니다. 여성이 직업을 갖고 일할 수 있다는 생각(화가라는 직업은 더더욱)은 20세기에 와서야 확산되었습니다. 그럼에도 역사적으로 볼 때 여성 화가의 수는 상당합니다. 소포니스베 앙귀솔라(Sophonisbe Anguissola, 1530~1625), 라비니아 폰타나(Lavinia Fontana, 1552~1614), 아르테미시아 젠틸레스키(Artemisia Gentileschi, 1597~1651), 엘리자베스 비제 르브룅(Elisabeth Vigee-Lebrun, 1755~1842), 매리 커샛(Mary Cassatt, 1844~1926) 등이 회화사에서 중요한 입지를 점하고 있기 때문입니다. 일부 여성 화가들은 거의 잊혔거나, 그들의 작품과 그들이 일했던 아틀리에의 작품이 뒤섞여 확인이 불가능한 경우도 있습니다. 또한 중세시대의 수녀들, 화가를 아버지로 둔 여성 화가들은 자기 이름을 내걸고 그림을 그리지 않은 경우가 많았습니다. 하지만 17세기에 와서는 몇몇 여성 화가들이 살아 있을 당시에 화려한 명성을 얻기도 했습니다. 그들은 대개 초상화와 정물화 분야에서 뛰어난 재능을 발휘했는데, 여성 화가들에게는 누드모델을 연구하는 것이 금지되어 있었기 때문입니다. 따라서 특별한 경우를 제외하고는 역사적인 주제 혹은 신화적이거나 종교적인 그림은 여성 화가들의 손이 미치지 못하는 곳에 있었습니다. 오늘날 여성 화가들은 30여 년 전 미국의 여성 역사가들이 시작한 수많은 연구의 대상이 되고 있습니다.

🙋 화가는 주제를 스스로 선택하나요?

18세기 말까지 화가는 주로 주문을 받아 작업을 했습니다. 주문자와 화가의 합의하에 계약이 이루어졌는데, 그 때문에 예외적인 경우를 제외하면 작품의 주제는 요구사항을 명시하는 주문자에 의해 결정되었습니다. 인물의 수, 배경을 이루는 요소, 사용해야 할 물감(심지어 어떤 비율로 사용해야 하는지까지) 등 주문한 그림에 표현되어야 하는 것을 명확하게 명시한 15세기의 계약서들이 더러 발견되어 이와 같은 사실을 증명해줍니다. 물론 작품을 인도해야 하는 기한, 그리고 필요한 경우에는 작품이 손상됐을 때 화가가 도움을 주어야 한다는 조항(일종의 애프터서비스)도 명시되어 있습니다. 이러한 주문 시스템은 특히 공식적인 그림들(종교기관, 왕실이나 국가의 주문)의 경우에는 꽤 오래 지속되었지만 그 외에는 서서히 사라져갔습니다. 17세기(그림 10, 14)와 특히 19세기 초, 다시 말해 낭만주의 시대에 와서는 화가가 직접 그림의 주제를 선택하기 시작했는데, 따라서 화가는 자신의 그림을 높이 평가하고 구입할 만한 고객들을 스스로 찾아야 했습니다.

🙋 옛날 화가들은 그림만 그렸나요?

중세시대에는 화가가 기술자 취급을 받았기 때문에 색깔을 칠하는 것과 관계된 일은 모두 했습니다. 예를 들어 화가들은 그림뿐만 아니라 가구 장식, 깃발, 목재 장부 커버를 장식하는 일도 맡았습니다. 그러다가 르네상스시대(15~16세기)부터 상황은 달라졌고 많은 화가들이 그림 외에도 축제와 공연 기획, 금은세공 조각 모델을 위한 데생과 설계도도 만들었습니다.

화가와 주문자 사이에 분쟁이 자주 일어났을까요?

주기적으로 그런 일이 발생했으며, 기한 경과나 묘사에 대한 지시 위반 같은 문제들이 잦았습니다. 역사를 살펴보면 수년이나 늦게 인도된 그림, 심지어는 아예 인도되지 않은 그림(그림 6), 인물들이 너무 크다거나 수가 많다거나 공간적으로 잘못 배치되어 있다거나, 그 시대의 품위에 맞지 않는다거나 하는 등 인물들에 관련된 분쟁이 매우 빈번했습니다. 가끔 주문자가 원하는 대로 화가가 작품을 수정하기도 했는데, 주문자가 거절한 작품은 그림 애호가들의 차지가 되곤 했습니다. 어떤 때에는 사건이 위원회(화가와 명사들의 그룹)의 판단에 맡겨지거나 법원에 제소되는 경우도 있었습니다.

주문자와 후원자는 어떻게 다른가요?

주문자는 화가의 고객입니다. 화가는 주문자가 그림을 요청하면 그리거나, 정기적으로 꾸준히 그림을 그려주기도 합니다. 주문을 받고 작품이 인도되면 작품의 가격이 정해지는 것이지요. 화가는 주로 가구, 건물, 오페라, 또는 정원을 장식하는 작업 등 다양한 일을 하는데 그림 그리기는 그 여러 작업 중 하나인 경우가 많습니다. 반면 후원자는 화가와의 관계가 좀 더 특별합니다. 후원자는 화가가 커리어를 쌓을 수 있도록 물질적으로 지원을 해주지요. 르네상스시대에는 이러한 후원자가 많았습니다. 하지만 예술에 대한 순수한 사랑으로 이루어진 경우는 드물었습니다. 당시 예술 작품들은 후원자의 따뜻한 마음과 열린 마음을 보여주는 수단이었기 때문에 후원자의 명성을 높여주는 역할을 했습니다. 20세기에는 비즈니스계가 후원자 역할을 했습니다. 기업, 은행은 비싼 전시회를 열거나 복원에 돈을 대주거나 작품을 주문하거나 신인 예술가를 키우기 위한 콩쿠르와 수상식을 마련해 탄탄한 후원을 합니다.

 화가가 주문 받은 대로만 작업을 한다면 어떻게 자신의 작품 세계를 표현하나요?

흔히 화가는 영감을 받아 그림을 그리며 감성과 상상력을 마음껏 표현한다고 알고 있습니다. 하지만 이는 낭만적이고 단편적인 시각입니다. 현실은 다릅니다. 수세기 동안 화가는 주문 받은 대로 그림을 그려내야 했지요.

화가가 그림에 자신의 내면세계를 표현할 때만 자신을 표현하는 것은 아닙니다. 어떤 주제를 그리든 화가는 자신을 표현합니다. 소재를 찾는 능력이 아니라 그 소재를 해석해내는 방법에서 창의력을 보일 때 자신을 표현하는 것이라 합니다. 예술가마다 시각적으로 의미를 해석해 표현하는 것이 다릅니다.

 화가들은 어떻게 자신의 작품을 알렸나요?

재능 있는 화가는 스승의 아틀리에에서 작업을 하며 일찌감치 스승의 고객들과 거래할 수 있었습니다. 그리고 교회, 수도원, 혹은 궁전에 그림을 그려주며 유명해졌고 입소문을 통해 더욱 명성을 얻었습니다. 현대에서 말하는 전시회는 화가들의 작품을 보여주는 여러 아카데미의 활동에서 시작되었습니다(17세기부터). 우선, 화가들은 심사위원들의 허락을 받아 아카데미의 구속에서 점차 벗어나 자유롭게 전시작품을 골랐습니다. 19세기 말부터 행사와 자유로운 박람회가 늘어났습니다. 바로 전시와 판매가 동시에 이루어지는 개인 갤러리의 시작이었습니다.

👧 화가들이 작품을 설명하기 위해 글을 썼다는 게 사실인가요?
화가들이 쓴 글에 작품의 모든 것이 표현되어 있나요?

많은 경우 화가가 쓴 글만이 작품을 증명해줄 수 있었습니다. 그러니까 언제나 그림을 설명해주는 글이 필요하다는 것이지요. 그림은 그 자체가 언어입니다. 음악가는 곡에 대한 설명을 덧붙여 달라는 요구를 받지 않는데 왜 화가는 작품에 대한 설명글을 달아야 할까요? 그림은 화가의 생각을 시각적으로 나타냅니다. 화가는 생각을 그리는 것이 아니라 구체적으로 표현하지요. 하지만 자신의 작품에 대해 자세한 설명을 쓴 것은 아니었습니다. 그보다는 작업 과정, 일반적인 생각을 알려주고 표현하기 위해 글을 썼습니다.

{ 현대미술 }

👧 추상화란 무엇인가요?

그림이 눈에 보이는 현실을 모방하지 않을 때 사람들은 흔히 그 그림이 '추상적'이라고 말합니다. 그것은 실제적인 것이든 상상에 의한 것이든 어떠한 사물도, 인물도, 장소도 재현하지 않습니다. 그 그림에는 단지 형태와 색깔들이 배열되어 있을 뿐이지요. 추상화는 뭔가를 '재현'하지 않고 자기 스스로를 '드러냅니다'. 하지만 많은 예술가들에게 '추상'과 '구상' 사이의 관습적인 대립은 그리 중요하지 않습니다. 반면 어떤 화가들에게는 그 둘 사이의 구분이 절대적인 성격을 갖기도 합니다. 최초의 추상화는 1910년경에 러시아 화가 바실리 칸딘스키(Wassily Kandinsky, 1866~1944)가 그린 수채화로, 현재 이 그림은 파리 퐁피두센터에 소장되어 있습니다.

🙍 단색화란 무엇인가요?

한 가지의 색으로만 그리는 추상화를 단색화라고 합니다. 러시아의 화가 카지미르 말레비치(1878~1935)가 1918년에 그린 작품 〈흰 바탕 흰 사각형〉으로 단색화를 처음 선보였습니다. 이 그림은 뉴욕현대미술관에 보관되어 있습니다. 단색은 그 자체가 목적이 아니라 작가가 느낀 표현의 한계를 관람객에게 보여주려는 새로운 예술방식입니다. 시대와 화가에 따라 단색화는 불투명성에서부터 우주의 무한한 빈 공간에 이르기까지 아주 다양한 개념을 표현하는 수단이 됩니다. 단색화는 매우 애매한데 어떤 때는 아무것도 없는 빈 공간에 가깝게 보이기도 하고, 어떤 때는 처음에 떠오르는 영감을 윤곽으로 표현한 것에 불과한 것처럼 보이기도 합니다(그림 27).

🙍 왜 현대미술 작품들은 액자 없이 걸려 있는 경우가 많을까요?

19세기 말에 빈센트 반 고흐나 조르주 쇠라(Georges Seurat, 1859~1891), 카미유 피사로(Camille Pissarro, 1830~1903) 같은 예술가들은 금박 액자를 포기함으로써(액자는 희거나 색이 있는 띠로 대체되었습니다) 미술을 민주화하고, 그림에 붙은 우아한 부르주아의 장식물이라는 꼬리표를 떼려는 결연한 의지를 보여주었습니다. 그후로 현대미술은 구태의연한 장식들을 과감히 벗어던졌으며, 20세기의 몇몇 예술가들은 액자의 프레임을 완전히 제거함으로써 그림의 자율성에 더 큰 무게를 실어주었습니다. 그림 외적인 그 무엇도 그림을 제한해서는 안 된다는 이유에서입니다. 이 밖에도 20세기 미술은 대체로 화가가 하는 작업의 결과보다는 과정을 더 중요시했습니다. 틀의 부재는 작품이 미완성으로 남아 있는 것이 아니라 작품을 종결짓는 것 자체가 불가능하다는 느낌을 주는 데 일조하고 있는 셈이지요. 그림은 이제 더 이상 분리되고 한정된 사물이 아니라 하나의 열린 공간으로 다가옵니다.

 왜 그림 제목과 그림의 내용이 일치하지 않는 경우가 있나요?

옛날 그림은 화가가 제목을 붙이거나 소장품 목록에서 제목이 정해지는 것이 보통이었습니다. 그에 비해 20세기의 여러 그림 제목은 이해하기 힘들 때가 많습니다. 그렇다고 그림의 제목이 관객을 골탕 먹이기 위한 것은 아닙니다. 실제로 제목은 그림의 구성요소를 밝히기 위해서가 아니라 다른 이유로 정해질 수 있습니다. 예를 들어 그림의 기원을 생각하게 하기 위해서(처음에 누가 어떠한 동기로 그림을 그렸는지를 생각하게 하는 것이 목적), 특별히 봐야 하는 부분을 강조하기 위해서, 그림이 지닌 의미를 알리기 위해, 혹은 그림에 서정적이거나 해학적인 느낌을 더 하기 위해 제목이 붙여지기도 합니다. 제목도 그림의 일부입니다. 제목은 그림을 정의하는 것이 아니라 그림을 이해하는 것을 도와줍니다.

왜 '무제'라는 제목을 단 작품이 많은 걸까요?

제목이 없는 이미지는 꼬리표를 붙일 필요가 없을 정도로 명백하거나 강해야 하는 것으로 여겨집니다. 몇몇 화가들은 그림에 제목을 붙임으로써 그 의미를 축소할 위험이 있다고 주장합니다. 이미지를 규정하는 제목이 없게 되면 어떠한 매개물도 없는 직접적인 시선의 개입을 이끌겠지요. 제목에서 해방된 그림은 동시에 그 제목을 따르기 위한 모든 의무를 벗어던지는 셈인데, 이미지는 제목들의 자리를 대신 차지합니다. 어떤 면에서 보면 이미지는 자연과도 상응합니다. 산에 '산'이라는 제목이 붙어 있기를 바라는 사람은 아무도 없을 것입니다. 이 때문에 흔히 제목은 인위적이고 불필요한 첨가물, 하나의 군더더기로 여겨집니다. 하지만 제목은 작품의 목록을 작성하는 데 큰 도움을 주는 실용적인 기능을 합니다. 어떤 그림을 '무제'라고 칭하는 것은 그 그림에 제목을 붙이는 동시에 제목에 가장 기본적인 기능만을 부여하는 편법이라고 말할 수 있습니다. 음악에서처럼(콘체르토 No. 1, No. 2 등) 미술에도 예술적 전개 과정 전체를 이해할 수 있도록 관람객을 초대하는 무제 No. 1, No. 2 등의 시리즈들이 존재하는 것입니다.

'늘 똑같은 것'만 그리는 화가들이 많은 것 같아요

그것은 창의력의 고갈을 감추는 동시에 상업적인 차원에서 기왕의 창작물을 계속 '우려먹는' 하나의 방식일 수도 있습니다. 하지만 이 생각은 두 가지 현실을 무시하는 처사지요. 첫째로, 예술가들도 매일 먹어야 살 수 있는 인간들이라는 것입니다. 르누아르마저도 잘 팔리는 예쁜 정물화 시리즈를 그리지 않았다면 아마 자기는 굶어죽었을 거라고 고백했을 정도입니다. 따라서 구매자들의 취향은 화가로 하여금 '같은 것을 반복해' 그리도록 강요함으로써 작품의 생산에 상당한 영향을 끼칠 수 있습니다. 개인적으로 막대한 재력이 있거나 성인聖人이 아닌 이상, 손쉽게 돈을 벌 수 있는 유혹을 뿌리치기란 쉬운 일이 아닙니다. 둘째로, 반복에 대한 비난은 대부분의 경우 근거 없는 것입니다. 많은 예술가들이 한정된 레퍼토리를 선택하는 것은 그것의 가장 섬세한 뉘앙스까지 철저히 탐구하기 위해서입니다. 따라서 그것은 불필요한 반복이 아니라 정반대로 심혈을 기울인 섬세한 변주의 예술인 셈입니다. 수시로 바뀌는 유행, 끊임없는 변화와 새로움(마치 새롭다는 것 그 자체가 대단한 가치인 양)이 지배하는 사회에서 오로지 한 우물만 파는 예술가가 오히려 부러움의 대상으로서 독립심을 과시할 수 있는 것이지요. 예술가는 자기 자신의 세계를 창조하고, 타인은 짐작조차 할 수 없는 깊이를 발견하는(그림 27) 자의 눈부신 자유를 누리는 것입니다.

🙋 어떤 그림은 잘못 그려진 것 같아요

이러한 생각은 하나의 오해에서 비롯됩니다. 사람들은 오늘날의 예술이 이전의 예술과 동일한 테크닉을 동일한 방식으로 구사하기를 기대합니다. 그것은 청바지 차림의 여성을 바라보며 그녀가 페티코트를 입은 후작부인의 실루엣을 갖고 있기를 바라는 것과 마찬가지지요. 그림의 표면적인 투박함이라든가, 대충 그린 듯한 밑그림, 세련미와 균형미는 부재해 보이고, 그림에서 난폭함이나 망설임이 감지되기도 합니다. 하지만 이와 같은 것들은 화가의 무지를 증명하는 증거물이 아닙니다. 그것들은 그가 전달하고자 하는 메시지의 성격으로 설명될 수 있습니다. 그림에서는 동요, 고독, 순결, 흐릿한 기억, 환희가 연극에서처럼 '연기'되지 않고 형태와 색깔의 표현성과 움직임에 의해 직접적으로 전달됩니다(그림 28).

🙋 그림들이 정말로 어떤 메시지를 주려고 하는지는 어떻게 아나요?

옛날 그림에 대해서는 이런 질문을 하지 않습니다. 소재를 이해할 수 있고 화가의 테크닉이 뛰어나기 때문에 그림 자체만으로도 충분하기 때문입니다. 예를 들어 베르메르의 그림(그림 15)은 그 자체가 화가의 가치를 분명하게 알려줍니다. 그러나 현대미술 작품 대부분은 그렇지 않습니다. 요즘 그림은 설명이 필요합니다. 책 속의 한 단어 혹은 두꺼운 벽 속의 돌처럼 과정과 순간을 표현하기 때문이지요. 현대미술 작품이 완전한 의미를 가지려면 그림의 배경, 화가의 발자취, 역사적인 흐름을 생각할 수 있어야 합니다. 그림을 보며 이런 공부를 하는 것이 관객에게 늘 쉬운 일이 아닙니다.

하지만 전시회나 책들은 작품을 이해하는 데 도움을 줍니다. 적어도 눈앞에 보이는 작품이 화가의 오랜 과정 중 작은 에피소드에 불과하다는 생각을 할 수 있게 하기 때문입니다(그림 24, 26, 27).

왜 어떤 현대미술 작품은 쓰레기 더미처럼 보일까요?

소비 사회에서 태어난 현대 예술은 여기저기 쓰레기가 가득한 소비 사회의 영향을 받습니다. 좀 더 깊이 이야기하자면 세계적으로 미술의 표현 방식은 1945년 이후에, 특히 히로시마 원폭 투하 이후에 완전히 달라졌습니다. 히로시마 이후부터 전 세계는 세계가 멸망할 것이라는 예상을 계속 하고 있습니다. 마찬가지로 2001년 9월 11일 뉴욕에서 발생한 테러 이후로 이에 대한 반응을 나타낸 많은 작품들이 탄생했습니다. 그림은 흔적을 따라가고 기억하는 역할을 합니다. 고고학 발굴처럼 그림은 세상을 표현합니다. 그림은 시대의 조각들을 주워 모읍니다. 그림은 역사에 대해 구체적인 평가를 합니다. 어떠한 그림은 볼품없이 표현되는데 아무리 작은 것이라도 그냥 지나칠 만한 것은 없습니다. 먼지처럼 가장 작은 상처도 세상의 전부인 것처럼 접근해야 한다는 메시지를 전합니다.

그리다 만 것 같아요!

오로지 화가만이 자신의 작품이 끝났는지 그렇지 않은지를 결정할 수 있습니다. 그 점에 관해서는 어느 누구도 개입할 권리가 없습니다. 회화에서 '완성'에 대한 요구는 자연적인 법칙이 아니라 역사와 관련된 하나의 개념입니다. 현대미술이 끝나지 않은 것처럼 보이는 것은 오늘날에는 더 이상 유효하지 않은 기준으로 그것을 바라보는 데서 비롯합니다. 작품을 미완성처럼 보이게 놔두는 것은 대체로 작품이 다른 곳에서 계속되리라는 것을, 작품이 일시적으로만 중단되었다는 것을 암시하기 위한 화가의 의도로도 볼 수 있는데, 그것은 화가의 작품에 대한 불만족과 멈추지 않는 창작열을 동시에 드러내는 것이라고 할 수 있습니다(그림 30).

 어린아이라도 저 정도는 그릴 수 있겠네요!

물론 어린아이도 미술관 벽에 걸린 몇몇 그림과 비슷한 이미지를 그릴 수는 있을 것입니다. 하지만 아이에게는 몇 걸음 뒤로 물러서서 작품을 바라보도록 이끄는 힘은 없습니다. 아이는 마치 노래를 부르거나 춤을 추는 것처럼 무의식적으로 칠하거나 그리는 반면, 예술가는 의식적으로 하나의 이미지를 다듬습니다. 화가가 겪는 가장 큰 어려움 중 하나는 어린 시절의 순수함을 잃지 않은 채 살아오는 동안 경험을 통해 얻은 시각적, 감성적 성숙을 그림 속에 녹여내며 작업을 이어가는 것입니다. 그가 추구하는 것은 잃어버린 천진난만함의 매력이 아니라 그것이 전할 수 있는 첫 감동의 절대적인 힘과 온전함입니다.

 정말 멋대로군요!

관람객이 작품을 보고 아무 의미도 없다고 느낀다고 해서 그 작품에 아무 의미가 없는 것은 아닙니다. 혹시 관람객이 그 의미들을 해독할 수 없어서 그런 것은 아닐까요? '멋대로'라는 말은 우리가 의미를 파악할 수 없는 뭔가를 비난할 때 쓰는 말입니다. 하지만 우리는 누군가가 우리가 전혀 모르는 언어로 말할 때 그가 '멋대로' 말한다고 비난하지는 않습니다. 이미지 역시 하나의 언어입니다. '멋대로'라고 비난하기보다는 우리가 아직 그 언어를 번역할 줄 모른다고 인정하는 것이 더욱 현명합니다(그림 26).

🙋 누구든 화가의 그림을 똑같이 따라 그릴 수 있잖아요.

그렇지 않습니다. 누구든 그렇게 하지 않는다는 것이 그 증거입니다. 기술적으로 보자면 누구든 별 어려움 없이 단색화를 그릴 수 있습니다. 그러나 그림마다에는 나름의 특별한 의미가 표현되어 있습니다. 화가가 작품을 내놓기까지는 대부분 몇 년의 세월이 필요합니다. 하지만 그의 작품을 모방하기 위해서는 그리 길지 않은 시간이 걸립니다. 작품을 모방하는 것은 창조가 아니기 때문이지요. 가치 있는 것은 창의력입니다. 어느 시대, 특정 장소에서 작품을 구상하고 완성하는 것이 창의력입니다. 그림을 그린다고 무조건 화가가 되는 것은 아닙니다. 화가가 되려면 그림이 창의적인 방식, 세상과 소통하는 공간이 되어야 합니다. 그러려면 남들과 다른 삶을 선택해야 합니다(그림 27).

🙋 화가는 세상을 비웃는 것일까요?

예술가는 세상 모든 사람들과 마찬가지로 자기 나름의 역할을 수행합니다. 그런데 문제는 그가 가끔 관람객의 신경을 건드리는 방식으로 자신의 자유를 행사한다는 데 있습니다. 희롱당했다는 느낌은 '관람객이 작품을 대하면 이러저러한 감명을 받겠지'라고 미리 가진 기대가 깨지면서 생겨납니다. 하지만 사기를 당했다고 느끼는 관람객은 중요한 하나의 디테일, 어느 누구도 그에게 그 작품을 보라고, 나아가 그 작품을 평가하라고 강요하지 않았기 때문에 그 자신이 사기의 표적이 될 수 없다는 사실을 망각하고 있습니다. 그림은 어느 누구에게도 자신을 강요하지 않습니다. 자신을 있는 그대로 드러낼 뿐이지요. 하지만 예술의 입장에서는 억울하게도 통계학적으로 볼 때 관람객보다는 예술가와 작품이 빈정거림과 냉소 더 나아가 욕설의 표적이 된 경우가 훨씬 더 높습니다.

옛날 그림이 이해하기 훨씬 더 쉽다고 하던데요?

이것은 잘못된 믿음입니다. 물론 옛날 그림은 그것을 구성하는 요소들을 훨씬 더 쉽게 확인할 수 있게 해줍니다. 하지만 그것만으로는 충분하지 않습니다. 나아가 주제를 해독해야만 합니다. 얼마나 많은 수수께끼 같은 주제들(역사적, 문화적, 종교적, 신화적)이 관람객으로 하여금 허기를 느끼게 만드나요! 게다가 주제를 파악했다고 하더라도 그 작품을 이해했다고는 말할 수 없습니다. 〈모나리자〉가 한 여인의 초상이라는 것을 알았다고 해서 그 작품을 온전히 이해했다고 말할 수 있을까요? 예전에 그림은 관람객에게 몇 가지 코드의 지식을 요구했지만, 오늘날의 그림은 현대 역사에 닻을 내리고 있는 다른 배경지식을 요구합니다. 오늘날의 그림은 우리가 현재 겪고 있는 것, 무無에 대한 두려움이나 초월의 갈망, 비웃음, 반항, 욕망 혹은 반사적인 반응들에 대해, 혹은 다른 정보 없이도 즉각적으로 쉽게 이해할 수 있는 것들에 대해 이야기합니다.

오늘날 우리가 '예술'이라 부르는 것은 예술이 아니라고 하던데요?

예술이 아니라고 말하려면 예술이 정확히 무엇인지 알아야 하고 기술적인 완성도와 미적인 완성도를 판단할 수 있어야 하고, 역사의 소용돌이에도 불구하고 기술과 미적 완성도가 영원한 목적이 되어야 합니다. 그리 어려운 것은 아닙니다. 선사시대부터 그림은 중요한 역할을 했습니다. 그림이 어떤 용도로 사용되었는지 정확히 몰라도 인간이 광맥에서 멀리 수백 킬로미터에 걸쳐 염료를 운반했다는 것을 알 수 있습니다. 선사시대 인간들에게 염료는 무기만큼이나 꼭 필요한 것이었습니다. 최초의 그림은 화려한 장식이 없어도 후세까지 살아남았습니다. 그림은 화가가 활동하는 공간을 만듭니다. 그림은 화가와 세상을 연결하는 공간입니다. 화가는 자신이 느낀 것, 자신에게 부족한 것, 기대하는 것, 두려운 것 등을 그림에 표현합니다. 몇 세기 동안 실제로 그림은 우리가 가진 아름다움에 대한 생각을 전하는 수단이 되었지만 그것이 전부는 아닙니다. 그림, 일반적으로 예술은 대부분 초월성을 추구하고 추억을 안겨주지만 단순히 아름다움만 추구하지는 않습니다.

 그림은 꼭 미술관에서 보관해야 하나요?

미술 작품은 개인의 역사(화가의 인생)와 한 시대의 역사를 이야기하기 때문에 미술관이 구입합니다. 그림이 의미를 가지려면 개인의 역사와 한 시대의 역사가 실제로 일치해야 합니다. 현대미술관은 미적인 감동을 주는 곳이기도 하지만, 미적인 감동만 주는 곳은 아닙니다(예술은 비참한 모습의 세계를 대신 할 방법을 제시하기도 합니다). 여러 실험들이 이루어지는 실험실, 돋보기를 통해 주변을 좀 더 자세히 바라보는 장소가 되기도 합니다.

어떠한 경우에도 시간이 지나면 마지막 말은 이렇습니다. 시각은 닳고 닳아 지치거나 날카로워지게 됩니다. 어떤 작품들은 힘을 잃고, 어떤 작품들은 힘을 얻게 됩니다.

{ 종교화 }

 종교화가 정말 많은 것 같아요.

수 세기 동안 미술은 기독교에 의해서만 존재했습니다. 당시 기독교는 사회에 막강한 역할을 했습니다. 교회는 사람들에게 종교적 지식을 전달하기 위해 그림을 그리게 했고 그림을 이용했습니다. 사람들은 그림을 통해서 지식을 얻었습니다. 글을 읽지 못해 텍스트에 다가갈 수 없던(더구나 책은 귀하기도 해서 모두가 다 볼 수 있는 것은 아니었습니다) 사람들은 그림을 통해 종교 역사를 배웠습니다. 이 당시에는 말보다는 그림으로 감성을 일깨워주었고 그림을 통해 얻은 기억이 더 오래갔다고 합니다.

 교회에서 그림은 어떤 역할을 했나요?

그림은 사람들이 믿어야 하는 것을 보여주었고 사람들에게 전반적인 확신을 심어주었습니다. 사람들이 희망하는 것(천국), 무서워하는 것(지옥의 형벌), 아는 것(종교 역사 이야기), 하는 것(성인들의 자비와 미덕 실천)을 알려줍니다. 또한 그림은 교회 건물을 예쁘게 꾸며주는 역할도 했습니다.

왜 이렇게 아기 예수를 안은 성모 마리아 그림이 많나요?

여기에는 두 가지 의미가 있습니다. 아기 예수를 안은 성모 마리아 그림은 단순히 아기를 안은 어머니의 그림이 아닙니다. 예수가 하느님의 분신이라는 메시지를 전하기도 합니다. 성모 마리아는 인간으로 태어난 신, 예수의 말씀을 지지하고 돕는 교회를 상징합니다. 그렇기에 성모 마리아는 모든 신자들의 어머니입니다. 세월이 지나면서 성모 마리아와 예수의 인간적인 면, 부드러운 면이 강조되어 자연스럽게 기독교 종교화에서 가장 인기 많은 소재가 되었습니다.

십자가를 진 예수의 그림도 무척 많아요

십자가를 진 예수의 그림은 죽음이 끝이 아니라 시작을 뜻한다는 메시지를 전하는 그림입니다. 기독교는 이를 바탕으로 예수의 부활을 믿습니다. 원래 노예와 반역자를 벌주기 위해 만들어진 십자가이지만, 교회에서는 예수의 희생과 죽음 그리고 승리를 상징합니다. 그래서 교회는 십자가 그림을 많이 필요로 했습니다. 15세기부터 고대 조각상, 해부학에 대한 지식이 쌓이면서 소재의 사실적인 표현이 가능해졌고 예수의 그림은 조형미와 종교 정신의 아름다움을 이상적으로 표현하기 시작했습니다.

수태고지 그림도 마찬가지예요

이 장면은 속죄의 역사를 여는 것이라 할 수 있습니다. 가브리엘 천사가 마리아에게 미래에 아기 예수가 태어날 것을 알립니다. 특히 이 아기 예수가 마리아의 몸을 빌어 탄생할 것이라 알립니다. 수태고지 그림은 정신과 육신의 근본을 이야기한 그림이라 할 수 있습니다. 화가들은 종교 메시지로서 꼭 필요한 수태고지 테마 그림을 잘 그리기 위해 열심히 노력했습니다(그림 1).

왜 아기 예수는 어른의 모습을 하고 있을 때가 많나요?

옛날 화가들이 진짜 아기 모습을 그리지 못할 정도로 그림 솜씨가 형편없어서가 아닙니다. 아기 예수의 얼굴과 표정은 인간이자 신으로서의 예수를 정교하게 표현해야 했습니다. 따라서 아기 예수는 키는 작아도 어른과 같은 성숙함을 지닌 것으로 표현되었습니다. 시대에 따라 아기 예수는 다르게 표현됩니다. 키는 작아도 고대의 연설자처럼 예복을 입은 채 손을 들어 올리는 모습으로 표현되기도 하고(신의 목소리를 상징), 운동선수처럼 묘사되기도 합니다(악에 대한 승리를 상징). 일반적으로 이탈리아 화가들은 아기 예수를 근엄하고 진지하게 표현했고, 플랑드르 화가들은 아기 예수를 좀 더 자비롭고 따뜻하게 표현했습니다.

왜 종교화 속 사람들은 머리 주변에 황금색 원을 두르고 있나요?

'후광'이라고 하는 이 황금색 원은 신의 절대적인 빛을 상징하며 신이나 성인들의 머리 주변에 있습니다. 후광은 여러 방법으로 표현되었습니다. 완전한 동그라미, 황금색 가느다란 고리, 광채 등 모양은 다양했습니다. 대부분의 경우 후광은 모자처럼 인물이 머리 방향을 어떻게 하느냐에 따라 그대로 따라가는 것으로 되어 있지만 중세시대의 경우는 예외입니다. 중세시대의 그림을 보면 후광은 인물의 위치와 관계없이 언제나 바닥과 평행 방향으로 되어 있습니다. 후광은 신의 영원한 완벽함을 뜻하는 황금색으로 상징적인 의미를 지니며, 배경과 어울리게 표현되었습니다.

왜 가끔 종교화 속에 초상 그림이 있나요?

종교화 속에 있는 초상의 주인공은 주문한 고객의 얼굴인 경우가 많습니다. 그림 주문자가 종교화 속 인물로 등장하기도 합니다. 예를 들어 15세기 중반 피렌체의 메디치 가문의 사람들은 동방박사의 모습으로 그려졌습니다. 또한 그림 주문자는 다른 성인들과 마찬가지로 기도하는 모습으로 당시의 옷을 입은 채 묘사되기도 했습니다. 이렇게 표현된 그림 주문자는 그림 속에서 주요 인물군에 속하기도 하고 삼매화일 경우에는 옆쪽 덧문에 배치되기도 합니다(간혹 중앙판의 바깥쪽에 배치되기도 합니다). 이는 주문자의 모습을 후대에 전해 존경을 받기 위한 방법입니다. 어떤 종교화에는 화가의 자화상이 들어가기도 하는데 이는 화가가 그림 주제와 관계되어 있다는 것을 강조하기 위해서입니다.

지금도 종교화를 그리나요?

옛날에는 종교화를 전문적으로 그리는 화가들이 있었습니다(물론 이들 화가들은 다른 그림을 그릴 때도 있었습니다). 하지만 19세기부터 서구 사회에 종교의 영향력이 줄어들면서 예전보다 종교화는 덜 그립니다. 하지만 옛날에 종교화가 하던 역할은 현재 추상예술이 점차 대신하고 있습니다. 많은 현대예술가들이 종교 건축물에 맞는 작품(회화, 스테인글라스, 설치)을 만들고 있습니다. 현대 추상예술은 종교화처럼 종교적인 것을 사실적으로 표현하는 것이 아니라 다른 방법으로 절대적인 힘을 표현합니다. 소재, 컬러, 특히 빛을 조절해 하나로 뚜렷하게 표현할 수 없는 종교의 절대적인 힘을 표현합니다.

유대교회당과 회교사원에는 왜 그림이 없나요?

기독교는 그림을 표현방법으로 생각해 활용했지만 유대교와 이슬람은 인간의 모습을 그린 그림을 예배당에 놓는 것을 금지하고 있습니다. 유대교는 구약성서의 구절(십계명의 세 번째) "너를 위하여 우상을 만들지 말고 또 위로 하늘에 있는 것이나 아래로 땅에 있는 것이나 땅 아래 물속에 있는 어떤 형상도 만들지 말라"를 인용해 그림을 금지합니다. 한편, 이슬람은 선지자 마호메드가 메카에 쓴 초기 구절(수나) "그림을 만들어내는 이는 신에게 처벌 받으리라. 신은 그림에 영혼을 불어넣어 다시는 그림을 만들어내는 일을 하지 못하게 하리라"(77-92,1)를 내세워 그림을 금지합니다. 유대교와 이슬람은 우상숭배를 위험한 것으로 생각해 그림을 금지합니다. 다시 말해서 신 자체를 숭배해야지 신의 모습을 나타낸 그림이나 조각상을 숭배하지 말라는 것이죠. 우상 숭배는 기독교 역사에서도 여러 번 문제가 된 적이 있습니다. 이 때문에 그림에 찬성하는 성상 지지자와 그림을 반대하는 성상 파괴자 사이에 폭력적인 싸움이 일어나기도 했습니다. 그러나 교회는 그림이 교육적인 효과가 크다고 생각해 그림을 인정하는 결정을 내렸습니다. 하지만 16세기에 일어난 종교개혁으로 나타난 개신교는 예배당에 그림을 놓는 것을 금지했습니다.

종교화는 어떤 자료에서 영감을 얻나요?

종교화는 《성경》에서만 아이디어를 얻는 것이 아니라 《성서 외전》과 《황금전설》도 참고합니다. 《성경》《성서 외전》《황금전설》에 대해 간단히 소개하도록 하겠습니다. 종교화에 나오는 다양한 인물, 상황, 장소, 상징적 물건을 이해하려면 이 세 가지 자료를 반드시 봐야 합니다.

• 기독교에서 사용하는 《성경》은 구약성서와 신약성서로 되어 있습니다. 구약성서는 천지창조와 인간창조, 원죄, 히브리 사람들, 국왕들(그림 10, 14)에 대한 이야기를 합니다. 신약성서는 예수의 일생(그림 1), 사도들이 일생에서 겪은 에피소드(사도들의 행적), 요한 묵시록을 이야기합니다.

• 《성서 외전》은 성경에 속하지는 않지만 화가들이 《성서 외전》을 참고해 그림을 그린다고 해서 교회에서 특별히 뭐라고 하지는 않습니다. 2, 3, 4세기에 나온 《성서 외전》은 성경 복음서에 나오지 않는 예수와 성모 마리아의 에피소드를 표현하기 위한 종교적인 그림에 많이 사용됐습니다(그러니까 《성서 외전》은 좀 더 감성적인 영감을 받아 쓴 글들입니다).

• 《황금전설》은 역사와 전설의 중간 성격을 지닌 이야기들을 제노바의 대주교였던 자크 드 보라진이 편집해 다시 쓴 것입니다(1225년과 1230~1298년 사이). 《황금전설》은 특별히 성인들의 이야기(그림 3) 특히, 성인들의 순교 이야기를 많이 다룹니다. 종교를 주제로 한 연극은 연출, 무대장치, 에피소드를 통해 그림에 영향을 주기도 했습니다. 길거리, 교회 앞 광장에서 하던 공연을 자주 보던

관객은 종교화가 이러한 공연들의 장면을 표현했다는 것을 알아차렸습니다.

{ 초상화 }

 초상화란 무엇인가요?

초상화란 어떤 인물을 알아볼 수 있도록 그 인물을 그림으로 재현한 것입니다. 모델의 이름이 밝혀져 있지 않을 경우(그러나 당시 사람들은 누구의 초상인지 쉽게 알았을 겁니다), 우리는 그 그림에 '남자의 초상' 혹은 '젊은 여인의 초상'이라는 일반적인 제목을 붙입니다. 한편 그림에 그 인물의 신분이나 직업을 짐작할 수 있는 부분이 들어 있을 경우에는 '어느 음악가의 초상'이나 '한 사냥꾼의 초상'처럼 좀 더 구체적인 제목이 붙게 됩니다.

 초상화는 주로 누가 그렸나요?

중세시대에는 왕과 왕비들이 자신의 모습이나 가족들을 모델로 삼아 초상화를 그리게 했는데, 여기에는 정치적 또는 종교적인 힘을 행사한다는 의미도 담겨 있었습니다. 그러다 15세기 르네상스시대에 와서는 은행가나 상인처럼 부유한 계층의 사람들이 자신의 초상화를 그려 달라고 요청했으며, 17세기를 지나 19세기부터는 초상화가 부르주아 계층의 전유물이 되었습니다.

 화가는 모델을 직접 선택했나요?

화가가 왕실의 궁정화가로 일했던 과거에는 선택의 자유가 주어지지 않았습니다. 화가의 역할은 단지 주문받은 그림을 그리는 것으로만 한정되어 있었기 때문입니다. 그러나 19세기 말부터는 (점차 주문을 받고 그림을 그리는 일이 줄어듦에 따라) 화가가 완전히 독립적인 방식으로 자신의 주변 인물이나 친구들, 혹은 화가 스스로가 흥미롭다고 여기거나 감탄의 대상이 되는 사람들(그림 20, 29)을 그리기 시작했습니다.

가끔 옆모습을 그린 초상화를 보기도 하는데요.

14세기와 15세기에 이탈리아에서 유행했던 이와 같은 기법은 고대 동전이나 메달에서 영감을 얻은 것으로, 모델은 로마 황제들의 포즈를 차용하여 자신의 권위뿐 아니라 인물의 고귀함을 표현했습니다. 옆모습을 그림으로써 얼굴 본연의 모습에 개성을 부여한 것은 물론, 그 특별한 구도 때문에 관람객들의 시선을 인물에 집중시키는 장점도 있었습니다. 시간을 초월해 인물의 위엄을 부각시키는 옆모습의 초상화는 오늘날까지도 존재하는 미술양식입니다.

얼굴을 45도 각도에서 그린 그림도 많이 볼 수 있어요

비잔틴 교회의 모자이크에서는 성스런 얼굴, 즉, 예수의 얼굴만 정면으로 그립니다. 〈축복하는 예수〉〈최후의 심판〉과 같은 장면에서 이를 확인할 수 있습니다. 얼굴을 정면으로 표현하는 것은 신의 권력을 나타내는 방식입니다. 드물지만 간혹 정면 초상화가 있긴 한데 이는 모델과 천국 사이의 관계를 의미 있게 표현하기 위해서입니다. 영원성을 나타내는 정면 혹은 옆모습과 달리 45도 각도로 그리는 초상화는 중간적인 의미를 지닙니다. 45도 각도의 옆모습을 시선에 묘한 느낌을 주거나 관객 쪽을 바라보기도 하고 다른 곳을 바라보는 것 같은 느낌을 주기도 합니다. 15세기 초부터 네덜란드 화가들이 45도 각도의 옆모습을 그리기 시작했고 얼마 안 가 45도 각도의 옆모습은 널리 사용되는 포즈가 되었습니다.

 흉부 초상화와 반신 초상화의 차이점은 무엇인가요?

흉부 초상화는 어깨 부분에서 잘린 인물을 보여줍니다. 따라서 관람객은 그의 손을 결코 볼 수 없습니다. 옆모습이나 45도 각도의 옆모습이 보이는 중세시대와 르네상스시대의 초상화는 대부분 흉부 초상화로, 이와 같은 그림은 고대 흉상의 전통을 이어받은 것입니다. 초상화가 모델의 반신, 다시 말해 허리까지 보여주기 시작한 것은 16세기부터입니다. 이때부터는 인물의 손이 보충적인 표현 요소로 작용했는데, 두 손을 다 표현했는지에 따라, 또는 손을 들고 있는지 혹은 가만히 내려놓고 있는지에 따라 모델의 심리 상태를 강조하거나 인물에 뉘앙스를 부여하기도 했습니다(그림 6).

 전신 초상화란 무엇인가요?

전신 초상화는 서 있는 모델을 보여주는 그림입니다. 전신 초상화는 16세기에 특히 발달했는데, 귀족이나 왕자들이 애용했던 이런 종류의 이미지는 인물의 풍채를 강조하고, 의상과 배경을 과시할 수 있는 기회를 부여합니다. 19세기에는 엘레강스(우아함)의 동의어가 되어버린 이 초상화 기법을 주로 사용했습니다.

 성장盛裝 초상화란 무엇인가요?

일반적으로 공식 초상화를 뜻하는 성장 초상화는 인물의 사회적 지위와 그가 행사하는 권력을 강조합니다. 모델의 신분이나 지위의 중대함을 과시해야 하는 이런 종류의 초상화에서는 극도로 화려한 의상과 우아한 포즈 그리고 웅장한 배경이 지배적인 역할을 합니다. 왕실 초상화와 궁정 초상화에 사용되어 스펙터클한 효과를 창출해냈습니다. 기마 초상화는 말을 탄 모습에서 영감을 얻어 로마 황제들의 위대함을 상기시키는 특별한 범주의 성장 초상화에 속합니다. 이런 초상화 속의 인물은 영광의 절정에 도달해 실제적으로나 상징적으로 절대적인 정치적, 군사적 권력을 행사하는 것으로 표현됩니다(그림 8).

자화상이란 무엇인가요?

자화상이란 화가가 거울 또는 사진을 보며 자신의 모습을 그린 초상화입니다. 스스로 그린 화가의 이미지는 그 자체로 하나의 작품이 되기도 하고, 그림 속에 통합되어 다른 인물들과 함께 모습을 드러내기도 하지요(그림 22). 예술가는 때때로 붓을 손에 든 채 작업을 하고 있는 자신을 그리기도 하지만, 자신의 활동에 대해 아무런 암시를 하지 않는 경우도 있습니다.

단체 초상화는 어떻게 그리나요?

단체 초상화에는 가족 초상화, 동업조합 회원의 초상화, 각별한 사이가 아니더라도 특별한 정황으로 인해 모인 사람들의 초상화 등 여러 가지가 존재합니다. 일반적으로 사람들은 화가가 구도를 잡을 수 있도록 함께 포즈를 취하거나, 얼굴을 그릴 수 있도록 따로 포즈를 취하기도 합니다. 함께 포즈를 취한 적이 전혀 없는 모델들을 따로 그린 후에 화가가 인위적으로 조작한 단체 초상화도 더러 있습니다. 단체 초상화의 가장 큰 어려움은 모델 각자에게 나름대로의 중요성을 부여하는 동시에 그림 전체에 충분한 활기를 불어넣는 데 있습니다.

 초상화 속의 인물은 실물과 얼마나 닮았을까요?

옛 초상화에서는 인물의 닮은 정도가 그림에서 결정적인 역할을 담당했지만 현대미술에서는 그것이 크게 중요하지 않게 되었습니다. 19세기에 사진이 발명된 이후로 모방에 대한 요구는 줄어들었고, 특징적인 성격의 표현이 생김새의 정확한 묘사보다 더 중요하게 여겨졌습니다. 그러나 옛 초상화에서 화가는 아부를 했다는 비난을 받는 일이 있더라도 모델을 가장 빼어난 모습으로 보여주어야만 했습니다.

 화가는 늘 모델을 앞에 두고 작업을 하나요?

모델이 너무 중요한 인물이거나 오랫동안 포즈를 취할 수 없을 정도로 바쁜 사람일 경우에는 모델 없이 작업을 하기도 했습니다. 화가는 포즈 시간을 최소한으로 줄였으며, 때로는 모델의 다른 초상화를 이용해 얼굴을 그리고, 마네킹을 세우거나 제자에게 포즈를 취하게 하여 액세서리, 의상, 배경을 그리는 경우도 있었습니다. 20세기의 화가들은 직접 모델을 세우기보다는(여러 가지 제약이 따르고 거북했기 때문에) 기억을 더듬어 혹은 사진을 보고 몇몇 뚜렷한 특징들만을 부각시켜 그리는 방식을 선호했습니다. 이렇게 함으로써 그들은 훨씬 더 자유롭게 인물에 대한 주관적인 해석을 내놓을 수 있었습니다(그림 29).

🎀 초상화는 무엇에 쓰였나요?

초상화는 일생의 어느 한순간에 포착된 인물의 모습을 증언합니다. 사진이 발명되기 이전에는 조각을 제외하고 그런 역할을 할 수 있는 것은 오로지 초상화뿐이었습니다. 이처럼 초상화는 자료 보존, 정보 제공의 역할을 수행했던 셈입니다. 신부감을 찾고 있는 왕의 경우에는 한 번도 만날 기회가 없었던 공주나 여인의 초상화를 요구했습니다. 그림은 이처럼 부재하는 사람을 대신하기도 했는데, 이러한 그림의 주요한 기능은 고대 전설에서 이미 강조된 바 있습니다. 한 젊은 처녀가 작별을 고하는 연인의 모습을 간직하기 위해 벽에 그의 모습을 그림으로써 초상화(그리고 회화)의 예술을 발견했다는 이야기가 전해내려옵니다.

🎀 사진이 발명되면서 초상화는 사진으로 대체되었겠어요

상당 부분 대체되었다고 볼 수 있습니다. 사진 기술이 발달하면서 다양한 이미지가 사진으로 인화되고 있지만 오늘날에도 여전히 많은 초상화가 그려지고 있지요. 초상화는 더 이상 현실을 포착하기 위해 사용하는 유일한 수단이 아닌 만큼 더 큰 예술적, 상징적 가치를 지니게 된 것입니다. 따라서 이제 초상화는 화가에게나 모델에게나 미적 취향에 따른 선택이라 할 수 있지요.

{ 신화와 역사를 주제로 한 그림 }

🎀 신화를 그린 그림은 무엇을 표현하는 것인가요?

그리스 로마 신화 속에 나오는 신, 영웅, 인물 들을 표현합니다. 고대 그리스 로마 시대의 전설은 신, 영웅, 인물 들의 업적, 사랑, 격렬한 싸움을 이야기합니다. 화가들은 고대 그리스 로마 전설을 참고해 인간에게서 볼 수 있는 모든 행동(애정, 질투, 잔인함, 용기, 복수)을 위엄 있게 그렸습니다(그림 12).

신화를 주제로 한 그림에는 나체 장면이 왜 이렇게 많나요?

신화 속 인물들이 나체로 나오는 것은 초인적인 힘을 보여주기 위해서입니다. 신화를 주제로 한 그림은 실제 인간의 모습을 그린 것이라기보다는 씩씩한 분위기를 표현한 것이기 때문에 인물의 몸을 옷으로 가릴 필요가 없었습니다. 그리고 그림 속 인물들의 완벽한 몸매는 따라야 할 모범이 되었지요. 고대 조각가가 제시한 모델에 따라 신화 그림은 완벽한 인체의 아름다움을 표현했습니다.

나체 인물을 그리려면 모델이 필요한데 누가 모델을 서나요?

화가들은 전문적인 남성 혹은 여성 모델들을 세웁니다. 이들 모델들은 미술학교의 콩쿠르에 출전한 사람들이기도 합니다. 그러나 특히 20세기에 와서는 주변 사람들을 모델로 세우는 화가들도 있습니다. 과거에는 고대 시대에 만들어진 조각상들이 커다란 영감을 주었고 살아 있는 사람의 모델이 가진 신체적인 단점을 고치고 싶을 때 참고하는 자료가 되기도 했습니다. 19세기 중반부터는 혁신적인 화가들(마네)이나 조각가들(로댕)이 개성과 자연스러움이 넘치는 아마추어 모델을 이용했습니다.

🧒 나체 인물들은 모두 신화 속 그림에서만 나오나요?

꼭 그렇지는 않습니다. 종교화에서도 아담과 이브, 십자가를 진 예수, 성 세바스티아누스를 비롯한 여러 순교자들도 나체로 표현됩니다. 15세기부터 이러한 종교화들은 신화에 나오는 신들의 모습에 영향을 받았습니다. 예를 들어 예수의 조각상은 태양신 아폴론의 조각상에서 영감을 많이 얻은 것 같습니다. 19세기부터 화가들은 종교와 신화를 다루지 않은 그림에서도 나체 인물들을 대담하게 그려냈습니다.

🧒 왜 이렇게 비너스 그림이 많은가요?

미와 사랑의 여신 비너스는 완벽한 여성의 육체를 상징합니다. 그래서 화가들은 언제나 비너스를 잘 그리려고 노력했습니다. 여러 화가들이 비너스를 그릴 때 가장 많이 그리는 소재가 '비너스의 탄생'이지요. 즉, 물에서 나오는 비너스(그림 4) 혹은 길게 누워 잠을 자고 있는 비너스를 그렸습니다. 화가들은 완벽한 인체 비율을 보여주는 비너스의 모습을 다양한 포즈로 그리며 관능적인 면을 강조했습니다.

🧒 역사를 주제로 한 그림은 무엇을 표현하는 것인가요?

머나먼 과거, 즉 화가가 살았던 당시 시대를 표현합니다. 고대와 중세는 화가들이 상상력에 자극받았고 경우와 시대에 따라 영웅적이거나 감동적인 역사적 주제에 대해 영감을 받기도 했습니다. 현대 역사화 역시 정부에게서 주문 받는 그림 장르답게 승리, 대관식, 왕실 결혼식 등을 테마로 했습니다. 그러다가 19세기 초에 변화가 일어났습니다. 영광으로 가득한 것이 아닌 평범한 역사적 순간을 그리기 시작한 화가들이 나온 것입니다. 이들 화가들은 다양한 사건을 소재로 삼아 당대의 정치와 사회적 이슈를 비판적으로, 도발적으로, 혹은 환멸스럽게 표현해 작품에 풍부함을 더했습니다(그림 16).

{ 풍경화 }

 어떤 그림을 '풍경화'라고 부르나요?

풍경화는 우선 자연의 재현입니다. 시대에 따라, 관람객에게 방대한 자연 세계를 보여주고자 했는지 아니면 몇몇 구체적인 요소들만을 강조하고 있는지에 따라 각기 다른 종류의 풍경화들이 그려졌습니다. 풍경화는 실제 존재하거나 상상 속에 있는 장소, 전원, 바다 그리고 도시를 묘사합니다. 또한 풍경화는 다른 다양한 주제들과 결합된 경우도 있습니다.

 풍경화는 언제부터 그리기 시작했나요?

나무, 산 정원과 같은 자연의 요소들이 그림 속에 등장한 것은 13세기 후반에 와서입니다. 풍경이 주제가 아니었던 이 모티프들은 그림 속의 이야기나 인물을 위치시키는 데 주로 이용되었습니다. 그러다가 점차 레퍼토리가 확장되었고, 결국에는 진정한 '배경으로서의 풍경'이 성스러운 장면 뒤쪽 공간을 차지하게 되었습니다. 16세기에 와서는 자연이 종교적인 주제의 그림을 완전히 점령하는 바람에 인물의 비중이 현저히 줄고 드넓은 배경에 압도되었으며(그림 7), 17세기부터 고유한 의미에서의 풍경화가 발달되어 다른 주제의 배경이 아니라 독립된 주제로 자리 잡았습니다. 그때부터 화가들은 끊임없이 풍경화를 그렸고, 특히 19세기에 와서는 일상과 점점 더 가까운 모티프들을 선택했습니다.

 풍경화는 사진처럼 늘 구체적인 장소를 묘사하나요?

15세기부터 구체적인 장소나 지역에서 볼 수 있는 풍경들이 그려졌습니다. 하지만 그것은 전혀 체계적이지 않았습니다. 상상의 요소가 거의 절반을 차지했고, 나머지는 여기저기 다양한 요소들을 조합해서 그린 것으로, 화가는 자연에서 보기 좋은 것들만을 추린 다음 이상화된 버전으로 꾸며 그림을 완성했습니다. 실제의 장소를 정확하게 묘사한 풍경화는 17세기 네덜란드에서 시작되어 19세기에 와서 유럽 전체로 퍼져 나갔습니다. 예를 들어, 관람객은 인상주의 화풍의 풍경화에서 어떤 다리, 어떤 절벽 혹은 어떤 시골길의 특별한 지형을 쉽게 확인할 수 있습니다.

 화가들은 왜 그렇게 많은 풍경화를 그렸을까요?

자연의 아름다움을 바라보는 것과는 별개로 풍경화에는 여러 가지 기능이 있었습니다. 우선 풍경화는 조물주의 천지창조에 찬사를 보내는 한 방법이었지요. 풀잎 하나하나에 신의 섭리가 반영되어 있었고, 풍경은 지상에서의 인생항로를 상징하는 여정이었습니다(그림 7). 또한 역사적 현실을 담아내기도 했는데, 가령 정치적, 종교적 독립을 쟁취한 17세기의 네덜란드에서는 마치 영토의 목록을 작성하듯 수없이 많은 풍경화들이 그려졌습니다. 얼마 후, 낭만주의 화가들은 풍경을 영혼의 거울로, 인간이 우주와 맺고 있는 관계의 거울로 인식했습니다. 인상주의 풍경화는 햇살, 바람, 눈 덮인 아침나절 등 일상에서 접할 수 있는 흔한 이미지들을 아주 미세한 변화까지 포착해 재현해냈습니다. 결국 자연은 화가에게 명상과 역사에 대한 의식, 몽상, 산책의 장場을 제공해주는 셈입니다.

풍경화는 작업실에서 그렸나요, 야외에서 그렸나요?

옛날 화가들은 자연을 관찰하며 여러 차례 습작을 한 다음 아틀리에에서 작업을 했습니다. 그들은 자연의 다양한 모습을 보여주기 위해 여러 곳에서 차용해온 요소들을 결합시켰는데, 당시의 풍경화는 사람들이 이야기를 연출하는 세계의 이상적인 축도縮圖였습니다. 19세기 후반에 와서는 휴대하기 간편한 튜브물감의 발명과 더불어 화가들이 아예 야외로 나가 그림을 그리기 시작했습니다(그림 19). 화가들이 야외로 나가 작업하기 시작하자 그림의 주제와 이미지에 혁신적인 변화가 일어났지요. 화가들은 누구나 언제든 어디에서든 쉽게 볼 수 있는 평범한 것들(성인이나 신화적인 인물이 아닌)을 묘사하는 일에 매달렸습니다. 그들은 환한 빛 속에서 작업을 함으로써 밝은 색을 주로 사용했습니다. 또한 날씨의 지속적인 변화 때문에 그들은 스케치와 유사한 기법으로 순간적이고 흐릿한 인상들을 캔버스에 옮겼습니다.

{ 일상과 사물을 묘사한 그림 }

 일상생활을 담은 그림들도 많나요?

일상생활을 묘사한 그림은 16세기부터 점점 더 많아졌습니다. 사회 전 계층에서 영감을 길어온 이와 같은 그림들은 '고상한 주제'를 다루지 않았기 때문에, 다시 말해《성경》이나 고대 이야기에서 주제를 가져오지 않았기 때문에, 그리는 화가나 보는 관람객이나 높은 수준의 교양을 필요로 하지 않았습니다. 그 때문인지 이런 그림들은 오랫동안 이류로 취급받았습니다. 하지만 복잡한 주제를 가진 그림들보다 훨씬 쉽게 구매자를 찾을 수 있었던 터라 양적으로는 전체 그림의 상당 부분을 차지했습니다(그림 15). 하지만 '풍속화'라는 용어가 정착된 것은 19세기에 와서입니다.

사물을 묘사하는 그림을 뭐라고 부르나요?

이런 장르의 그림을 가리키는 명칭은 나라마다 조금씩 다릅니다. 프랑스에서는 사냥으로 잡은 새와 동물, 낚시로 잡은 고기, 꽃, 과일 등 생명이 없는 모든 사물을 지칭하기 위해 18세기 중반부터 'nature morte(죽은 자연)'라는 용어를 사용했으며, 앵글로색슨 족은 영어 'Still-life', 독일어 'Stilleben'에서 보듯 '정물' 대신 '조용한 생명'이라고 정의했습니다. 풍경화처럼 정물화도 17세기부터 독립적인 주제로 인식되기 시작했는데(그림 13), 정물화 역시 이전 그림들 속에 이미 등장했지만 부차적인 요소로 여겨졌을 뿐 결코 주된 주제가 되지는 못했지요.

정물화는 주로 호화로운 물건들을 보여주나요?

꼭 그런 것만은 아닙니다. 대체로 정물화는 사물의 형태와 질감, 재료, 색깔의 아름다움 때문에 선택된 변변찮은 물건, 나아가 투박한 물건들을 묘사하기도 합니다. 일상생활의 손때가 묻어 아주 낡은 물건들은 대부분 그림 속에 드러나지 않은 주인들과의 밀접하고 애정 어린 관계를 암시합니다.

어떤 정물화들은 '바니테'라고 부르기도 하는데, 무슨 뜻인가요?

'바니테vanite'라는 용어는 '공허'를 의미하는 라틴어 '바니타스vanitas'의 의미로 사용되었습니다. 정물화는 삶의 무상함과 모든 물질적 소유의 허망함을 강조합니다. 정물화는 죽음(예를 들면 두개골) 혹은 달아나는 시간(모래시계)을 의미하는 희귀한 사물을 묘사하거나, 금방이라도 무너질 것 같은 평범한 사물들의 더미를 보여주기도 하지요. 정물화는 표현하고자 하는 이미지에 따라 아주 간결하기도 하고, 비웃고자 하는 가소로운 사치를 반영해 호화롭기도 합니다.

어떤 정물화는 왜 같은 계절에 나지 않는 꽃과 과일, 야채를 함께 보여주나요?

정물화를 그리기 위해 화가들은 주로 실물을 보고 작업을 했지만 다른 방법으로 사물의 관찰을 보완하기도 했습니다. 자연 그 자체보다 더 넓은 선택의 폭을 제공하는 식물도감이 바로 그것입니다. 게다가 실제로 다른 계절에 나는 꽃과 과일, 야채를 같은 그림에 모아놓은 것은 일상의 경험보다 더 완벽하고 완결된 이미지를 구성하는 하나의 방식이었습니다. 또한 사계절의 과일이나 꽃을 한데 모아놓음으로써 화가들은 사람들에게 1년 전체를 떠올리게 할 수도 있었습니다.

정물화는 모두 상징적인 의미를 담고 있나요?

초기에 그려진 것들은 그랬지만 정물화라고 해서 모두 상징적인 것은 아닙니다. 풍경이나 초상과 마찬가지로 정물도 처음에는 종교화 속에서 모습을 드러냈습니다. 그리고 정물을 독립적으로 그리기 시작했을 때도 사람들은 줄곧 대상의 겉모습을 초월하는 의미를 부여했습니다. 이처럼 17세기의 그림에서(그림 13) 포도송이는 그리스도(포도로 만든 와인은 그리스도가 수난을 당할 때 흘린 피와 연결되어 성찬식에 쓰입니다)를 암시합니다. 그러다 18세기부터 그 자체로 관찰되기 시작한 사물들은 서서히 관습적인 의미에서 벗어났습니다. 화가들은 상징성 때문에 하나의 사물을 선택하긴 했지만 더 이상 정형화된 이야기를 위해 그것들을 사용하지는 않습니다.

{ 그림의 가격 }

그림이 얼마나 귀하고 화가가 활동했던 시기가 언제냐에 따라 경매에서 판매 가격이 정해집니다. 참고로 최근 경매에서 매겨진 그림 가격들을 몇 가지 알아보겠습니다.

【옛날 혹은 근대의 그림들】

- 피에르 오귀스트 르누아르, 〈물랭 드 라 갈레트〉, 1876 : 6,580만 유로(약 945억 원), 1990년 뉴욕 소더비즈 경매

- 반 고흐, 〈가셰 박사의 초상〉, 1890 : 6,980만 유로(약 1,000억 원), 1990년 뉴욕 소더비즈 경매

- 타치아노, 〈비너스와 아도니스〉, 1555 : 1,100만 유로(약 158억 원), 1991년 런던 크리스티 경매

- 레오나르도 다빈치, 〈코덱스 해머〉, 1506~1510 : 2,530만 유로(약 363억 원), 1994년 뉴욕 크리스티 경매

- 클로드 모네, 〈수련과 물가에서〉, 1900 : 3,270만 유로(약 469억 원), 2000년 런던 크리스티 경매

- 루벤스, 〈영아 학살〉, 1610년 경 : 7,560만 유로(약 1,008억 원), 2002년 런던 소더비즈

- 홀바인, 〈다름슈타트의 성모 마리아〉, 1526 : 5,000만 유로(약 718억 원), 2011년

- 폴 세잔, 〈카드 놀이하는 사람들〉, 1895년 경 : 2,500만 달러(약 277억 원), 2011년
- 에드바르 뭉크, 〈절규〉, 1895 : 1,199만 달러(133억 원), 2012년 뉴욕 소더비즈

【20세기의 그림들】

- 구스타브 클림트, 〈아델 블로후 바우어의 초상 I〉, 1907 : 1,444만 달러(약 160억 원), 2006년
- 피카소, 〈고양이와 함께 있는 도라 마르〉, 1941 : 952만 달러(약 105억 원), 2006년, 뉴욕 소더비즈
- 잭슨 폴락, 〈넘버 5〉, 1948 : 1,496만 달러(약 166억 원), 2006년 뉴욕 소더비즈
- 프란시스 베이컨, 〈삼면화〉, 1976 : 863만 달러(약 95억 원), 2008년 뉴욕 소더비즈
- 피카소, 〈조각반상 위에 누운 누드〉, 1932 : 1,064만 달러(약 118억 원), 2010년 뉴욕 크리스티
- 마크 로스코, 〈주황, 빨강, 노랑〉, 1961 : 870만 달러(약 96억 원), 2012년 뉴욕 크리스티
- 로이 리히텐슈타인, 〈잠자는 소녀〉, 1964 : 450만 달러(약 50억 원), 2012년, 뉴욕 소더비즈

그림들 가격이 굉장히 비싸네요?

상징적으로 중요한 의미가 있는 그림이기 때문에 그렇습니다. 화가의 기법, 구상과정이 특별한 그림은 언제나 높이 평가를 받습니다. 일반적으로 이제까지 알려지지 않은 세계를 처음으로 현실적으로 묘사한 그림이 이러한 평가를 받습니다. 화가는 단순히 이미 있는 것을 그대로 똑같이 그리는 사람이 아닙니다. 진정한 화가라면 기존에는 미처 생각하지 못한 의미를 끌어내어 표현할 수 있어야 합니다. 반 고흐(그림 21), 피카소(그림 25), 장 미셀 바스키아(그림 28)의 작품들이 좋은 예입니

다. 희귀하고 개성이 강한 작품은 상징적으로 중요한 가치를 지닙니다. 그리고 예술 작품의 가격은 다른 제품과 마찬가지로 시장의 변동에 영향을 받습니다. 예술가가 사망하면 작품의 가격이 더 높아지지요. 예술가가 더 이상 작품을 내놓을 수 없어 작품이 귀해지는 것입니다. 재능 있는 예술가의 좋은 작품은 계속 발굴할 수 있지만 프랜시스 베이컨처럼 이미 세상을 떠난 화가는 더 이상 새로운 그림을 내놓을 수가 없습니다. 현재 돈을 대단히 많이 버는 화가들이 있긴 하지만 높은 연봉을 받는 영화배우나 축구선수보다 그 수가 훨씬 적습니다.

작가 소개

고야, 프란시스코 데 Francisco de Goya(1746~1828)

스페인 카를로스 4세의 궁정화가로 왕실 사람들의 초상화를 주로 그렸으며, 실물을 사실 그대로 표현하는 리얼리즘에서 매우 탁월한 재능을 발휘했다. 고야의 다양한 유화와 판화 작품들은 당대의 격변하는 역사를 반영하고 있으며, 19세기와 20세기 화가들에게 큰 영향을 주었다. 대표작으로는 〈옷을 벗은 마하〉와 〈옷을 입은 마하〉가 있다.

다 빈치, 레오나르도 Leonardo da Vinci(1452~1519)

이탈리아의 화가이자 조각가이며 건축가. 〈모나리자〉와 〈최후의 만찬〉을 포함한 20여 점의 작품만으로 이탈리아 르네상스 미술의 거장으로 손꼽히는 화가다. 그는 미술뿐 아니라 해부학, 식물학, 비행, 기체역학, 건축

등에도 많은 관심을 가진 점에서 역사상 최고의 인물이라고까지 평가받는다.

드가, 에드가 Edgar Degas(1834~1917)

프랑스 귀족 가문에서 태어났으며, 대학에서 법학을 공부했지만 화가가 되려고 결심한 뒤 다시 파리 국립미술학교에 입학했다. 인상주의의 대표적인 화가인 그는 발레리나들을 묘사한 회화와 드로잉, 청동상으로 유명하다. 드가는 조각과 사진에도 재능을 보였으며, 평생 독신으로 살았다.

라 투르, 조르주 드 Georges de La Tour(1593~1652)

프랑스 로렌의 공작과 루이 13세의 후원을 받았던 그는 풍속화와 종교화를 주로 그렸으며, 카라바조 식의 음침하고 극적인 명암법을 활용한, 촛불이 빛나는 그림들로 유명했다. 후기 작품들은 단순화된 형태가 특징이다. 사망 후에 수세기 동안 잊혔지만 오늘날에는 17세기 프랑스 고전주의의 대표적인 화가로 인정받고 있다.

레제르, 페르낭 Fernand Leger(1881~1955)

프랑스 입체파 미술가로 큐비즘, 구성주의, 현대의 상업광고 포스터를 비롯해 다른 실용미술에 많은 영향을 주었다. 아르장탕에서 태어났으며, 2년간 건축을 공부하다 뒤늦게 미술 공부를 시작했다. 조르주 브라크, 파블로 피카소와 더불어 큐비즘의 대표적 화가인 그는 산업사회를 상징하는 것들에서 그림의 소재를 가져왔다.

리베라, 주제페 데 Jusepe de Ribera(1591~1652)

화가이자 판화가로, 스페인에서 태어났지만 생애의 대부분을 이탈리아에서 보냈다. 종교적 성향이 짙은 작품들을 비롯해 고전적 주제와 풍속화, 초상화도 여러 점 남겼다. 그는 자연주의 화법을 이용해 참회하거나 박해받는 성인 혹은 고통받는 신들의 정신적, 육체적 고통을 표현했다.

모네, 클로드 Claude Monet(1840~1926)

프랑스 파리에서 태어나 북부이 항구도시 르 아브르에서 유년시절을 보냈다. 1860년대 인상파를 주도한 모네는 빛과 자연의 변화를 표현하는 그림들을 주로 그렸으며, 1874년 인상파 전시에 출품한 〈인상, 해돋이〉는 훗날 인상주의를 대표하는 이름이 되었다. 말년에 정착한 지베르니에서 죽음을 맞을 때까지 〈수련〉 연작에 몰두했으며, 장님이 되어 생을 마감했다.

몬드리안, 피에트 Piet Mondrian(1872~1944)

네덜란드에서 태어난 그는 추상미술운동의 대표적인 화가다. 초기 회화는 자연주의적이고 상징적인 성향을 띠지만, 파리에 머무는 동안 입체파의 영향을 받아 기하학적이고 추상적인 양식을 발전시켰다. 1917년에 시작된 데 스테일 운동에 참여해 주도적인 역할을 담당하기도 했다. 몬드리안의 작품들은 매우 단순해 보이지만 조금도 지루하게 느껴지지 않는다.

바스키아, 장 미셸 Jean-Michel Basquiat(1960~1988)

미국의 낙서화가. 어릴 때부터 그림 그리기를 좋아했으며, 뉴욕현대미술관 앞에서 엽서와 티셔츠 위에 그림을 그려 팔면서 자신의 회화세계를 구축했다. 앤디 워홀과 공동으로 전시회를 열기도 했던 그는 팝아트 계열의 천재적인 자유구상화가로 지하철과 거리의 지저분한 낙서를 예술의 차원으로 승화시켰다는 평가를 받고 있다. 27세에 뉴욕에서 코카인 중독으로 사망했다.

바젤리츠, 게오르크 Georg Baselitz(1938~)

바젤리츠는 분단된 독일의 정신적 공황, 전쟁의 종식과 더불어 일상생활 속에 배어든 인간에 대한 끝없는 공포를 대변하는 작가다. 1938년 동독의 도이치바젤리츠에서 태어나 1958년에 서독 데르네부르크로 건너와 작품활동을 계속했다. 베를린 장벽의 붕괴를 상징한 '거꾸로 서 있는 이미지'로 유명했던 그는 신표현주의 운동의 대표적인 화가라고 할 수 있다.

반 고흐, 빈센트 Vincent van Gogh(1853~1890)

렘브란트 이후 가장 위대한 네덜란드 화가로 평가받는 그는 현대미술사의 표현주의 흐름에 지대한 영향을 미쳤다. 불과 10년이라는 짧은 기간 동안 제작된 고흐의 수많은 작품들은 강렬한 색채와 거친 붓놀림, 뚜렷한 윤곽을 지닌 형태를 통해 그를 자살까지 몰고 간 심리적인 고통을 인상 깊게 전달하고 있다.

반 에이크, 얀 Jan van Eyck(1395~1441)

플랑드르 회화의 창시자로 유화 기법을 완성했다. 세련되고 상징적이며 사실적인 그의 작품들은 냉엄하고 신비로운 분위기로 종교적 경건과 신앙을 표현했으며, 수집가들이 탐을 내는 미술품으로 사랑받는다. 대표작으로는 헨트 대성당에 있는 제단화 〈어린 양에 대한 경배〉가 있다.

베르메르, 요하네스 Johannes Vermmer(1632~1675)

네덜란드의 대표적인 화가로 평화로운 가정의 모습이 담긴 실내풍속화를 주로 그렸다. 그는 일상적인 일에 몰두해 있는 인물들을 즐겨 묘사하곤 했는데, 정숙한 여인을 탁월하게 표현하는 작품들로도 유명하다. 오랫동안 잊혔다가 19세기에 와서 미술사학자들에 의해 재발견된 베르메르의 예술은 그가 사물에 대해 갖고 있는 거의 과학적일 만큼 섬세한 진식을 반영하고 있다.

베이컨, 프랜시스 Francis Bacon(1909~1992)

영국의 화가로, 인간을 주제로 한 강렬한 이미지를 통해 현대인의 고독과 공포를 표현했다. 베이컨은 내내 인정을 받지 못하다가, 1945년에 와서 그 독창적이고 강렬한 표현 양식으로 널리 알려지게 되었다. 그의 그림들은 대부분 사진이나 영화, 또는 다른 화가들의 작품을 왜곡시킨 것으로 매우 격렬한 색채를 활용해 묘사하고 있다.

베첼리오, 티치아노 Tiziano Vecellio(1488~1576)

이탈리아 르네상스의 대표적인 화가로 70여 년간 유럽의 예술을 지배했던 서양 미술의 거장이다. 당시 유럽의 세력가들은 후기 르네상스시대의 가장 위대한 화가인 티치아노의 작품을 사 모으기에 바빴다. 그는 초상화를 그려 국제적 명성을 얻었으며, 루벤스나 푸생 같은 후세의 대가들도 즐겨 그를 모방했다.

보스, 히에로니무스 Hieronymus Bosch(1450~1516)

플랑드르의 대표적인 화가로, 그의 생애에 대한 기록은 거의 남아 있지 않다. 보스의 작품은 종교적 주제에서 출발해 자유분방한 상상력과 결부된 경이로운 환상의 세계를 보여주었다. 20세기의 초현실주의를 이끈 그의 회화는 광기나 공상의 산물이 아니며, 당시의 신학 및 종교적 배경과 관련된 상징체계를 내포하고 있다.

보티첼리, 산드로 Sandro Botticelli(1445~1510)

이탈리아 르네상스시대의 화가로, 대표작인 〈비너스의 탄생〉과 〈봄〉은 르네상스의 정신을 가장 잘 요약해 보여주는 작품으로 평가받는다. 그는 피렌체의 모든 주요 교회들과 로마 시스티나 성당의 종교화를 그렸다. 피렌체의 오니산티 교회에 묻혔다.

브뢰헬, 피테르 Pieter Bruegel(1512~1569)

16세기 플랑드르의 대표적 화가인 브뢰헬은 농촌 생활의 정겨운 장면과 풍경화로 유명하다. 시골 풍경을 주로 그려 '농부 브뢰헬'이라는 별명을 얻은 그의 작품들은 세심한 관찰과 뛰어난 재치, 독창성, 그리고 걸출한 데생 솜씨를 조화롭게 보여준다. 브뢰헬은 옛 거장들 중 가장 신비롭고 인간적인 인물로, 그의 작품은 단순해 보이면서도 지극히 심오한 의미를 담고 있다.

샤갈, 마르크 Marc Chagall(1887~1985)

러시아에서 태어났으며 동시대의 가장 독창적인 화가들 중 하나로 괴이하고 환상적인 화풍을 선보였다. 공중을 떠다니는 인물이나 하늘을 나는 염소, 인간과 교감하는 동물 등 샤갈의 작품은 초현실적인 이미지로 가득하며 소박한 동화의 세계나 고향의 삶, 하늘을 나는 연인들이란 주제를 즐겨 다뤘다.

슈피츠베크, 카를 Carl Spitzweg(1808~1885)

독일에서 태어난 슈피츠베크는 19세기 독일 중산층의 일상을 담은 그림들로 유명하다. 독학으로 미술을 공부한 그는 자신이 태어난 뮌헨의 일상적이고 소소한 풍경들을 캔버스에 담았다. 그의 그림은 사실적이고 환상적이며, 유머러스한 동시에 행복감을 전해준다. 대표작으로는 〈가난한 시인〉〈책벌레〉〈러브레터〉 등이 있다.

안젤리코, 프라 Fra Angelico(1400년경~1455)

이탈리아의 화가로 초기 르네상스의 피렌체 양식에 따라 평온한 종교적 자세를 구체화하고 고전의 영향을 강하게 반영하는 작품들을 남겼다. 대부분의 초기 작품들은 피렌체에 사는 동안 산마르코 수도원에서 그린 벽화들로 구성되어 있다.

우첼로, 파올로 Paolo Uccello(1397~1475)

이탈리아 르네상스시대의 초기 화가로 피렌체에서 태어난 그는 열 살 무렵에 조각가 로렌초 기베르티의 작업실에 도제로 들어갔다. 대표작으로는 세 점의 패널화로 이루어진 〈산 로마노의 전투〉가 있으며, 1447년경에 그린 〈홍수〉에서는 섬세하고 세련된 원근법적 탐구를 볼 수 있다. 우첼로의 원근법 소묘는 피에로 델라 프란체스카나 레오나르도 다 빈치, 알브레히트 뒤러와 같은 르네상스 화가들에게 영향을 미쳤다.

카라바조 Caravaggio(1571~1610)

이탈리아의 화가로 매너리즘을 버리고 리얼리즘을 추구하는 등 항상 실물을 사생寫生하려고 노력했다. 그는 종교적인 주제를 이상적으로 표현하는 전통을 경멸하고 거리에서 소재를 취해 그것들을 사실적으로 표현했다. 초기에는 풍속화와 정물화를 주로 그리다가 극적이고 종교적인 주제에 몰두했다. 카라바조의 뛰어난 명암 기법과 풍부한 색채, 자연주의적인 인물들은 유럽 회화에 깊은 영향을 미쳤다.

클라인, 이브 Yves Klein(1928~1962)

누보레알리즘의 대표적인 화가로 프랑스 니스에서 태어났다. 1958년 〈허공〉 전시회를 열어 화제를 모았고, '인터내셔널 클라인 블루IKB'라고 이름 지은 푸른 하늘과 깊은 바다의 색조를 즐겨 사용했다. 작품활동은 8년에 불과하지만 그의 이념과 작업은 요제프 보이스를 비롯한 현대의 행위예술과 팝아트, 미니멀리즘 등에 지대한 영향을 미쳤다.

터너, 윌리엄 William Turner(1775~1851)

19세기 영국의 가장 위대한 풍경화가인 터너의 작품은 표현주의적인 분위기로 인해 매우 폭넓고 웅장하며, 특히 바다를 표현한 작품이 뛰어나다. 그는 비밀스럽고 비사교적이었으며 약간 괴팍하기까지 했고, 작품 제작에만 전념했기 때문에 상당한 재산을 모았다. 터너는 빛과 순수한 색채를 추구함으로써 프랑스 인상주의 회화를 예고한 화가이기도 하다.

파티니르, 요아힘 드 Joachim de Patinir(1485~1524)

네덜란드에서 태어난 그는 주로 종교적인 주제를 그렸으며, 화면에 자연 풍경을 적극적으로 도입해 네덜란드 풍경화의 기초를 닦았다. 그는 종교화의 전통에 의존하면서도 자연에 우위를 둔 새로운 장르의 풍경화를 탄생시켰으며, 1515년 이후에는 안트웨르펜에서 작품활동을 계속했다.

폴록, 잭슨 Jackson Pollock(1912~1956)

미국의 화가로 추상표현주의를 주도했으며 액션페인팅의 대표적인 인물이다. 1947년경 '드리핑dripping'이라는 극단적인 기법을 개발했는데, 이것은 후에 그의 전형적인 작품 양식으로 굳어졌다. 1945년 화가인 리 크레이스너와 결혼해 뉴욕 주 롱아일랜드의 이스트햄프턴으로 이사했으며, 1956년 자동차 사고로 사망할 때까지 그곳에서 살았다. 폴록은 대단한 명성과는 달리 수입이 많지 않았다. 그는 그림을 1만 달러 이상에 팔아본 적이 없었으며 자주 생활고에 시달렸다고 한다.

푸생, 니콜라 Nicolas Poussin(1594~1665)

프랑스의 고전주의를 이끈 푸생은 2년 동안 프랑스에서 루이 13세의 궁정화가로 보낸 기간을 제외하고는 대부분 이탈리아에서 작업하면서 고전 작품들을 연구했다. 그의 작품들은 주로 신화와 종교, 역사, 풍경 등을 주제로 삼았는데, 그림의 탁월한 웅장함과 선명함으로 회화사에서 중요한 위치를 차지하고 있다.

피카소, 파블로 Pablo Picasso(1881~1973)

프랑스의 입체파 화가로 스페인 말라가에서 태어난 피카소는 20세기 현대미술의 발전에 크게 기여했으며, 91세의 나이로 사망할 때까지 끊임없이 새로운 미술을 추구했다. 여성 편력이 대단하기로 유명했는데 거듭된 화풍의 변화가 그것을 증명해준다. 대표작으로는 〈아비뇽의 처녀들〉과 〈게르니카〉 등이 있다.

헴, 얀 다비츠 데 Jan Davidsz de Heem(1606~1684)

독일의 정물화가로 네덜란드 위트레흐트에서 태어났다. 1636년에 안트웨르펜으로 이주한 뒤로 작품활동에 전념하면서 열정적으로 활동했던 시기의 대부분을 그곳에서 보냈다. 플랑드르 지방에서 그린 그림들은 그의 여러 작품 가운데 가장 잘 알려진 것들로, 초기의 작품들과는 매우 다른 면모를 보여주었다. 그가 그린 정물화는 독일과 플랑드르의 전통 사이에서 가교 역할을 하고 있다.

그림 찾기

42
프라 안젤리코
〈수태고지〉

48
얀 반 에이크
〈아르놀피니 부부의 초상〉

54
파올로 우첼로
〈용과 싸우는 성 게오르기우스〉

60
산드로 보티첼리
〈비너스의 탄생〉

66
히에로니무스 보스
〈성 안토니우스의 유혹〉

72
레오나르도 다 빈치
〈모나리자〉

78

요하임 드 파티니르
〈성 히에로니무스가 있는 풍경〉

84

티치아노 베첼리오
〈말을 탄 카를 5세의 초상〉

90

피테르 브뢰헬
〈스케이트 타는 사람들의 겨울 풍경〉

98

카라바조
〈다윗〉

102

조르주 드 라 투르
〈도박사기꾼〉

108

주제페 데 리베라
〈아폴론과 마르시아스〉

114

얀 다비츠 데 헴
〈과일과 바닷가재가 있는 정물화〉

120

니콜라 푸생
〈솔로몬의 심판〉

126

요하네스 베르메르
〈연애편지〉

132

프란시스코 데 고야
〈거인〉

138

카를 슈피츠베크
〈가난한 시인〉

144

윌리엄 터너
〈비, 증기 그리고 속도〉

150
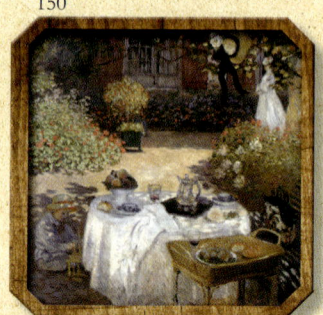
클로드 모네
〈점심식사〉

156
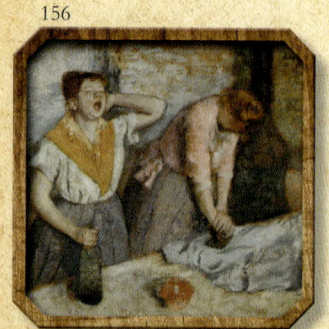
에드가 드가
〈다림질하는 여자들〉

162

빈센트 반 고흐
〈침실〉

168

마르크 샤갈
〈생일〉

174

페르낭 레제르
〈기계공〉

180

피에트 몬드리안
〈적, 황, 청의 컴포지션〉

186

파블로 피카소
〈울고 있는 여인〉

192

잭슨 폴록
〈넘버 3, 호랑이〉

198

이브 클라인
〈푸른색 모노크롬, 무제〉

204
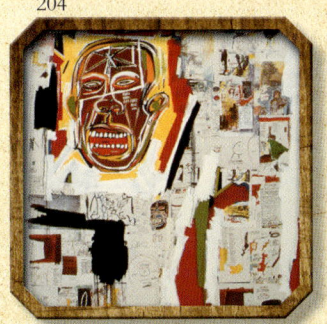
장 미셸 바스키아
〈줄루 족의 왕〉

210

프랜시스 베이컨
〈소호 거리에 서 있는 이자벨 로스톤의 초상〉

216
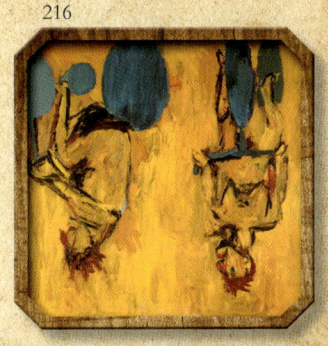
베오르크 바젤리츠
〈올모의 아가씨들 II〉

초등교과 수록 작품

〈울고 있는 여인〉 파블로 피카소

미술 4, 85쪽, 동아출판
미술 6, 83쪽, 비상교육

〈모나리자〉 레오나르도 다빈치

미술 3, 38쪽, 동아출판
미술 3, 62쪽, 지학사
미술 3, 76쪽, 천재교과서
미술 4, 70쪽, (주)금성출판사
미술 5, 74쪽, 천재교과서
미술 6, 75쪽, 동아출판
미술 6, 35쪽, 천재교육

〈적황청의 컴포지션〉 피에트 몬드리안

미술 5, 74쪽, 천재교과서

〈침실〉 빈센트 반 고흐

미술 3, 51쪽, 천재교육
미술 4, 62쪽, 지학사
미술 6, 72쪽, 지학사